AF618856

Frauen · Gesellschaft · Kritik

Band 42

ALLEIN UNTER MÄNNERN

Helene Stourzh-Anderle in ihrer Zeit (1890 – 1966)

FLORIAN MILDENBERGER

Centaurus Verlag & Media UG 2004

Der Autor, geb. 1973, studierte Neuere Geschichte, Geschichte Osteuropas und Politikwissenschaften in München und London, 2000 Promotion in München zum Dr. phil. Er war 2001 / 2002 Lehrbeauftragter an der Universität Wien und ist seit 2003 Projektassistent am Institut für Geschichte der Medizin an der Universität München.

Gedruckt mit Förderung des Bundesministeriums für Bildung, Wissenschaft und Kultur, Wien.

Die Deutsche Bibliothek – CIP-Einheitsaufnahme

Bibliographische Information der Deutschen Bibliothek
Die Deutsche Bibliothek verzeichnet diese Publikation in der Deutschen Nationalbibliographie; detaillierte bibliographische Daten sind im Internet über http://dnb.ddb.de abrufbar.

ISBN 978-3-8255-0463-2 ISBN 978-3-86226-282-3 (eBook)
DOI 10.1007/978-3-86226-282-3

ISSN 0939-4540

Satz: Vorlage des Autors
Umschlaggestaltung: DTP-Studio, Antje Walter, Hinterzarten
Umschlagabbildung: Seelenspiegel von Wilhelm Liepmann

Inhaltsverzeichnis

Vorwort

Folgt man den Überlegungen der Frauenforschung oder geschlechtsspezifischen Zeitgeschichte, so zeichneten Frauen in der Wissenschaft stets zwei Aspekte aus: Sie hatten eine Mission und verfolgten dieses Ziel zwar allein, aber in enger Anlehnung an eine bestimmte Forschungsmeinung. Diese war – wie jedoch zumeist nicht zusätzlich betont wird – durch die Arbeiten männlicher Kollegen vorgegeben. Die weiblichen Wissenschaftler aber nutzten diese Grundgerüste für eigene, wegweisende Studien. Ohne es zu bemerken, erlaubt die gängige Forschung so indirekt den Rückschluss, dass weiblicher Forschergeist nur auf den Überlegungen männlicher Thesen aufbauen könnte. Jedoch wird in der Geschichtsschreibung stets betont, wie sehr sich die forschenden Frauen von den Schlüssen ihrer männlichen Lehrer und Kollegen, die diese selbst aus den eigenen Studien zogen, distanzierten und eigene Theoreme formulierten. Aber dennoch scheinen die Frauen stets im Gespinst der aus Werturteilen und wissenschaftlichen Thesen gleichermaßen bestehenden „Männerforschung" zu verharren. Wirkliche Emanzipation schien allenfalls dort zu gelingen, wo sich Frauen bei der – meist bürgerlichen – politischen Linken bzw. auf Seiten des „freisinnigen" Liberalismus organisierten und auf diese Weise sich auch wissenschaftlich fortentwickelten. Dass dies genauso auch geschehen konnte, wenn sich Frauen für die extreme Rechte begeisterten, deren Vertreter gegen die „Frauenbewegungsjüdinnen" zu Felde zogen, wurde bislang nur an Einzelfällen studiert (z.B. am Fall der Rassenbiologin Agnes Bluhm oder – jenseits der Medizin – Guida Diehls Neulandbewegung[1]).

Diese Art der Geschichtsschreibung machte es sich zu leicht. Es war ja ganz offensichtlich, dass Frauen, die sich auch außerhalb ihrer Wissenschaft engagierten, auf

---

1 Karin Siebertz: Agnes Bluhm (1862-1944). Ärztin und Rassenhygienikerin. In: Anne Schlüter (Hg.): Pionierinnen, Feministinnen, Karrierefrauen? Zur Geschichte des Frauenstudiums in Deutschland, Pfaffenweiler 1992, S. 97-104.

Cornelia Usborne: Ärztinnen und Geschlechtsidentität in der Weimarer Republik. In: Ulrike Lindner/ Merith Niehuss (Hg.): Ärztinnen-Patientinnen. Frauen im deutschen und britischen Gesundheitswesen des 20. Jahrhunderts, Köln 2002, S. 73-94, 88.

Annette Vogt: Wissenschaftlerinnen in Kaiser-Wilhelm-Instituten A-Z, Berlin 1990, S. 26/27.

Silvia Lange: Protestantische Frauen auf dem Weg in den Nationalsozialismus. Guida Diehls Neulandbewegung 1916-1935, Stuttgart/Weimar 1998.

An anderen Beispielen siehe Eva Maria Ziege: Sophie Rogge-Börner. Wegbereiterin der Nazidiktatur und völkische Sektiererin im Abseits. In: Kirsten Heinsohn/Barbara Vogel/Ulrike Weckel (Hg.): Zwischen Karriere und Verfolgung. Handlungsräume von Frauen im nationalsozialistischen Deutschland, Frankfurt/Main 1997, S. 44-77.

vielerlei Weise interessanter erschienen oder auch bis heute bekannter waren, als Diejenigen, welche sich auf die Forschung oder aber – als Ärztin – die praktische Arbeit am Menschen beschränkten. So groß die Bedeutung weiblicher Forscherkraft ist und wie sehr sie in der Vergangenheit unterschätzt wurde, so gering wird heute unter Historikern die Praxisarbeit von Frauen, gerade in der Medizin, geachtet. Dies geschieht, obwohl gerade das Eindringen weiblicher Überlegungen in die Arbeit der praktisch arbeitenden Wissenschaftler immer wieder gefordert wurde und wird. Es ist selbstverständlich von großer Bedeutung, die nicht allzu zahlreichen Biographien weiblicher Forscherinnen in der Geschichte zu ermitteln. Aber muss diese Arbeit unbedingt den eingefahrenen Routen der Geschichtsschreibung folgen? Wenn Frauen per se eine Ausnahmerolle zufallen sollte, wie dies bisweilen in der Frauenforschung behauptet wurde, weshalb folgen die überwiegend weiblichen Forscher (auch das erscheint als Problem) dann den gleichen Arbeitsmustern, welche ihre männlichen Lehrer, Vorbilder, Leitbilder oder Kollegen bereits für ihre Forschungen aufgestellt haben? Mit diesen Fragen beschäftigten sich in den vergangenen Jahren mehrere ForscherInnen und leiteten so eine partielle Umorientierung in der Frauengeschichtsschreibung hin zur Erforschung der Arbeit von Frauen in ihren speziellen Berufen – namentlich als Medizinerinnen – ein[2]. Alsbald erfolgten erste Biographien herausragender Ärztinnen zur Zeit des zweiten deutschen Kaiserreiches[3].

Bereits im Laufe der 1980er Jahre hatte ein grundsätzlicher Kurswechsel in der Frauengeschichte begonnen. Zunehmend besannen sich die Forscherinnen auf die Aspekte der „bürgerlichen Frauenbewegung“[4]. Die Zulassung der Frauen zum Studium gewann an Stellenwert in der Geschichtsschreibung[5], ebenso die Situation konfessionell gebundener Frauen[6]. Mehrere Studien galten explizit dem Emanzipationsprozess jüdi-

---

[2] Vorreiterfunktion kommt hier dem Band „Weibliche Ärzte“ zu. Eva Brinkschulte (Hg.): Weibliche Ärzte. Die Durchsetzung des Berufsbildes in Deutschland, Berlin 1993.
Fortführung durch Johanna Bleker/Sabine Schleiermacher: Ärztinnen aus dem Kaiserreich. Lebensläufe einer Generation, Weinheim 2000, insbesondere S. 35-74.
Für Österreich siehe Birgit Bolognese-Leuchtenmüller/Sonia Horn (Hg.): Töchter des Hippokrates. 100 Jahre akademische Ärztinnen in Österreich, Wien 2000.

[3] Cecilie Mack: Henriette Hirschfeld-Tiburtius (1834-1911). Das Leben der ersten selbständigen Zahnärztin Deutschlands, Frankfurt/Main 1999.

[4] Siehe vor allem (Literaturangaben) Minna Cauer: „Menschenrechte haben kein Geschlecht“. Zum Politikverständnis der bürgerlichen Frauenbewegung, Pfaffenweiler 1988.
Angelika Epple: Henriette Fürth und die Frauenbewegung im deutschen Kaiserreich. Eine Sozialbiographie, Pfaffenweiler 1996.
Christl Wickert (Hg.): „Heraus zum Frauenwahlrecht“. Die Kämpfe der Frauen in Deutschland und England um politische Gleichberechtigung, Pfaffenweiler 1990.

[5] Karin Hausen/Helga Nowotny (Hg.): Wie männlich ist die Wissenschaft?, Frankfurt/Main 1986.

[6] Siehe z.B. Gisela Breuer: Frauenbewegung im Katholizismus. Der Katholische Frauenbund 1903-1918, Frankfurt/Main 1998.

scher Frauen[7]. Zunehmend wanderte die Forschung „aufs Land“, die Emanzipation in den Städten jenseits der hauptstädtischen Metropolen erfuhr seit Beginn der 1990er Jahre einen Zuwachs[8]. Auch die bereits seit den Anfängen der Frauengeschichtsschreibung diskutierte Rolle der weiblichen Arbeitskraft erhielt neue Impulse[9]. Die Neuausgabe wichtiger historischer Texte darf ebenfalls nicht vergessen werden[10].

Doch all diese Studien hatten einen Nachteil gemein: Es wurden entweder herausragende und schon halbwegs bekannte Persönlichkeiten biographisch untersucht oder aber ganze Teile der Emanzipationsbewegung ohne Rücksicht auf Individualbiographien beleuchtet. Wäre es aber nicht logisch, anstatt z.B. die weiblichen Epigonen, Schülerinnen und weiter wirkenden wissenschaftlichen Arbeiterinnen bestimmter Forschungsmeinungen oder Lehren immer weiter zu analysieren, sich den Frauen zuzuwenden, die ihr ganzes Leben bemüht waren, die für Frauen im täglichen Leben besten Aspekte der einzelnen Lehren zu erschließen und in die eigenen Arbeiten einzubauen? Es gab durchaus Forscherinnen, die dies taten – und dafür mit Ablehnung in der männlichen Forscherwelt bestraft wurden. Gleichwohl gelang es ihnen, ihre Thesen und Aspekte praktisch umzusetzen, z.B. als Lehrerin oder Ärztin. Hier setzen die Arbeiten von Johanna Bleker bzw. Sabine Schleiermacher an, welche die Arbeits-, Forschungs- und Lebensbedingungen von Ärztinnen im zweiten deutschen Kaiserreich beleuchteten. Durch Verzicht auf eine subjektive Vorauswahl (Herkunft, politische Ansichten) gelang den Autorinnen die nahezu umfassende Darstellung einer ganzen Generation von Frauen. Abgerundet wird das Buch durch eine lange Liste von Kurz-

---

Doris Kaufmann: Frauen zwischen Aufbruch und Reaktion. Protestantische Frauenbewegung in der ersten Hälfte des 20. Jahrhunderts, München 1988.

[7] Helga Heubach: Das Heim des Jüdischen Frauenbundes in Neu-Isenburg 1907-1942, Neu-Isenburg 1986.

Marion Kaplan: Die jüdische Frauenbewegung in Deutschland. Organisation und Ziele des Jüdischen Frauenbundes 1904-1938, Hamburg 1981

Helga Krohn: „Du sollst dich niemals beugen“. Henriette Fürth, Frau, Jüdin, Sozialistin. In: Peter Freimark (Hg.): Juden in Deutschland. Emanzipation, Integration, Verfolgung und Vernichtung, Hamburg 1991, S. 327-343.

[8] Feministisches Bildungs- und Dokumentationszentrum (Hg.): „Verlaßt Euch nicht auf die Hülfe der deutschen Männer!“ Stationen der bürgerlichen und proletarischen Frauenbewegung in Nürnberg, Nürnberg 1990.

Monika Schmittner: Frauenemanzipation in der „Provinz“. Entstehungsbedingungen und Entwicklungsgeschichte der bürgerlichen Frauenbewegung in Aschaffenburg vor dem ersten Weltkrieg, Aschaffenburg 1995.

[9] Karin Hausen: Arbeitsort Fabrik. „...in unmittelbarer Vereinigung mit den Männern“. In: Karin Hausen/Heide Wunder (Hg.): Frauengeschichte – Geschlechtergeschichte, Frankfurt/Main 1992, S. 74-80.

Sousanne Rouette: Sozialpolitik als Geschlechterpolitik. Die Regulierung der Frauenarbeit nach dem ersten Weltkrieg, Frankfurt/Main 1993.

[10] Siehe z.B. die Texte von Alice Salomon: Frauenemanzipation und soziale Verantwortung. Ausgewählte Schriften, herausgegeben von Adriane Feustel, Neuwied 1997.

biographien, die geradezu zum biographischen Weiterforschen einladen (würden). 1998 erschien eine umfassende Folgestudie unter Beteiligung weiterer ForscherInnen[11]. Hier ging z.B. Dominik Gross der Frage nach, inwiefern sich medizinische Berufe innerlich wandeln, sobald Frauen zugelassen werden[12]. Parallel zu diesem Trend innerhalb der Medizingeschichte, setzte auch bei der eigentlichen Historikerzunft eine Neuformierung des Denkprozesses, allerdings in gänzlich anderer Hinsicht, ein. Denn seit Beginn der 1990er Jahre glaubt eine noch immer zunehmende Zahl von HistorikerInnen oder auch SoziologInnen, auf die mühsame und aufwendige Quellenarbeit und Suche nach weiblichen Protagonisten in bestimmten Wissenschaftszweigen völlig verzichten zu können. Statt dessen wird eine scheinbar umfassende Gesellschaftstheorie entworfen, auf deren Boden einzelbiographische Konstrukte leicht errichtet und in das Denkmuster der „gender studies" eingepasst werden können. Zugleich aber ist es scheinbar möglich, die überkommenen Pfade der konventionell arbeitenden Historiker zu verlassen. Dies ist durchaus richtig und ein großer Fortschritt. Da aber diejenigen Biographien, die erforscht werden eben auf der Basis der Denkrichtungen und Überlegungen der Geschichtswissenschaft ausgewählt wurden, bleibt der historische Fortschritt eher gering. Ja es stellt sich sogar eine Verengung der Sichtweise ein, weil nur noch diejenigen Persönlichkeiten ausgewählt werden, die in das Muster der „gender studies" hineinpassen.

Die eigentlich notwendige Art der Quellenermittlung, neben umfangreicher Archivrecherche z.B. die „oral history" wird vernachlässigt und so sterben die letzten Zeugen einer untergegangenen Epoche, ohne dass sie ihr Wissen noch weitergeben können. Allenfalls gewähren diejenigen Personen älterer Jahrgänge Interviews, die an einer objektiven Aufarbeitung der Geschichte das geringste Interesse haben. Interessierten Historikern fehlt dann zumeist auch noch das praktische Rüstzeug. So beschäftigen sich zwar immer mehr SchülerInnen Klios mit Medizin- und Technikgeschichte. Kenntnisse aus diesen Fächern liegen aber nur selten vor, so dass die daraus resultierenden Arbeiten zwar Historiker-internen Erfordernissen genügen, aber bei den angeblich ausgeforschten Wissenschaften nur die Ignoranz gegenüber den Historikern fördern.

Hinsichtlich der Erforschung von Frauenbiographien wäre es notwendig, zunächst einmal eigene Wertvorstellungen abzulegen und zumindest zu versuchen, sich in die

---

[11] Johanna Bleker (Hg.): Der Eintritt der Frauen in die Gelehrtenrepublik. Zur Geschlechterfrage im akademischen Selbstverständnis und in der wissenschaftlichen Praxis am Anfang des 20. Jahrhunderts, Husum 1998.

[12] Dominik Gross: Neue Einflüsse auf den Zahnarztberuf: Die Zulassung der Frauen zum Studium der Zahnheilkunde. In: Ebenda, S. 123-144.

Situation der Protagonistinnen, aber auch ihrer Gegner hineinzuversetzen. Die Medizingeschichte gibt hier gute Beispiele vor.
Im folgenden soll anhand der Biographie der Wiener Ärztin und Sexualforscherin Helene Stourzh-Anderle versucht werden, die hier angeschnittenen Thesen oder Behauptungen zu verifizieren. Vorab sei noch einmal betont, dass Helene Stourzh-Anderle nur eine von vielen Frauen in der Wissenschaft war, es gibt also noch genügend Material zu weiteren Biographien oder als Basis für eine umfassende Frauengeschichte. Methodisch schließe ich mich an die Überlegungen Johanna Blekers und Sabine Schleiermachers an[13]. Im Vordergrund soll daher die Biographie der Wiener Ärztin Dr. med. Helene Stourzh-Anderle (1890-1966) stehen, wobei ich mich weniger am Leben der Protagonistin selbst, als an ihrem Werk und dessen Entstehungsgeschichte orientiere. Hierbei erfolgt eine tiefergehenden Beschreibung und Analyse des sozio-kulturellen Umfeldes und des Wissenschaftsdiskurses, der die historische Relevanz der Medizinerin und Persönlichkeit transparent werden lässt. Hinsichtlich der obig beschriebenen Entwicklung in der Frauengeschichtsschreibung ist für Österreich noch anzumerken, dass dort bei weitem keine derartig umfangreiche Forschung wie in Deutschland stattgefunden hat. Daher ist nicht auszuschließen, dass in Deutschland längst überwundene Denkrichtungen sich in der Alpenrepublik noch erhalten haben. Dabei dürfte auch das in Österreich noch über die Politik hinausgehende „Lagerdenken" eine gewisse Rolle spielen.
Eine breiter angelegte historische Studie kann nie ohne die tätige Mithilfe und die vielfältigen Anregungen von Fachautoritäten, Kollegen und Freunden entstehen. Allen voran ist es mir ein Anliegen, mich bei Prof. Dr. Volkmar Sigusch zu bedanken, da er mich überhaupt erst auf das Leben Stourzh-Anderles hinwies. Prof. Dr. Dr. Michael Haubenstorf gilt mein Dank für seine unendliche Geduld bei der steten Erweiterung und Verbesserung des Manuskripts[14]. Weiterer Dank möge Sonia Horn und Dr. Wolfgang Burgmair (MPI für Psychiatrie München), die mich auf die Untiefen der Forschung hinwiesen und wertvolle Tipps gaben, erreichen. Daneben gab es eine ganze Reihe von Leuten, die mit weiteren Hinweisen halfen: Dr. Ilse Korotin, M.A. Monika Löscher, die Mitarbeiter des Wiener Stadt- und Landesarchivs und des Wiener Universitätsarchivs, Carmen Lorenz vom Bundesarchiv Berlin, Dr. Albert Müller vom Institut für Zeitgeschichte in Wien und die Mitarbeiter des Archivs des

---

[13] Johanna Bleker/Sabine Schleiermacher: Ärztinnen.

[14] An dieser Stelle wollte ich mich eigentlich auch bei Prof. Gerald Stourzh, dem Sohn Helene Stourzh-Anderles bedanken, jedoch legte er nach einem Streit zwischen ihm und mir bezüglich der Rolle seiner Mutter hierauf keinen Wert mehr. Es sei jedoch angemerkt, dass ich ihm durchaus für seine vielfältigen Informationen dankbar bin und er mir in vielerlei Hinsicht Einsichten über Kontinuitäten im Wissenschaftsdiskurs gewährte.

Instituts für Zeitgeschichte in München. Für etwaige Fehler zeichne natürlich ich und keine der genannten Personen verantwortlich.
Schließlich möchte ich nicht vergessen, mich auch bei meiner Mutter zu bedanken, ohne deren Ratschläge und Lektoratsarbeiten das Buch niemals Realität geworden wäre.

Einleitung

Im Jahre 1955 erschien im angesehenen Wiener Maudrich-Verlag ein Buch mit dem etwas sperrigen Titel „Sexuelle Konstitution. Psychopathie. Kriminalität. Genie“ aus der Feder der Wiener Frauenärztin Helene Stourzh-Anderle. Dem 262seitigen Buch war kein großer Erfolg beschieden, noch im Jahre 2002 waren beim Verlag originalverpackte Exemplare vorrätig. 1961 wurde im Rahmen der „Beiträge zur Sexualforschung“ beim Enke-Verlag in Stuttgart die Studie „Die Anorgasmie der Frau“ herausgebracht. Eine größere Folgeauflage kam 1962 auf den Markt[15].

Beide Arbeiten wurden zu einer Zeit veröffentlicht, da Frauen als sexualwissenschaftliche Forscher noch seltener waren, als in der Zeit vor dem ersten Weltkrieg oder in den 1920er Jahren. In Wien wurde die Sexologie durch die Dogmen der Pastoralmedizin eingeschränkt, in Deutschland war die Gesellschaft für Sexualforschung ein Rettungs- und Artikulationverband für Forscher, die sich im Nationalsozialismus besonders negativ hervorgetan hatten. Auch der junge Protagonist der Gesellschaft, Hans Giese[16] stand den Denkmustern der ihn umgebenden Forscher höchst aufgeschlossen gegenüber.

Beide Bücher erfuhren eine breite Rezeption: Es erschienen insgesamt mehr als 60 Rezensionen, die meisten davon in deutschsprachigen Zeitschriften und zumeist durchaus wohlwollend. Doch eine breitere Wirkung auf Forschung und Lehre konnte Helene Stourzh-Anderle dennoch nicht erzielen und nach ihrem Tode 1966 fiel sie der Vergessenheit anheim. Dies ist erstaunlich, denn ein Blick in die – in jeder halbwegs sortierten Staatsbibliothek – vorhandenen Schriften hätte sicherlich ungläubiges Staunen ausgelöst. 1955 unternahm die Autorin den Versuch, den durch Ständestaat und Nationalsozialismus gleichermaßen zerrissenen Faden der Konstitutionslehre, die in

[15] Nach Angaben von Prof. Gerald Stourzh betrug die erste Auflage 1000, die zweite 1200 Stück.

[16] Hans-Ernst Friedrich Giese (1920-1970) wuchs als Sohn eines Juraprofessors in Frankfurt a. Main auf. Studium der Philosophie unter dem Einfluss Martin Heideggers sowie Medizin. 1943 Promotion zum Dr.phil., 1946 zum Dr.med. Aktives Mitglied im NS-Studentenbund. Ab 1949 Aufbau einer westdeutschen Gesellschaft für Sexualforschung in enger Abstimmung mit dem Psychiater Hans Bürger-Prinz in Hamburg. Nach Habilitation 1965 Berufung auf eine Professur in Hamburg. Im Laufe der 1968er Revolte verpasste Giese nicht nur den Anschluss an eine neue, linksliberal agierende Sexualreformbewegung, sondern geriet mit seinen eigenen Schülern in Streit. 1970 kam er unter ungeklärten Umständen in Südfrankreich ums Leben.

Österreich mit den Namen Julius Tandler[17], Julius Bauer[18] oder Franz Chvostek[19] verbunden war, wieder aufzunehmen. Zugleich bezog sie aber die Erkenntnisse der biologistischen Forschung und der modernen Hormonforschung ein. Das Ergebnis dieser Synthese war ein umfassendes Buch, das geradezu zur Diskussion einlud. Einziges Problem: Der Verfasser war eine Frau, die offenbar keiner medizinischen Schule angehörte. Es erschienen zwar innerhalb kurzer Zeit etwa 40 Rezensionen, aber es fühlte sich dennoch scheinbar niemand berufen, die 262seitige Steilvorlage für einen wissenschaftlichen Disput zu nutzen. In „Die Anorgasmie der Frau" schließlich überrannte Stourzh-Anderle sämtliche überkommenen Wert- und Vorurteile über die sexuellen Schwierigkeiten der Frau, die von Gynäkologie, Psychiatrie und Pastoralmedizin aufgerichtet worden waren. Als verantwortlich für Sexualprobleme in der Ehe benannte die mit einem überwältigenden Zahlenmaterial aus der eigenen ärztlichen Praxis operierende Frauenärztin Stourzh-Anderle den Mann. Zugleich aber enthielt sie sich jeder ideologisch gefärbten Erklärung, wie sie seit den 1920er Jahren kursierten (sexuelle Schwierigkeiten aufgrund des Kapitalismus etc.). Als Therapie benannte sie nicht vorrangig die Psychoanalyse oder Psychotherapie, sondern speziell ausgefeilte Hormonpräparate, möglicherweise in Kombination mit einer individuell zugeschnitten psychologischen Beratung.

Die Antwort ihrer Kollegen auf diese Thesen war nahezu identisch wie bei ihrem ersten Buch. Eine lange Reihe positiver Rezensionen – und anschließend völlige

---

[17] Julius Tandler (1869-1936) stammte aus Iglau, ging zum Studium nach Wien, wo er 1910 zum ordentlichen Professor für Anatomie berufen wurde. Ab dieser Zeit begann er sich intensiv um den Aufbau einer konstitutionsbiologisch ausgerichteten Medizin zu bemühen. 1914-17 Dekan der medizinischen Fakultät. 1919 Wechsel in die Politik, Ernennung zum Unterstaatssekretär und Leiter des Volksgesundheitsamtes. 1920 Stadtrat für das Wohlfahrts- und Gesundheitswesen in Wien. Aufbau eines umfassenden, eugenisch orientierten Fürsorgesystems im sozialdemokratisch regierten Wien. 1932 ließ er sich nach Streitigkeiten mit innerparteilichen Gegnern als Professor und Stadtrat beurlauben und wandte sich einer umfassenden Beratertätigkeit zu. 1933 ging er nach Moskau (in Kooperation mit der Rockefeller Foundation). Dort erfuhr er 1934 von seiner Entlassung in Wien, kehrte zurück, wurde verhaftet, dann aber freigelassen. Daraufhin kehrte er in die UdSSR zurück, wo er 1936 an einem Herzinfarkt verstarb.

[18] Julius Bauer (1887-1979) studierte Medizin in Wien. 1911 Promotion, anschließend Assistenzarzt am neurologischen Institut der Poliklinik Wien, dann in Innsbruck. 1919 Habilitation, 1926 Berufung zum Professor. Bauer war nach Tandlers Ausscheiden aus der Wissenschaft der maßgebliche Nestor der österreichischen Konstitutionslehre. 1935 Ausschluss aus der deutschen Gesellschaft für innere Medizin nach scharfer Kritik an der Praxis der NS-Rassenhygiene. 1938 Flucht nach Paris, später in die USA. Berufung an die Louisiana State University, später an der Loma Linda University und der University of Southern California tätig. 1979 Tod in Beverly Hills.

[19] Franz Chvostek (1864-1944) promovierte 1888 in Wien und arbeitete 1890-92 an der Universitätsnervenklinik unter Theoder Meynert. 1894 Habilitation, 1895 Dozentur und 1897 außerordentliche Professur. Seit dieser Zeit Arbeit an einer psychiatrisch motivierten Konstitutions- und Temperamentslehre. 1911 Berufung zum Ordinarius für innere Medizin an der Universität Wien. 1933 Emeritierung. Nach seinem Tod 1944 wurde er von Karl Thums (Ordinarius für Rassenbiologie an der Universität Prag) zum Vorbild der nationalsozialistischen Konstitutionslehre erkoren.

Nichtbeachtung der Thesen der Autorin. Als sich in den 1970er Jahren die Maximen des theoretischen Diskurses endlich änderten, war Stourzh-Anderle bereits verstorben und die aufkommende Frauenbewegung (sofern sich deren Protagonistinnen überhaupt mit Medizin befassten) bejubelte die tendenziöse und in Teilen homosexuellenfeindliche Psychotherapie des gemischtgeschlechtlichen amerikanischen Forscherduos Masters/Johnson[20]. Wer war diese Person, die sich so gar nicht einordnen ließ und doch wissenschaftlich auf einer Ebene mit ihren Antagonisten zu diskutieren verstand? Was trieb Stourzh-Anderle an, so gänzlich allein zu arbeiten, sich jedoch derartig offen gegen ihre Widersacher zu positionieren? Sie musste sehr wenig Furcht besessen haben. Operierte sie aus völlig gesicherten materiellen Verhältnissen heraus? Oder hatte sie so viel erleiden müssen, dass sie jegliche Angst und Scheu vor der Konfrontation verloren hatte? War Stourzh-Anderle noch mit anderen Büchern an die Öffentlichkeit getreten? Wie hatte sie Zugang zur Wissenschaft gefunden? Fragen, die sich ganz automatisch stellten und nach einer Antwort verlangten.

Anlass für die Auseinandersetzung mit Helene Stourzh-Anderle bot die biographische Recherche für ein künftiges Lexikon von Sexualforschern, das unter Federführung Volkmar Siguschs im Entstehen begriffen ist. Doch alsbald erkannte ich, dass je tiefer ich mich mit dem Leben Stourzh-Anderles beschäftigte, immer mehr in der Medizin- und Frauengeschichte bereits als historische Wahrheit identifizierten Vorgänge nicht der Realität entsprechen konnten. So begann ich weiter zu recherchieren und ans Tageslicht gelangte das Panorama einer längst verdrängten Epoche der medizinischen Forschung, ein wahres Schlachtfeld der Lehrmeinungen, die alle eines gemein hatten: Eine partielle Verachtung von politischen Gegnern und Frauen – gerade unter Frauen.

Im Wien der 1920er Jahre prallten die Lehrmeinungen über das weibliche Geschlecht nicht ausschließlich innerhalb der Universität aufeinander; es gab noch zwei weitere Forschungsrichtungen, die nur teilweise an den Hochschulen verankert waren, aber einen großen Einfluss besaßen: Die Individualpsychologie Alfred Adlers[21] und die Psychoanalyse Sigmund Freuds[22]. Für Medizinerinnen gab es neben den begrenzten

---

[20] William H. Masters/Virginia E. Johnson: Impotenz und Anorgasmie. Zur Therapie funktioneller Sexualstörungen, Frankfurt/Main 1973.
Zur Kritik an dem Verhalten der Frauenbewegung siehe Germaine Greer: Der weibliche Eunuch. Aufruf zur Befreiung der Frau, München 2000 (Nachdruck der Ausgabe von 1971), S.42/43.

[21] Alfred Adler (1870-1937) studierte in Wien Medizin, 1895 Promotion und 1897 Eröffnung einer nervenärztlichen Praxis. 1902 stieß er zur Psychoanalyse, doch trennte er sich 1911 im Streit von Freud und entwickelte seine Lehre von der Individualpsychologie. Nach dem ersten Weltkrieg enge Kooperation mit der Wiener Gemeindeverwaltung, Aufbau von Beratungsstellen. 1924 erhielt Adler eine Dozentur am pädagogischen Institut. 1930 Ehrenbürger Wiens. Nach der Errichtung des Ständestaates in seiner Aktivität stark eingeschränkt, ging Adler 1935 in die USA.

[22] Sigmund Freud (1856-1939) studierte ab 1873 in Wien Medizin, zunächst mit dem Schwerpunkt Physiologie, später Neurologie. 1885 Dozentur für Neuropathologie, im gleichen Jahr Forschungsauf-

Stellen an der Universität die vage Hoffnung auf eine Stelle bei der Gesundheitsverwaltung des Bundeslandes Wien, die von dem als frauenfreundlich geschilderten Julius Tandler geleitet wurde[23]. Diese Frauenfreundlichkeit war jedoch höchst selektiv und nur auf wenige Damen beschränkt[24]. Seine männlichen Schüler animierte Tandler ebenfalls nicht zu positivem Verhalten gegenüber weiblichen Studierenden[25]. Doch was war mit den Frauen, die politisch nicht auf der Seite der Sozialdemokratie standen, aber auch für den aufkommenden Nationalsozialismus oder den dominierenden Katholizismus des Ständestaates kein Verständnis aufbringen konnten? Denn zu dieser Gruppe zählte die junge Helene Anderle, die 1928 den Brentano-Anhänger und Staatsphilosophen Herbert v. Stourzh (1889-1941) heiratete.

Das Hauptagitationsfeld für weibliche Mediziner bewegte sich auf dem Terrain der „Familie" und umfasste neben der Gynäkologie und Pädiatrie vor allem die Erziehungswissenschaft. Eines der schwierigsten Probleme der Zeit war die Frage nach der Sexualerziehung – und genau darauf hatte sich die junge Helene Anderle spezialisiert. Zugleich nahm sie die Diskussionen in klinischer Medizin und Analyse wahr, die von der beginnenden Dominanz der Körperbaulehre Ernst Kretschmers[26] geprägt waren. Führende Gynäkologen sahen hier die Chance, bereits in Wanken kommende Weltbilder über weibliche Sexualität erneut festigen zu können (wobei dieser Sachverhalt nie Eingang in die Gynäkologiegeschichte fand, weshalb er hier breit erläutert wird). Parallel dazu entfaltete die Rassenhygiene in Österreich ihre Tätigkeit, hier dominierten Forscher, die nationalsozialistischem Gedankengut zuneigten. Die frisch verheiratete

---

enthalt in Paris. Nach der Rückkehr wandte er sich der Erforschung der Hysterie zu. Hierbei ab 1895 gemeinsam mit Joseph Breuer Entwicklung des Konzepts der Psychoanalyse. 1902 außerordentliche Professur für Neuropathologie, 1920 Titel eines ordentlichen Universitätsprofessors. Gleichwohl blieb die Psychoanalyse in Wien ein Außenseiterfach und wurde von der klinischen Medizin abgelehnt. Nach der Besetzung Österreichs durch deutsche Truppen im März 1938 wurde der bereits schwer an Krebs erkrankte Freud ins Exil nach Großbritannien gedrängt.

[23] Martina Gamper: „Die Aerztin gehört für die Frau". Niedergelassene Ärztinnen und Ärztinnen im Sozialwesen in Wien 1900-1938, Dipl.phil. Wien 2001, S. 107-110.

[24] Sigismund Peller: Not in my time. The story of a doctor, New York 1979, S. 30.

[25] Hier stütze ich mich auf die Informationen von Prof. Dr. Michael Hubenstorf, der dies bei seinen Studien über die beiden in den 1960er Jahren in Wien lehrenden Tandlerschüler Walter Krause und Alfred Gisel bemerkte.

[26] Ernst Kretschmer (1888-1964) studierte Medizin und Philosophie an der Universität Tübingen. 1913 Promotion und anschließend Assistenzarzt an der neurologischen Klinik. Im ersten Weltkrieg Arbeit in einem Lazarett. Hier begann er seine These über einen Zusammenhang von Körperbau und Krankheit zu entwickeln. Diese formulierte er in seinem 1921 erstmals veröffentlichten Buch „Körperbau und Charakter" aus, das eine ganze Generation von Psychiatern stimulieren sollte. 1923 Habilitation unter Robert Gaupp. 1926 Berufung nach Marburg. Der radikalen und popularisierenden Auswälzung seiner Körperbaulehre gegenüber verhielt sich Kretschmer passiv abwartend. 1933-45 ohne politische Ämter, gleichwohl stand er der NS-Rassenhygiene positiv gegenüber. Nach dem Krieg Berufung nach Tübingen als Nachfolger seines Lehrers Gaupp. 1959 Emeritierung, doch Fortsetzung konstitutionsbiologischer Studien. Kurz nach seinem Tod 1964 erfolgte die völlige Demontage der Körperbaulehre durch v. Zerssen.

Helene Stourzh-Anderle engagierte sich aber in der Österreichischen Frauenpartei, während ihr protestantischer Mann bemüht war, die Philosophie Brentanos an die Verhältnisse im Österreich der späten 1920er/frühen 1930er Jahre anzupassen. Im Ständestaat musste Stourzh-Anderle die Zurückdrängung der Frauen allgemein und den Rückfall in überkommene Theorien in der Sexualerziehung erleben[27]. Ihr Mann, der sich in seinen Schriften um eine Humanisierung des Ständestaates durch Ausformulierung einer moderneren christlichen Staatsverfassung bemühte, geriet im Laufe der 1930er Jahre ins Abseits[28] und nach 1938 ins Visier der Gestapo. Er hatte sich scharf gegen Hitler ausgesprochen, starb aber im Sommer 1941. In dieser Zeit erlebte Stourzh-Anderle die völlige Anpassung der in Wien verbliebenen Forscher an die Postulate des Nationalsozialismus – und wenig später das kollektive Vergessen der Täter und Opfer gleichermaßen[29]. Parallel dazu besaß sie seit der ersten Hälfte der 1920er Jahre eine eigene gynäkologische Praxis in Wien/III. Sie sah sich jeden Tag mit den Auswirkungen universitärer Forschungsvorgaben und staatsideologischer Verkündungen in der Praxis konfrontiert. So beschloss sie, diesem Tun nicht nur durch Praxisarbeit, sondern auch eigene Publikationen und die Suche nach der wissenschaftlichen Diskussion entgegenzutreten. Nach 1945 entwickelte Helene Stourzh-Anderle zwei Arbeitsgebiete, Sexualaufklärung und Frauenheilkunde aus der Sicht der Frau, weiter. Es war die Reaktion auf eine Frauen gegenüber völlig gleichgültige Umwelt. Und mindestens so gleichgültig verhielt sich auch die Forschung. Ein Urteil, ob sie dies verdient hatte, bleibt dem Leser überlassen.

Die Heranführung an das Werk Helene Stourzh-Anderles erfolgt nicht über die gängige Vorgehensweise einer Biographie oder Monographie. Nicht der Ablauf des Lebens der Protagonistin steht im Zentrum, sondern ihre wissenschaftlichen Hauptwerke. Über deren Aufschlüsselung erschließt sich dem Blick des Betrachters das Menschenbild der mit Frauenheilkunde und Gynäkologie befassten Wissenschaft. Erst so wird die völlige Abkehr Stourzh-Anderles von überkommenen Denkmustern deutlich – und zugleich

---

27 Gerhard Melinz/Gerhard Ungar: Wohlfahrt und Krise. Wiener Kommunalpolitik zwischen 1929 und 1938, Wien 1996, S. 36-39. Ferner siehe die Ausführungen zur Frauenrolle seitens ständestaatlich orientierter Frauen.
Amalie Bredow: Die Frau und der politische Radikalismus. In: Der christliche Ständestaat (4) 1937, Nr. 25, S. 599-600.
Maria Maresch: Die Aufgabe der Frau im neuen Österreich. In: Ebenda (1) 1934, Nr. 55, S. 14-15.

28 Hierbei dürfte seine evangelische Religion in doppelter Hinsicht eine gewisse Rolle gespielt haben, da die katholische Staatsführung der evangelischen Kirche per se lange kritisch gegenüberstand. Zugleich drifteten zahlreiche protestantische Intellektuelle zum Nationalsozialismus ab. Siehe Gerhard Peter Schwarz: Ständestaat und evangelische Kirche 1933 bis 1938. Evangelische Geistlichkeit und der Nationalsozialismus aus der Sicht der Behörden von 1399 bis 1938, phil.Diss. Graz 1987, S. 93.

29 Siehe auch Mitchell G. Ash: Medizin im Nationalsozialismus – wissenschaftliche Arbeit als Weg der Aufarbeitung. In: Sonia Horn/Peter Malina (Hg.): Medizin im Nationalsozialismus. Wege der Aufbereitung, Wien 2001, S. 87-98.

klar, wie sehr sie (von heute aus gesehen) doch selbst in biologistischen Überlegungen verhaftet war. Um dem Leser die bewegte Biographie der Protagonistin zu verdeutlichen, steht dem Buch sozusagen als „erklärende Einleitung" eine Kurzbiographie voran. Hierauf folgen in zeitlicher Abfolge die „Werksbiographien" zu den drei Büchern Stourzh-Anderles. Den Abschluss des Buches bilden eine Zusammenfassung und der Versuch einer Wertung, sowie eine Werkbibliographie.

Ein Leben zwischen allen Stühlen

Am 17. Juni 1890 wurde Helene Johanna Maria Anderle als zweite Tochter des Ingenieurs Franz Karl Alois Anderle (1847-1922) und seiner Ehefrau Anna Maria Franziska Theresa Anderle, geborene Himmel, (1863-1954) in Klosterneuburg geboren[30]. Sie hatte noch eine zwei Jahre ältere Schwester Anna. Helene wuchs in einer stürmischen Zeit heran. Die österreichisch-ungarische Doppelmonarchie, außenpolitisch eng mit dem aufstrebenden wilhelminischen Kaiserreich verbunden, drohte an den nationalistisch motivierten Streitereien der einzelnen Völker zu zerbrechen[31]. Gerade die deutschsprachige nichtjüdische Elite des Landes sehnte sich zu großen Teilen „heim ins Reich". Die Zukunft des eigenen Volkes wurde nicht in einem Verbleiben innerhalb der Grenzen eines dynastischen Staatswesens gesucht, dessen Souverän an der übernationalen Kaiseridee festhielt, sondern in einem „Anschluss" an das scheinbar fortschrittlichere deutsche Reich. Zudem hatte gerade die dynastische Herrlichkeit des Hauses Habsburgs durch den Selbstmord des Thronfolgers Rudolf am 30. Januar 1889 in Schloss Mayerling sowie die dauernde Abwesenheit der Kaiserin Elisabeth vom Wiener Hof einigen Schaden genommen. Die Vertreter des Parlamentes des immer mit dem drohenden Staatsbankrott kämpfenden Vielvölkerstaates sensibilisierten durch ihr Auftreten die interessierte Öffentlichkeit eher für einen autokratischen Staat als für die Demokratisierung des Kaiserreiches. Höhepunkt der öffentlichen Selbsterniedrigung stellte die Badeni-Affäre da: Als ein Vertreter der Deutschnationalen an die Grenzen seiner populistischen Vorgehensweise stieß, forderte er kurzerhand den Ministerpräsidenten zum Duell, der sich darauf einließ – und prompt verlor[32]. Eine handfeste Staatskrise war die Folge.

Im Elternhaus Helene Anderles scheint man jedoch für das nationalistische Kesseltreiben wenig Verständnis aufgebracht zu haben. Auch von der katholischen Geistlichkeit und interessierten Kreisen der Medizin gefördertes rückständiges Denken, wonach

---

[30] Die Angaben zur Person Helene Stourzh-Anderles sind zwei Quellen entnommen. Zum einen der Ärztekammerakte, zum anderen der entsprechenden Kurzbiographie aus dem von Dr. Ilse Korotin geleiteten „biografiA-Projekt". Außerdem danke ich Prof.em. Gerald Stourzh für ergänzende Angaben.

[31] Erich Zöllner: Geschichte Österreichs. Von den Anfängen bis zur Gegenwart, 8.Auflage München 1984, S. 422.

[32] Brigitte Hamann: Hitlers Wien. Lehrjahre eines Diktators, München 1998, S. 380/381.
Zu der Situation der slawischen Minderheiten in der österreichischen Reichshälfte der österreichisch-ungarischen Doppelmonarchie siehe Arnold Suppan: Die österreichischen Volksgruppen. Tendenzen ihrer gesellschaftlichen Entwicklung im 20. Jahrhundert, München 1983.

„junge Weibspersonen" nur auf die Haushaltsführung, nicht aber das reale Leben vorbereitet werden sollten[33], fand im Hause Anderle keinen Anklang. Anders ließe sich kaum erklären, wieso sowohl Helene als auch ihre Schwester Anna nach Abschluss des ersten Mädchengymnasiums in Wien studieren durften[34]. Die Frage nach der Zulassung von Frauen zum Universitätsstudium hatte zeitweise selbst den Nationalitätenstreit an den Hochschulen in den Hintergrund treten lassen. Ersten Bestrebungen hatte der Münchner Ordinarius für Anatomie, Theodor v. Bischoff[35] bereits 1872 eine klare Absage erteilt. Gestützt auf jahrhundertealte „Thatsachen und Erfahrungen" erklärte er, die Kleinheit des weiblichen Schädels – und mithin des Gehirns – verhindere die Entwicklung von Kreativität[36]. Infolgedessen seien Frauen für naturwissenschaftliche Berufe und insbesondere die Arzttätigkeit gänzlich ungeeignet.

> *Der wahre Geist der exacten Naturwissenschaften und sein Einfluss auf das Denken und Handeln des Arztes, wird dem Weibe stets verschlossen bleiben*[37].

In Wien kritisierte der neue Universitätsrektor Joseph Späth die Bestrebungen, Frauen grundsätzlich Zugang zur Universität zu gewähren[38]. Einzelne Frauen seien durchaus geeignet, doch das Gros müsse aufgrund der physiologischen Unterlegenheit des weiblichen Geschlechts im Berufsleben versagen. Dies betreffe insbesondere die Medizin[39]. Bischoffs und Späths Epigonen (darunter auch Max Planck) betonten, die natürliche Rolle der Frau sei die Fortpflanzung, was die Frauen aufgrund der negativen Einflüsse der modernen Zivilisation leider vergessen hätten. Da die Frauen die naturgegebenen

---

[33] Siehe z.B. die Vorträge des Gymnasialprofessors Viktor Thumser, der den Frauen nur teilweise die Gymnasialbildung angedeihen lassen wollte und dies nur als eine Variante der Heranführung an den „Mutterberuf" sah. Gerne bedienten er und seinesgleichen sich hierbei aus der Geschichte:
Viktor Thumser: Die Stellung der Frau bei den alten Griechen. In: Derselbe (Hg.): Eltern-Abende. Populäre Vorträge gehalten an den Eltern-Abenden des k.k. Mariahilfer Gymnasiums in Wien, Wien/ Leipzig 1903, S. 1-20, 19.

[34] Das erste private Frauengymnasium war erst 1888 in Wien eröffnet worden, nachdem bereits 1870 Marianne Hainisch eine entsprechende Forderung aufgestellt hatte. 1900 gibt es in der westlichen Reichshälfte der Doppelmonarchie erst 156 Gymnasiastinnen. 1908 wird das erste Mädchen-Realgymnasium in Wien eröffnet. Siehe Sabine Weiss: Die Österreicherin. Die Rolle der Frau in 1000 Jahren Geschichte, Graz 1996, S. 327.

[35] Theodor Ludwig Wilhelm v. Bischoff (1807-1882) wird bis heute vornehmlich als Embryologe und Mitbegründer der modernen vergleichenden Anatomie gesehen. Als Professor in Gießen hatte er 1854 erste Planungen zu leistungsfähigen Mikroskopen vorgelegt. Nach seiner Berufung nach München 1865 setzte er diese Bemühungen fort. Seine zahlreichen ablehnenden Äußerungen zur Frauenemanzipation fallen in seine letzte Schaffensperiode.

[36] Theodor L.W. v. Bischoff: Das Studium und die Ausübung der Medicin durch Frauen, München 1872, S. 15-20.

[37] Ebenda, S. 28.

[38] Joseph Späth: Das Studium der Medizin und die Frauen. In: Wiener medizinische Presse (12) 1872, S. 1109-1118.

[39] Ebenda, S. 1116.

Pfade verlassen hätten, müsste sich die Männerwelt aufraffen und die Frauen auf den natürlichen Weg zurückführen:

> *Im Interesse des Weibes müssen wir Männer die Emancipation energisch bekämpfen und vor ihren Irrlehren das Weib nach Kräften schützen und behüten*[40].

Philosophische Überhöhung erlangte diese Haltung durch die Überlegungen des Neurologen Paul Julius Möbius[41], der „das Weib" qua Körperbau für bildungsunfähig erklärte und statt dessen die Natürlichkeit der Weiblichkeit überbetonte[42]. Für Wien nimmt die extrem antisemitische und antifeministische Argumentationsweise Otto Weiningers[43] besondere Bedeutung ein[44]. Damit perfektionierte Weininger Überlegungen, die Emanzipation von Frauen und Juden (gerade auf universitärer Ebene) propagandistisch zu koppeln und als doppelte Gefahr für den Erhalt der bestehenden Ordnung darzustellen[45]. Dieses überspannte Pochen auf der Betonung der natürlichen Weiblichkeit in Zeiten des kulturellen und zivilisatorischen Umbruchs sollte sich jedoch als ungewollte Hilfestellung für die Argumentation der Frauenemanzipation erweisen. So fragte z.B. Rosa Mayreder[46], warum Frauen die Zulassung zum Studium verboten bleiben sollte. Sie könnten doch vorzüglich eine medizinische Versorgungslücke ausfüllen, da schamhaftigen Frauen bislang der Weg zum Arzt künstlich erschwert würde, da ihnen das „natürliche Schamgefühl" doch geradezu verbiete, sich

---

[40] Max Runge: Das Weib in seiner geschlechtlichen Eigenart, 4. Auflage Berlin 1900, S. 37.

[41] Paul Julius Möbius (1853-1907) studierte ab 1870 in seiner Heimatstadt Leipzig Theologie und Philosophie, 1873 zusätzlich Aufnahme eines Medizinstudiums. 1875 Promotion zum Dr.phil. in Marburg, 1877 in Medizin in Leipzig. 1879-82 niedergelassener Arzt, dann Wechsel an die Nervenabteilung der Poliklinik in Leipzig und Tätigkeit als Assistenzarzt. 1883 Habilitation. Ende der 1880er Jahre Rückzug ins Privatleben und Entfaltung einer regen medizinphilosophischen schriftstellerischen Tätigkeit, die er bis zu seinem Tod fortsetzte.

[42] Paul Julius Möbius: Ueber den physiologischen Schwachsinn des Weibes, Halle 1901, 10. Auflage 1912, S. 14, 30.

[43] Otto Weininger (1880-1903) studierte 1898-1902 in Wien Psychologie, Literatur und Naturwissenschaft. Ab 1900 wandte er sich Studien zur Homo- und Bisexualität des Menschen, sowie der Rassenlehre zu. 1902 Promotion zum Dr.phil, Übertritt vom jüdischen zum christlichen Glauben. 1903 Veröffentlichung seines Hauptwerkes „Geschlecht und Charakter", dessen maßgeblichen Thesen allerdings auf dem Diebstahl des geistigen Eigentums des Freud-Intimus Wilhelm Fließ beruhten. Das vor Frauen- und Judenhass geradezu strotzende Werk erlebte rasch mehrere Auflagen, Weininger selbst jedoch verübte noch 1903 Selbstmord.

[44] Otto Weininger: Geschlecht und Charakter. Eine prinzipielle Untersuchung, Wien 1903, S. 113.

[45] Brigitte Hamann: Hitlers Wien, S. 414, 528-532.

[46] Rosa Mayreder (1858-1938) tat sich als Sozialphilosophin, Schriftstellerin und Feministin hervor. Zunächst als Malerin und Opernautorin erfolgreich, wandte sie sich ab 1893 der Frauenemanzipation zu. Neben der Zulassung zum Wahlrecht strebte sie eine größere soziale Gerechtigkeit an. Nach 1918 Engagement in der Friedensbewegung, doch zunehmender Bedeutungsverlust innerhalb der Frauenbewegung. Nach der Errichtung des Ständestaates Rückzug aus der Politik.

von einem Mann untersuchen zu lassen[47]. Dieser Argumentationsweise schlossen sich viele weitere Frauen an[48]. Zusätzlich dürfte die Entwicklung im Ausland Druck ausgeübt haben, so dass zwischen 1900 und 1908 das Frauenstudium in Deutschland und Österreich-Ungarn an Boden gewann. In der Schweiz (Zürich) hingegen konnten sich Frauen seit 1863 inskribieren, Universitäten in Schweden, Dänemark, Italien, Norwegen, dem Osmanischen Reich und Griechenland öffneten ihre Pforten für weibliche Studierende früher als Hochschulen in der Donaumonarchie[49]. Manche Studiengänge blieben Frauen weiterhin verschlossen, so in Wien die juridische (bis 1919) und die katholisch-theologische Fakultät (bis 1946)[50].

Anna Anderle entschied sich für das Studium der klassischen Philologie, promovierte und heiratete später. Helene hingegen entschied sich für das weibliche Modestudium der damaligen Zeit schlechthin: Medizin. Damit schlug sie sämtliche Warnungen der zeitgenössischen Publizistik in den Wind, wonach die Praxistätigkeit aufgrund der zu erwartenden Ärzteschwemme keine Aussicht auf finanziellen Erfolg böte[51]. Nach Abschluss des Gymnasiums mit der Matura am 2. Juli 1910 begann sie das zeitaufwendige Studium an der Alma Mater Rudolphina zu Wien. Möglicherweise bereits im Seziersaal, auf jeden Fall aber aufgrund ihrer hervorragenden Leistungen im Anatomie-Rigorosum wurde der als frauenfreundlich angesehene Professor Julius Tandler auf sie aufmerksam und verschaffte ihr zu Beginn des Jahres 1914 die Anstellung als „Demonstrator“ an seiner anatomischen Lehrkanzel. Im gleichen Jahr veröffentlichte

---

[47] Sonja Stipsits: "...und so gibt es nichts Widerwärtigeres als ein die gesteckten Grenzen überschreitendes Mannweib". In: Birgit Bolognese-Leuchtenmüller/Sonia Horn (Hg.): Töchter des Hippokrates. 100 Jahre akademische Ärztinnen in Österreich, Wien 2000, S. 27-44, 33.
Offenbar war dieses Argument tatsächlich äußerst wirksam, da sich die Gegenpropaganda der Ärzteschaft hierzu in engen Grenzen hielt. Siehe (für Wien) allein Wilhelm Svetlin: Die Frauenfrage und der ärztliche Beruf, Leipzig/Wien 1895, S. 27.
Zu Rosa Mayreder ist noch anzumerken, dass sie in Teilen den Ausführungen Weiningers durchaus aufgeschlossen gegenübergestanden war. Siehe Reingart Witzmann: Frauenbewegung und Gesellschaft in Wien um die Jahrhundertwende. In: Aufbruch in das Jahrhundert der Frau? Rosa Mayreder und der Feminismus in Wien um 1900. Ausstellungskatalog, Wien 1989, S. 10-18, 14.

[48] Johanna Geyer-Kordesch: Die erste Ärztinnengeneration und ihre Medizinkritik. In: Karin Hausen/ Helag Nowotny (Hg.): Wie männlich ist die Wissenschaft?, Frankfurt/Main 1986, S. 213-234, 216.
Beate Ziegeler: „Zum Heile der Moral und der Gesundheit ihres Geschlechts...“. Argumente für das Frauenmedizinstudium und Ärztinnen – Praxis um 1900. In: Eva Brinkschulte (Hg.): Weibliche Ärzte. Die Durchsetzung des Berufsbildes in Deutschland, Berlin 1995, S. 33-44, 34.

[49] Waltraud Heindl: Die Studentinnen der Universität Wien. Zur Entwicklung des Frauenstudiums (ab 1897). In: Heide Dienst/Edith Saurer (Hg.): „Das Weib existiert nicht für sich“. Geschlechterbeziehungen in der bürgerlichen Gesellschaft, Wien 1990, S. 174-188, 175.

[50] Sabine Weiss: Die Österreicherin, S. 329.

[51] Martina Gamper: „Die Aerztin, S. 45.
Siehe ferner Hilde Schmölzer: Die verlorene Geschichte der Frau. 100.000 Jahre unterschlagene Vergangenheit, Wien 1991, S. 418/419.

Anderle unter Tandlers Federführung ihren ersten wissenschaftlichen Aufsatz[52], 1915 folgte die Promotion. Aufgrund des Krieges gelangten qualifizierte weibliche Mediziner nun an Assistentenstellen bzw. wurden als Vertreter für ihre im Fronteinsatz befindlichen männlichen Kollegen (oder besser: Konkurrenten) berufen[53]. Bis zu diesem Zeitpunkt waren Frauen nur als rangniedere Secundarärzte zugelassen[54]. Als Helene Anderle von dem Assistenten an der II. Universitätsfrauenklinik Wilhelm Weibel – einem späteren Professor für Gynäkologie und Geburtshilfe in Prag bzw. Wien – eine Ausbildungsstelle angeboten wurde, entschied sich die junge Ärztin für die Fachspezialisierung auf die Gynäkologie[55]. Sie setzte diesen Karriereweg 1918 fort, als sie am 12.11.1918 von Ernst Wertheim zur Assistenzärztin ernannt wurde[56]. Diese Assistentenstelle war jedoch zeitlich befristet bis zu dem Tag, an welchem der eigentlich vorgesehene Arzt aus der Kriegsgefangenschaft zurückkehrte. Dies war im Frühjahr 1920 der Fall und Helene Anderle sah sich gezwungen, anstelle der universitären Karriere den Berufsweg einer niedergelassenen Frauenärztin zu wählen. Ihre Praxis eröffnete sie im III. Wiener Gemeindebezirk, wobei es sich hierbei um die gemeinsame Wohnung von Eltern und (unverheirateter) Tochter handelte. 1921 erhielt sie die begehrte Kassenzulassung als Frauenärztin, 1928 die Zulassung als Allgemeinpraktikerin[57]. Nebenbei gab sie Anatomiekurse an der Fachlehranstalt für das Bekleidungsgewerbe und hielt Aufklärungsvorträge in Mädchenschulen und an der Volkshochschule[58]. Einer Rückkehr an die Universität wäre Anderle zwar theoretisch nicht abgeneigt gewesen, doch blieben Frauen trotz der nun gewährten offiziellen Zulassung als Assistenz-

---

[52] Helene Anderle: Zur Lehre von der Querschnittstopographie der Nerven an der oberen Extremität. Zeitschrift für angewandte Anatomie und Konstitutionslehre (1) 1914, S. 397-425.

[53] Christine Eckelmann/Kristin Hoesch: Ärztinnen – Emanzipation durch den Krieg? In: Johanna Bleker/Heinz-Peter Schmiedebach (Hg.): Medizin und Krieg. Vom Dilemma der Heilberufe, Frankfurt/Main 1987, S. 153-172, 162/163.

[54] Ingrid Arias: Die ersten Ärztinnen in Wien. Ärztliche Karrieren von Frauen zwischen 1900 und 1938. In: Birgit Bolognese-Leuchtenmüller/Sonia Horn (Hg.): Töchter des Hippokrates. 100 Jahre akademische Ärztinnen in Österreich, Wien 2000, S. 55-78, 63.

[55] Ich danke Prof. em. Gerald Stourzh für diese Information.

[56] Ernst Wertheim (1864-1920) avancierte nach Medizinstudium, verschiedenen assistenzärztlichen Tätigkeiten und Spezialisierung auf Gynäkologie und Bakteriologie 1899 zum ordentlichen Universitätsprofessor in Wien. Er tat sich durch die Einführung neuer Operationsmethoden in der Gynäkologie hervor, wodurch erstmals der Gebärmutterkrebs operativ bekämpft werden konnte. Gleichwohl war diese Operationsmethode eines der blutigsten Schlachtfelder der operativen Chirurgie und die Erfolgsquote hinsichtlich einer Heilung eher gering.

[57] Offenbar war eine rein gynäkologische Praxis nicht rentabel und Helene Stourzh-Anderle mutierte zur Allgemeinmedizinerin.
Zur Problematik der Kassenzulassung für weibliche Ärzte siehe (bezogen auf Deutschland) Beate Ziegeler: Weibliche Ärzte und Krankenkassen. Anfänge ärztlicher Berufstätigkeit von Frauen in Berlin 1893-1935, Weinheim 1993, S. 96-98, 106.

[58] Für letzteres gibt es jedoch keinen Nachweis in den Publikationen der Wiener „Urania", sondern nur die Hinweise von Prof. Gerald Stourzh, der sich auf die Tagebuchnotizen seiner Mutter stützte.

ärzte weiterhin extrem unterrepräsentiert. Bis 1937 sollten von den 135 Universitätsstellen nur 4 mit Frauen besetzt werden[59].
Neben der Arbeit als gynäkologische Fachärztin betätigte sich Anderle auch noch als Autorin liberaler Zeitschriften. Unter diesen ragte die „Soziale Bereitschaft" heraus, Publikationsorgan der 1913 gegründeten Organisation mit Namen „Die Bereitschaft. Verein für soziale Arbeit und zur Verbreitung sozialer Kenntnisse". Hier engagierten sich Persönlichkeiten, die dem österreichischen Liberalismus zuzurechnen waren[60]. Der Verein war sozialreformatorisch und pazifistisch ausgerichtet. In der „Bereitschaft" erschienen die entsprechenden Aufsätze und hier publizierte auch ein aufstrebender Staatsphilosoph, der 1914 über Franz v. Brentano[61] promoviert hatte: Herbert v. Stourzh (1889-1941). Er stammte aus einer alten ehemals protestantischen, dann aber katholisch gewordenen Familie – wobei Herbert v. Stourzh selbst wieder zum Protestantismus zurückkehrte – und war als Lehrer an der niederösterreichischen Landeswirtschaftsschule in Krems beruflich tätig. Er publizierte Artikel sowohl zu sexualwissenschaftlichen als auch sozialpolitischen Themen[62]. 1926 edierte er sogar Max Stirners Hauptwerk „Der Einzige und sein Eigentum"[63]. Herbert v. Stourzh und Helene Anderle heirateten im Juli 1928. Ein Jahr später wurde das einzige Kind der Ehe, Gerald, geboren und evangelisch getauft. Die Familie ließ sich in der Hauptstadt nieder, wo Herbert v. Stourzh seit 1927 als „B-Beamter" (Verwaltungsbeamter) bei der niederösterreichischen Landesregierung in Wien tätig war.
In den 1920er Jahren zog die Wiener Gesundheitsverwaltung aufgrund ihrer Sozialprogramme europaweit Bewunderer an und viele Ärztinnen hofften dort auf eine Karriere. Parallel dazu entwickelten Psychoanalytiker und Individualpsychologen – darunter zahlreiche Frauen – Programme zur Aufwertung der Frau. All diesen Überlegungen war ein latenter Hang zur Sozialdemokratie oder zumindest die Ablehnung des konservativen staatstragenden Katholizismus gemeinsam. Helene Stourzh-Anderle fand weder vor noch nach ihrer Heirat Anschluss an diese wissenschaftlichen Schulen,

---

[59] Ingrid Arias: Die ersten Ärztinnen, S. 69.

[60] Friedrich Stadler: Spätaufklärung und Sozialdemokratie in Wien 1918-1938. In: Franz Kadrnoska (Hg.): Aufbruch und Untergang. Österreichische Kultur zwischen 1918 und 1938, Wien 1981, S.441-474, 454.

[61] Zur Bedeutung der Berufung Franz v. Brentanos nach Wien für die Entwicklung der Psychologie und Philosophie siehe Gerhard Benetka: Psychologie in Wien. Sozial- und Theoriegerschichte des Wiener psychologischen Instituts 1922-1938, Wien 1995, S. 14-17.
Herbert v. Stourzh: Franz Brentano und das Problem von Gut und Böse, Recht und Unrecht, phil. Diss. Wien 1914.

[62] Herbert v. Stourzh: Die wahre sexuelle Frage. In: Sexual-Probleme. Zeitschrift für Sexualwissenschaft und Sexualpolitik (8) 1912, S. 30-44.
Derselbe: Vom Sein und vom Soll, Dresden/Leipzig 1922.

[63] Herbert v. Stourzh (Hg.): Max Stirners Der Einzige und sein Eigentum, Leipzig 1926.

obwohl sie und ihre Ehemann ebenfalls der katholischen Reaktion ablehnend gegenüberstanden. Herbert v. Stourzh war nach dem traumatischem Erlebnis des ersten Weltkrieges, in dem er gleichwohl ausgezeichnet worden war, Pazifist geworden[64]. Seine Ehefrau unterstützte gemäßigte weibliche Emanzipationsarbeit, schloss sich 1930 der „Österreichischen Frauenpartei" an[65] und hielt zahlreiche Vorträge in der „Urania". Beider politische Heimat war der Liberalismus. Helene Stourzh-Anderle scheute sich auch nicht, ihre Ablehnung von festgefrorenen Schemata über Geschlechterrollen direkt in Zeitschriften der Protagonisten einer solchen Geisteshaltung kund zu tun[66].

Die 1930er Jahre waren für die Österreichische Wissenschaftsgesellschaft ein Jahrzehnt permanenter Veränderungen. Je nach politischer Großwetterlage wurden Lehrstühle neu besetzt, wechselten dominierende Lehrmeinungen einander ab. Helene Stourzh-Anderle zog sich nach der Machtergreifung Engelbert Dollfusses 1933/34 aus der Arbeit in der Öffentlichkeit zurück, kümmerte sich verstärkt um ihren jungen Sohn. Ihr Mann hingegen schrieb in der Zeitschrift „Der christliche Ständestaat" antinazistische Artikel und suchte durch eigene Publikationen einen christlichen Idealstaat staatsphilosophisch zu definieren. Hierbei bemühte er sich um eine radikale Abgrenzung zum Nationalsozialismus und italienischen Faschismus[67]. Helene Stourzh-Anderle nutzte die ersten Jahre des „Ständestaates" zu Vorbereitungsarbeiten an größeren medizintheoretischen Forschungsarbeiten, 1937 begann sie mit einer langen Reihe von entsprechenden Publikationen[68]. Ihre Arbeit wurde auch nicht durch den Anschluss Österreichs an das Deutsche Reich behindert, ihr Mann hingegen erfuhr rasch genauere Überwachung durch die Behörden des Sicherheitsapparates. Er starb jedoch noch während der Ermittlungen, die seitens des Pressereferats der Gestapo geführt wurden am 28. August 1941. Sein noch 1941 geplantes Projekt zur Herausgabe einer Auswahl von Schriften Justinus Kerners (1786-1862) blieb unvollendet. Seine Witwe unternahm zwar den Versuch einer Weiterführung, doch verlief die Einholung der Publikationserlaubnis im Kompetenzwirrwarr zwischen Reichsschrifttumskammer und

---

[64] Herbert Stourzh: Volksgenosse oder Mitmensch? In: Die Bereitschaft (5) 1924, Nr. 10, S. 7-8.

[65] Zu dieser politischen Gruppierung siehe Jutta Pint: Die österreichische Frauenpartei 1929-1934. Ein Versuch bürgerlich-liberaler Frauen gesellschaftspolitischen Einfluss zu nehmen, Dipl.phil. Wien 1988.

[66] Helene Stourzh-Anderle: Genie und Weiblichkeit. In: Stimmen der Zeit. Monatsschrift für das Geistesleben der Gegenwart (126) 1933, S. 129-131. In diesem Aufsatz formulierte sie auch erstmals ihre konstitutionsbiologischen Überlegungen aus, die sie nach 1945 in größerer Form präsentieren sollte.

[67] Dies kommt insbesondere in seinem letzten Buch zum Ausdruck, Karl Sturzenegger (d.i. Herbert Stourzh): Humanität und Staatsidee. Eine Philosophie der Politik, Luzern 1938.

[68] Helene Stourzh-Anderle: Ein Beitrag zur Mechanik des Traumes. In: Wiener Medizinische Wochenschrift (87) 1937, S. 1280-1282.

Reichsärztekammer schließlich im Sande[69]. Parallel dazu arbeitete sie als eine der wenigen zugelassenen weiblichen Gynäkologen weiter in ihrer Praxis. Nach dem deutschen Einmarsch im März 1938 war die Zahl der frauenärztlichen Praxen radikal reduziert worden (Schließung der jüdisch geführten Praxen). So gab es 1940 nur noch vier, 1942 nur noch drei Frauenärztinnen in Wien[70]. In der täglichen Praxisarbeit schuf sich Stourzh-Anderle durch Arbeit mit ihren zahlreichen Patientinnen ein immenses Reservoir potentieller Probanden für wissenschaftliche Studien. In der wissenschaftlichen Diskussion erlebte sie stets die unterschwellige Ablehnung durch männliche Kollegen. Einmal wurde in einer Fachzeitschrift ihr Name falsch gedruckt[71] – während die korrekte Wiedergabe ausländischer Namen für die Redaktion kein Problem darzustellen schien. Ein anderes Mal wurden ihre Studien zwar vorgestellt, sie selbst aber nur als „Frauenarzt" wahrgenommen. Dies ging so weit, dass sie real als Forscher männlichen Geschlechts vorgestellt wurde[72].

Ihre Kollegen bescheinigten ihr nach Kriegsende, dass sie sowohl charakterlich als auch hinsichtlich des Fachwissens einen exzellenten Ruf besitze. So begann sie bereits im Frühsommer 1945 wieder mit der Praxisarbeit. Zuvor hatte sie mit anderen dienstverpflichteten Ärzten in einer zum Notlazarett umfunktionierten ehemaligen Rettungsstelle in der Nähe des ausgebombten Ambulatoriums des Rudolfinerhauses gearbeitet[73]. 1946 wurde sie Mitglied der Gesellschaft der Aerzte in Wien und leitete 1951/52 sogar als erste Frau die wissenschaftlichen Versammlungen. 1953 rückte sie in den Vorstand der Organisation der Ärztinnen Österreichs auf. Angesichts der Tatsache, dass sich nach dem Ende des Dritten Reiches in der Medizin relativ wenig änderte und auch forschungstechnisch keine Rückkehr zur Vielfalt der 1920er Jahre abzusehen war, entschloss sich Helene Stourzh-Anderle selbst aktiv zu werden. Es folgten neben größeren und kleineren Artikeln zur sexuellen Aufklärung zwei umfangreiche Studien (1955, 1961). Parallel tat sie sich durch Verbreitung von sexualwissenschaftlichen Überlegungen aus dem Ausland hervor. An der Arbeit der 1954 gegründeten österrei-

---

[69] Korrespondenz Helene Stourzh-Anderles mit der Reichsschrifttumskammer im Oktober 1941. In: Bundesarchiv Berlin: Reichsärztekammer, Akt Stourzh-Anderle.

[70] Karin Walzel: Ärztinnen in Wien 1934-1938. In: Birgit Bolognese-Leuchtenmüller/Sonia Horn (Hg.): Töchter des Hippokrates. 100 Jahre akademische Ärztinnen in Österreich, Wien 2000, S. 113-116, 116.

[71] 26. Tagung der Deutschen Gesellschaft für Gynäkologie in Wien. Sitzung vom 28. bis 30. Oktober 1941. In: Zentralblatt für Gynäkologie (66) 1942, S. 277-279, 277.

[72] Paul Bernhard: Die Sterilität des Weibes. Diagnostik-Genese-Therapie-Prophylaxe. Leitfaden der Sterilitätsbehandlung, Stuttgart 1947, S. 133. Das Buch erschien zwar erst nach 1945, war jedoch bereits zuvor fertiggestellt worden, konnte aber aufgrund von Papiermangel und Kriegseinwirkungen nicht gedruckt werden.

[73] Information von Prof. em. Gerald Stourzh. Gemäß den Akten im Archiv der Ärztekammer Wien wurde die Erlaubnis erst zu einem späteren Zeitpunkt erteilt. Es ist möglich, dass Helene Stourzh-Anderle ohne Erlaubnis von oben wieder als Ärztin tätig wurde.

chischen Gesellschaft für Sexualforschung wirkte sie zeitweise aktiv mit[74]. Zu Beginn der 1960er Jahre beendete sie diese Arbeit. Ob dies mit der zunehmenden Infiltration der Gesellschaft durch Personen, die in die medizinischen Verbrechen des Nationalsozialismus verwickelt waren, (z.B. Anton Werkgartner[75]) zusammenhing, ist möglich, aber ungeklärt. Bis 1962 betrieb sie zudem ihre gynäkologische Praxis weiter. Als sie in diesem Jahr in den Ruhestand ging, musste sie bereits feststellen, dass einerseits ihre Anliegen aus den 1920er Jahren (Sexualaufklärung) noch immer aktuell waren und andererseits ihre umfangreichen eigenen Studien zur weiblichen Konstitution von der Gynäkologie nicht wahrgenommen wurden. Dennoch tat sie sich weiter mit Rezensionen hervor, ohne zu bemerken, dass die Forschung sich längst weiter entwickelt hatte. Ebenso wie ihre fachwissenschaftlichen Gegner hatte sich auch Stourzh-Anderle stets in biologistischen Denkmustern betätigt. Dies bezog sich sowohl auf ihre sexualaufklärerischen Überlegungen, als auch auf ihre Bücher zur sexuellen Konstitution – die als Antwort auf die antifeministischen Überlegungen von Gynäkologie, Konstitutionslehre und Psychiatrie dienten – und zur „Anorgasmie der Frau". Auf die Tendenzen der angelsächsischen Forschung, die jenseits konstitutionsbiologischer Theoriemodelle und überholter gynäkologischer Denkmuster agierte, ging sie nur in der Neuauflage der „Anorgasmie" kurz ein[76]. Noch bevor eine neue, revolutionär auftretende Frauenbewegung die in der Gesellschaft tief verwurzelten medizinisch „begründeten" Vorurteile über das weibliche Geschlecht konterkarierte, starb Helene Stourzh-Anderle am 21. Februar 1966 in Wien. Sie erhielt einige zurückhaltende Nachrufe, in denen ihr Engagement jenseits der Gynäkologie auf dem Gebiet der Psychologie betont wurde[77]. Danach geriet sie endgültig in Vergessenheit.

---

[74] Die Gesellschaft war 1954 von Hans Hoff und Franz Wilhelm Brix gegründet worden und verstand sich als österreichischer Zweig der World Federation for Mental Health. Ende der 1960er Jahre verschwand die Gesellschaft wieder, die unter Federführung Ernest Bornemanns in den 1970er Jahren gegründete „Österreichische Gesellschaft für Sexualforschung" steht in keinem Bezug zu ihrer Vorläuferorganisation.
Siehe Archiv der Ärztekammer Wien: Akt Brix, Franz Wilhelm: Lebenslauf.

[75] Anton Werkgartner (1890-1970) studierte in Wien Medizin und promovierte 1919. Im gleichen Jahr Ernennung zum Assistenten am gerichtsmedizinischen Institut unter Albin Haberda. 1924 a.o. Professur in Kaunas/Litauen, 1927 Dozent in Wien und 1928 Titularprofessur. Karrierebruch im Ständestaat, doch 1938/39 kommissarischer Leiter der Gerichtsmedizin in Graz. 1939 planmäßige außerordentliche Professur. Aufgrund seiner nationalsozialistischen Haltung vor 1938 und seiner Tätigkeit danach 1945 fristlose Entlassung, 1949 Emeritierung. 1952 Wiedereinstellung als a.o. Professor und Vorstand des gerichtsmedizinischen Instituts in Graz. 1956 Berufung zum ordentlichen Professor.

[76] Helene Stourzh-Anderle: Die Anorgasmie der Frau, 2. Auflage Stuttgart 1962, S. 7/8. Hierbei interessierte sich die Autorin vor allem für die Funktion der Vagina beim Orgasmus.

[77] Wolfgang Denk: Nachruf für Helene Stourzh-Anderle. In: Wiener Klinische Wochenschrift (78) 1966, S. 202
Die Organisation der Ärztinnen Österreichs: In memoriam Helene Stourzh-Anderle. In: Österreichische Ärztezeitung (21) 1966, S. 723.

Sexuelle Aufklärung – nur für wen?

Im Jahre 1925 erschien die Zusammenfassung mehrerer kürzerer Artikel über Sexualaufklärung aus der Zeitschrift „Die Quelle" als eigenes kleines Buch: „Die sexuelle Aufklärung" von Helene Anderle[78]. Auf 20 Seiten verfocht die Autorin das Konzept einer unverkrampften Annäherung an die menschliche Sexualität. Erst die sexuelle Aufklärung versetze die Menschen nämlich in die Lage, ihr Leben im Sinne eines „biogenetischen Grundgesetzes" korrekt zu gestalten[79]. Diese Formulierung lässt ihre persönliche Orientierung am monistischen Weltbild von Ernst Haeckel erahnen. Auf der Basis dieses „Grundgesetzes" unterschieden sich Männer und Frauen Europas auch von den „primitiven Völkern" in Afrika und Ozeanien, die dieses Wissen nie selbst erlangen könnten, sondern dem Aberglauben anhingen[80]. Besonderen Wert billigte Anderle den Studien von Sigmund Freud zu, der bewiesen habe, dass Kinder und Jugendliche keineswegs „geschlechtslose" Wesen seien. Naive Vorstellungen hätten zu lange dominiert, so der Glaube Rousseaus, dass es genüge, die Kinder von allen Reizen fern zu halten[81]. Denn dadurch sei es langfristig zu einer verheerenden Entsexualisierung gekommen.

> *Infolge des Bannes, mit dem alles Sexuelle seit Jahrhunderten belegt worden ist, haben es viele Erwachsene so weit gebracht, hinter dem natürlichen Streben des Kindes, das Schöpfungswunder zu enträtseln, etwas Schmutziges, sittlich Minderwertiges zu sehen, die Schnüffelei und Sensationslüsternheit der Großen wird den aus reinster Quelle stammenden kindlichen Fragen untergeschoben, die Großen schämen sich oft für die Fragen der Kleinen und weisen sie als Dummheit aus oder falschem Schamgefühl ab*[82].

Die Sexualaufklärung müsse darauf abzielen, die Kinder zu selbständig denkenden Menschen zu erziehen und von Fehltritten abzuhalten[83]. Es gelte die „Reinheit des

---

Offenbar erschien ihren Kollegen die Einbeziehung psychologischer Überlegungen in die Frauenheilkunde als etwas völlig ausgefallenes.

[78] Helene Anderle: Die sexuelle Aufklärung, Wien 1925 (Bücherei der „Quelle" Heft 26).

[79] Ebenda, S. 1.

[80] Ebenda, S. 1-2.

[81] Ebenda, S. 8.

[82] Ebenda, S. 9.

[83] Ebenda, S. 13.

Charakters“ der Kinder zu nutzen, um sie altersgemäß und moralischen Grundsätzen folgend aufzuklären. Ziel müsse die Bereitmachung der jungen Menschen auf ihre große Aufgabe, die Bewältigung der Ehe sein[84]. Die Autorin fügte dem Büchlein auch noch eine längere Literaturliste bei, in der Namen wie Friedjung, Förster, Freud, Forel, Ehrenfels, Rohleder oder Leute zu finden waren.
Dieser schmale Band beinhaltete ein enormes Sprengpotential. Helene Anderle hatte zwar korrekterweise Rousseau als Rückschritt angeführt. Schließlich hatte dieser nicht nur Frauen per se für minderwertig erklärt, sondern auch die absolut keusche Erziehung der Kinder verlangt[85]. Aber indirekt implizierte die alleinige Konzentration auf Rousseau die Unterstellung, dass auch all jene, die ähnliche Ansätze vertraten, mit Rousseau vergleichbar waren und seine Ideen teilten. Jedoch war die ständige Forderung nach einer völlig keuschen Kindeserziehung zu dieser Zeit in Österreich das Spezialgebiet des katholischen Klerus, dessen Vertreter sicherlich keinen Wert darauf legten, als Rosseau-Jünger bezeichnet zu werden. Auf protestantischer Seite taten sich in Österreich mehrere Mediziner negativ hervor, einer der bekanntesten war der später in München lehrende Max v. Gruber mit seiner Lehre von der „Hygiene des Geschlechtslebens“[86]. Dass die Autorin hinsichtlich ihrer Autorenauswahl in keiner Weise zufällig agierte, legt die Berufung auf Joseph Leute nahe. Leute war ein katholischer Ordensrenegat gewesen, der in einem aufsehenerregenden Werk mit der Sexualpädagogik der Kirche abgerechnet hatte[87]. Die Nennung von Friedrich W. Förster kam wohl eher die Bedeutung zu, sich von politisch links orientierten Forscherinnen absetzen zu wollen[88]. Des weiteren hatte Anderle es gewagt, sämtliche damals in der sexualpädagogischen Diskussion aktiven Wiener Mediziner schlichtweg zu unterschlagen. Weder Alfred Adler, noch irgend ein herausragendes Mitglied seiner Individualpsychologie (z.B. Erwin Wexberg), noch die Freudianer Siegfried Bernfeld, Wilhelm Reich oder Wilhelm Stekel fanden Erwähnung. Sigmund Freud wurde ledig-

---

[84] Ebenda, S. 19.
[85] Jean Jacques Rousseau: Emile oder über die Erziehung, Stuttgart 1976, S. 767.
[86] Max v. Gruber: Hygiene des Geschlechtslebens, Stuttgart 1885.
[87] Josef Leute: Das Sexualproblem und die katholische Kirche, Frankfurt/Main 1908, insbesondere S. 198-249.
So bestehe die katholische Sexualpädagogik praktisch nur aus „hässlichem Geschimpfe über die moderne Gesellschaft“ (S. 198).
[88] Friedrich W. Förster tat sich bereits vor dem ersten Weltkrieg als konservativer (aber pazifistischer) Gegner der Sexualreformbewegung hervor und sah sich selbst als Ehrenretter der katholischen Kirche. Insbesondere lehnte er die „Aufklärungsmanie“ der aus der Frauenbewegung hervorgegangenen Sexualreformerinnen ab, stand aber grundsätzlich der Sexualaufklärung positiv gegenüber.
Friedrich W. Förster: Sexualethik und Sexualpädagogik. Eine neue Begründung alter Wahrheiten, 4. Auflage Kempten 1913, S. V.
Zu seiner Bedeutung als konservativer Gegner der sexuellen Emanzipation der Frau siehe Kirsten Reinert: Frauen und Sexualreform 1897-1933, Herbolzheim 2000, S. 79-81.

lich mit einem Frühwerk angeführt. Statt dessen stützte sich die Autorin auf August Forel[89], Friedrich W. Förster, Christian v. Ehrenfels[90] und Hermann Rohleder[91], die allesamt der älteren Generation von Sexualforschern zuzurechnen waren, die bereits vor 1914 mit eigenen Ansätzen hervorgetreten waren[92]. Forel und Rohleder waren noch immer in der international organisierten Sexualforschung, die unter Federführung von Magnus Hirschfeld[93] bzw. Albert Moll[94] von Deutschland aus entwickelt worden war, aktiv. Zugleich hatte die Autorin aber die Ausführungen neuerer, dem National-

---

[89] August Forel (1848-1931) stammte aus dem Kanton Waadt, studierte 1866-1871 in Zürich Medizin. Assistenzarzt in Wien unter Theodor Meynert, Konzentration auf hirnanatomische Studien. 1879-1898 Direktor der Heilanstalt Burghoelzli in Zürich und Professor an der Universität. Parallel zeichnete sich Forel als Ameisenforscher aus. 1886 und 1892 erste eugenische Kastrationen unter seiner Leitung. Aufgrund Streitigkeiten mit Kollegen und der Verwaltung trat Forel 1898 von seinem Posten zurück. In den folgenden Jahren verfasste er zahlreiche, teilweise sehr erfolgreiche Bücher über Eugenik, Sexualreform und Lebensreform. Weiterhin betätigte er sich in der Ameisenforschung und nutzte sie als Basis für Vergleiche mit der menschlichen Welt.

[90] Christian v. Ehrenfels (1859-1932) studierte zunächst Landwirtschaft an der Hochschule für Bodenkultur in Wien, wandte sich dann aber der Philosophie zu und habilitierte 1888 in Graz. Enger Kontakt zu Richard Wagner und Gerhard Hauptmann sowie zur entstehenden rassenhygienischen Bewegung. 1896 Berufung an die deutsche Universität zu Prag als außerordentlicher, ab 1899 als ordentlicher Professor. Beteiligung an der Entwicklung der Gestaltpsychologie. 1929 Emeritierung.

[91] Hermann Rohleder (1866-1940) studierte in Leipzig Medizin, 1894 Promotion. Anschließend bildete er sich an der dermatologischen Klinik weiter und ließ sich als Spezialarzt für Sexualleiden nieder. 1911 begründete er das „Deutsche Neomalthusianer-Komitee" mit und engagierte sich später im „Komitee für Geburtenregelung". Enge Kooperation mit Magnus Hirschfeld.

[92] Christian v. Ehrenfels: Zuchtwahl und Monogamie. In: Politisch-Anthropologische Revue (1) 1902/3, S. 611-619 und 689-703.
Christian v. Ehrenfels: Sexualethik, Wiesbaden 1907.
Friedrich W. Foerster: Sexualethik und Sexualpädagogik, Kempten/München 1913.
August Forel: Die sexuelle Frage. Eine naturwissenschaftliche, psychologische, hygienische und soziologische Studie für Gebildete, München 1905.

[93] Magnus Hirschfeld (1868-1935) studierte in Straßburg, München, Heidelberg, Berlin und Würzburg Medizin sowie Naturwissenschaften. 1892 Promotion zum Dr.med. in Berlin, anschließend ausgedehnte Studienreisen. 1894 nervenärztliche Tätigkeit in einem Sanatorium bei Magdeburg, 1896 Eröffnung einer Praxis in Berlin. 1897 initiierte Hirschfeld die Gründung des „wissenschaftlich-humanitären Comitees", dessen Engagement auf eine Abschaffung des Homosexuellenparagraphen 175 und eine wissenschaftlich-objektive Erforschung der Homosexualität abzielte. 1908-11 Engagement in der psychoanalytischen Bewegung. 1918 Gründung und Aufbau eines „Instituts für Sexualwissenschaft" mit (eugenischer) Eheberatung zur wissenschaftlichen Erforschung der Sexualitäten. Im Laufe der 1920er Jahre suchte Hirschfeld die Endogenität der Homosexualität (als Basis für ihre Unbestrafbarkeit) mittels fragwürdiger Studien zu beweisen. 1930 begab er sich auf Weltreise und kehrte nicht mehr nach Deutschland zurück. 1935 Tod im Exil in Nizza.

[94] Albert Moll (1862-1939) studierte in Breslau, Freiburg, Berlin und Jena Medizin. 1885 Promotion in Berlin. Anschließend Tätigkeit als Nervenarzt in Berlin. Zunächst unterstützte er Hirschfelds Bestrebungen zur Aufhebung der Strafbestimmungen gegen Homosexuelle, distanzierte sich aber ab 1902 hiervon und entwickelte sich in den folgenden Jahren zu Hirschfelds radikalstem Gegner innerhalb der Sexualwissenschaft. In Konkurrenz zu dessen Bestrebungen initiierte er eigene Zeitschriftenprojekte und Kongresse und sammelte so die eher konservativ orientierten Forscher um sich. Nach 1933 bemühte er sich zwar um Nähe zum nationalsozialistischen Regime, dessen rassenhygienischer Politik er zweifellos positiv gegenüber stand, aber aufgrund seiner jüdischen Herkunft wurde er vom wissenschaftlichen Diskurs ausgeschlossen und verlor auch seine Approbation. 1939 starb er völlig verarmt in Berlin.

sozialismus oder dem Sozialismus positiv gegenüber stehenden Forschern nicht in ihre Abhandlung, die zuvor immerhin als Artikelserie in einer der meist gelesenen Magazine des Landes erschienen war, integriert. Auch hatte sie jeden Hinweis auf den in der medizinischen Philosophie weiterhin hoch geschätzten Otto Weininger unterlassen. Schließlich hatte sie sich ganz bewusst in ihrer Argumentation von Vergleichen mit Naturvölkern abgegrenzt; deren Verhältnisse seien nicht mit denen in Österreich vergleichbar. Damit folgte sie zwar den Überlegungen der neueren Anthropologie, entfernte sich aber weit von der Vorgehensweise der älteren weiblichen Emanzipationsbewegung, deren Vertreterinnen eben durch Hinweise auf die Lebensweise in anderen Erdteilen die Situation der Frauen in der Heimat zu bessern suchten[95].

Helene Anderle setzte sich also wissentlich von mehreren Überlegungen der damals – nicht nur in Wien – dominierenden Lehrmeinungen ab. Sie enthielt sich so bereits in ihrer ersten größeren sexualwissenschaftlichen Publikation jeder parteipolitischen Zuordnung[96]. Ihre Ausführungen mögen heutzutage wenig bedeutungsvoll erscheinen, da sich der sexualwissenschaftliche Diskurs – insbesondere durch die Liberalisierungsphase in den 1960er Jahren mit einer Wandlung des innergesellschaftlichen Bewusstseins hinsichtlich des „sexuellen Seins" – erheblich weiter entwickelt hat. Daher werde ich in einem umfangreichen Rekurs zunächst den Stand der damals von konservativen Kreisen als vorbildhaft angesehenen Sexualaufklärung erläutern und anschließend die Überlegungen der einzelnen wissenschaftlichen Schulen vorstellen. Erst so lässt sich erkennen, wieso die Ausführungen Anderles einerseits geradezu einen evolutionären Fortschritt bedeuteten und andererseits durch die Abgrenzung von den übrigen Fachmeinungen eine besondere Bedeutung erlangten.

Die von vielen Frauenforscherinnen lange Zeit als Repräsentantin fortschrittlicher, wenn auch politisch unkorrekter Überlegungen[97] wahrgenommene Rassenhygienikerin Agnes Bluhm[98] empfahl in einer wohlwollenden Rezension 1911 Eltern und Erziehern

---

[95] Rosa Mayreder: Zur Kritik der Weiblichkeit. Essays, 2. Auflage Jena 1907, S. 55.
Dieselbe: Geschlecht und Kultur, Essays, Jena 1923, S. 189.
Zudem musste gerade Mayreder nach 1918 erkennen, dass die von ihr vertretenen Postulate in Teilen nicht mehr zeitgemäß waren. Sigrid Ingeborg Bachler: Rosa Mayreder. Eine exemplarische Antizipation, phil.Diss. Frankfurt/Main 1994, S. 152/153.

[96] Allenfalls gab es Berührungspunkte mit den Programmen der „Vereinigten Demokratischen Partei Wiens" (1919) und der „Bürgerlich-demokratischen Arbeitspartei" (1923). Ich danke Michael Hubenstorf für diese wertvollen Hinweise.

[97] Siehe hierzu Ursula Ferdinand: Das Malthusianische Erbe. Entwicklungsstränge der Bevölkerungstheorie im 19. Jahrhundert und deren Einfluss auf die radikale Frauenbewegung in Deutschland, Münster 1999, S. 193, 243.

[98] Agnes Bluhm (1862-1943) wurde in Konstantinopel als Tochter eines preußischen Offiziers in türkischen Diensten geboren. Sie studierte 1884-1889 in Zürich Medizin, wo sie mit Friedrich Nietzsche, Alfred Ploetz, Gerhard Hauptmann, Ricarda Huch und russischen Revolutionären in Kontakt kam. Ihr wichtigster medizinischer Lehrer war August Forel, bei dem sie 1890 promovierte. Anschließend ließ

das Aufklärungsbuch „Am Lebensquell“[99]. Es sei aus biologischer und medizinischer Sichtweise geradezu als vorbildlich zu bezeichnen. Dieses Machwerk und Sammelsurium heute obskurst erscheinender Lebensratschläge stellte tatsächlich so etwas wie das von Medizinern nahezu jeder Couleur befürwortete Handbuch für Sexualaufklärung dar. Es war 1909 vom konservativen „Dürerbund“[100] als Ergebnis eines internationalen Preisausschreibens zusammengestellt worden[101]. Die sozialdemokratische Mutterschutzaktivistin Henriette Fürth (1861-1938) pries hier das „Schamgefühl“ als höchstes Gut, welches es zu aller Zeit zu bewahren gelte, indem auf direkte Fragen von Kindern nur höchst indirekte Antworten gegeben werden sollten[102]. Einem künftigen Studenten 18 Jahre alt solle die Mutter raten, bis zum 25. oder 30. Lebensjahr gänzlich keusch zu leben, da dies seine Chancen im Lebenskampf erhöhen werde[103]. Mit Hilfe von Beispielen aus dem niederen Tierreich erläuterte Ernst Weber die wechselseitige geschlechtliche Annäherung[104]. Zeugungsakt, Schwangerschaft und Geburt wiederum durfte Martha Röder ihren pubertierenden Kindern so erklären:

> *...Sieh, der Vater und die Mutter hatten nichts auf der Welt so lieb wie eins das andere. Als sie sich nun einst in den Armen hielten und einander das Beste und Schönste schenken wollten, sprang ein Liebesfünklein aus dem Schoße des Vaters in der Mutter Schoß. Dort aber traf es ein ander Fünklein, und die beiden Fünkchen hatten sich so lieb, wie Vater und Mutter. Sie ließen sich nicht wieder los und wurden ein einziges Leben. Und das kleine Leben entwickelte sich, bildete ein Köpfchen und bekam Ärmchen und Beinchen, ja ein richtiges Kindlein wurde daraus. Dieses wuchs, und da es ihm zu eng ward in der Mutter Schoß, drängte es ans Licht. Die*

---

sie sich als eine der ersten weiblichen Ärzte in Berlin als Gynäkologin nieder, musste aber wegen eines Ohrenleidens 1905 ihre Praxis wieder aufgeben. Sie trat der Berliner Gesellschaft für Rassenhygiene und dem Bund für Mutterschutz bei. Nach dem ersten Weltkrieg suchte sie durch umfangreiche Tierversuche am KWI für Biologie die negativen Auswirkungen des Alkohols auf die Fähigkeiten und Lebenstauglichkeit der Nachkommenschaft zu beweisen. Als Vorstandsmitglied der Deutschen Gesellschaft für Rassenhygiene trat sie 1932 öffentlich für den Erlass eines Sterilisationsgesetzes ein. 1940 Auszeichnung mit der Goethe-Medaille für Wissenschaft. Ein Jahr später schloss sie ihre Studien ab.

99 Agnes Bluhm: Aus der neueren Literatur über sexuelle Aufklärung und Ethik. In: Zeitschrift für Jugendwohlfahrt, Jugendbildung und Jugendkunde. Der Säemann (2) 1911, S. 208-214, 211.

100 Der „Dürerbund“ war als Vereinspendant zur Zeitschrift „Der Kunstwart“ 1902 von Ferdinand Avenarius (1856-1923) gegründet worden. Siehe Gerhard Kratzsch: Ferdinand Avenarius und die Bewegung für ethische Kultur. In: Kai Buchholz/Rita Latocha/Hilke Peckmann/Klaus Wolbert (Hg.): Die Lebensreform. Entwürfe zur Neugestaltung von Leben und Kunst um 1900, Bd. I Darmstadt 2001, S. 97-102.

101 Dürerbund (Hg.): Am Lebensquell. Ein Hausbuch zur geschlechtlichen Erziehung. Betrachtungen, Ratschläge und Beispiele als Ergebnisse des Dürerbund-Preisausschreibens, Dresden 1909.

102 Henriette Fürth: Erotik und Elternpflicht. In: Ebenda, S. 3-21, 14.

103 Ebenda, S. 21.

104 Ernst Weber: Betrachtungen eines Lehrers über geschlechtliche Erziehung. In: Ebenda, S. 282-300.

Mutter glaubte sterben zu müssen, als das Kindchen von ihr weg wollte, so große Schmerzen litt sie. Aber sie starb nicht, und da sie ihr Kind geboren hatte, war ihre Freude so groß wie nie zuvor im Leben...[105].

Gegen einen solch verkrampften Umgang mit der menschlichen Sexualität erschienen die Organe der Lebensreformbewegung geradezu vorbildlich und fortschrittlich[106]. Gleichwohl konnten deren Autoren die medizinische Diskussion allenfalls begleiten, nicht aber entscheidend beeinflussen. Zur gleichen Zeit beklagten führende Mediziner bei Kongressen der Deutschen Gesellschaft zur Bekämpfung der Geschlechtskrankheiten (DGBG) die totale Unwissenheit der jüngeren Menschen hinsichtlich des Sexuallebens[107]. Zu dieser Unkenntnis trugen die Vertreter der Deutschen Gesellschaft das Ihre bei. So empfahl Alfred Heidenhain in einer als Handweiser empfohlenen Schrift schulentlassene Mädchen (im Alter von 14 Jahren) zu „belehren" – nicht aufzuklären[108]. Ferner sprach der Autor die Heranwachsenden als Kinder an und nannte ausgelebte Sexualität vor der Ehe einen „Sündenfall". Küsse, ausgetauscht auf Tanzveranstaltungen, würden unheilbare Krankheiten heraufbeschwören[109]. Abschließend empfahl der Autor den „Kindern", sich in Zukunft vertrauensvoll an ihre, ebenfalls in den Genuss der Belehrung seitens des Autors gekommenen, Mütter zu wenden[110]. Ein Teufelskreis. Zudem beschränkten die Vertreter der DGBG ihre Propaganda fast ausschließlich auf das weibliche Geschlecht, obwohl zur gleichen Zeit nahezu jeder vierte Mann mit Syphilis infiziert war[111]. Dennoch wurde diese Krankheit zur Epidemie des

---

[105] Martha Röder: Einer Mutter Antwort. In: Ebenda, S. 341.
[106] Kai Buchholz: Lebensreformerisches Zeitschriftenwesen. In: Kai Buchholz/Rita Latocha/Hilke Peckmann/Klaus Wolbert (Hg.): Die Lebensreform, S. 45-51, 46/47.
[107] Martin Chotzen: Die sexualpädagogische Tätigkeit der Deutschen Gesellschaft zur Bekämpfung der Geschlechtskrankheiten. In: Zeitschrift für Bekämpfung der Geschlechtskrankheiten (14) 1913, S. 353-369.
Siehe zur Geschichte der DGBG Michael Kreis: Die Deutsche Gesellschaft zur Bekämpfung der Geschlechtskrankheiten (DGBG/GBGK) 1902 bis 1987. Ein historischer Abriss, med.Diss. München 1988.
[108] Alfred Heidenhain: Sexuelle Belehrung der aus der Volksschule entlassenen Mädchen, Leipzig 1909 (Flugschriften der Deutschen Gesellschaft zur Bekämpfung der Geschlechtskrankheiten), S. 1.
[109] Ebenda, S. 15.
[110] Ebenda, S. 16.
In ähnlicher, noch erheblich romantisierender Weise argumentierte der Münchner Universitätsprofessor und Repräsentant der Deutschen Gesellschaft zur Bekämpfung der Geschlechtskrankheiten, Carl Knopp. Siehe Carl Knopp: Das Geschlechtliche in der Jugenderziehung. Vortrag, gehalten in der öffentlichen Versammlung der Ortsgruppe München der Deutschen Gesellschaft zur Bekämpfung der Geschlechtskrankheiten im Rathause zu München am 2. Februar 1904, Leipzig 1904.
Siehe auch (seltenes Beispiel einer Aufforderung an Männer) Hermann Paull: Halte deine Jugend rein! Ein Mahnruf an die ins Leben tretenden jungen Männer, Stuttgart o.J. (um 1910).
[111] Gisela Bleibtreu-Ehrenberg: Angst und Vorurteil. AIDS-Ängste als Gegenstand der Vorurteilsforschung, Reinbek 1989, S. 95.

Weibes erklärt[112]. Ganz ähnlich argumentierte auch die österreichische Parallelorganisation der DGBG, in der sich u.a. der Wiener Ärztekammerpräsident (1911-1919) und Ordinarius für Dermatologie, Ernest Anton F. Finger (1856-1939) positionierte. Die Ablehnung weiblicher Emanzipation, Furcht vor Geschlechtskrankheiten und Niedergangsphantasien hinsichtlich des Volkskörpers griffen ineinander[113]. Die im Biologieunterricht und der Naturforschung verbreitete „Aufklärung" gemäß den Vorgaben Raoul Heinrich Francés (1874-1943) bediente sich Beispielen aus der Natur und Pflanzenwelt. „Reinliche Falter" und Bienen würden aktiv die passiven Pflanzen befruchten und damit den Erhalt der Art regeln. Jeglicher Widerstand gegen die „Befruchtung" wurde als artfremd und lebensfeindlich abgelehnt[114].

Stets wurde betont, dass die Sexualaufklärung nicht aus dem elterlichen Rahmen abgezogen werden dürfe. Eine kritische Begutachtung der vorgeblich sexualaufklärerischen Schriften unterblieb vor 1918. Statt dessen wurde zunehmend die These favorisiert, sittliche Verwahrlosung sei kein Ergebnis mangelhafter oder nicht vorhandener Erziehung, sondern ein angeborener Defekt. In der Wiener Volksbildung(sbewegung) war die Unterrichtung (sexual)pädagogischer Themen Männern vorbehalten[115], während in der Medizin gleichzeitig die Rolle der Frau als Mutter betont wurde. Sexualforscher, die eine wirkliche Aufklärung der Jugendlichen forderten, mussten betonen, dass dies nur im Elternhaus geschehen könne und sich zugleich gegen den Vorwurf der Jugendverführung zur Wehr setzen. So hatte sich auch Hermann Rohleder mit allgemeinen Erziehungsratschlägen und der Forderung nach Einbeziehung der Ärzteschaft in die Aufklärungsarbeit zu begnügen[116]. Der damals fortschrittlicher argumentierende Adolf Busemann empfahl auf direkte Kinderfragen direkte Antworten und eine kombinierte Eltern-Kind-Aufklärung[117]. Jedoch war auch er davon überzeugt, dass eine wirkliche Sexualpädagogik erst mitten in der Pubertät erfolgen und sie nur als Vorbereitung für die Ehe dienen sollte. Beiden Autoren war die bis in die 1980er Jahre im deutschsprachigen Raum vertretene Vorstellung gemein, die aufzuklärenden Kinder und Jugendli-

---

[112] Ulrich Linse: Über den Prozess der Syphilisation – Körper und Sexualität um 1900 aus ärztlicher Sicht. In: Alexander Schuller/Nikolaus Heim (Hg.): Vermessene Sexualität, Berlin 1987, S. 163-185, 165.

[113] Ulrich Linse: Über den Prozess..., S. 171.

[114] Florian Mildenberger: Mitten in der Wildnis! Der Sexualbotaniker Raoul Francé im Portrait. In: Gigi. Zeitschrift für sexuelle Emanzipation 2003, Nr. 25, S. 26-28, 27.

[115] Siehe z.B. Die Vorträge in der Urania im Jahre 1916/17. In: Urania. Wochenschrift für Volksbildung (10) 1917, S. 355.
An dieser seltsamen Strategie hatte sich auch Mitte der 1920er Jahre noch nichts geändert, siehe Weiterbildende Kurse. In. Volkshochschulkurse Winterhalbjahr 1925/26, Wien 1925, S. 12-15.

[116] Hermann Rohleder: Grundzüge der Sexualpädagogik für Ärzte, Pädagogen und Eltern, Berlin 1912, S. 29-37.

[117] Adolf Busemann: Das Geschlechtsleben der Jugend und seine Erziehung, Berlin o.J. (1912?), S. 19.

chen stellten eine „Leib-Seele-Geist-Einheit" dar[118]. Solchen Überlegungen widersetzten sich die Volksaufklärer in der Wiener Urania, die zwischen Fatalismus (die Kinder würden sich ja doch ihre Aufklärung selbst suchen) und Rigorismus (Beschränkung der Aufklärung auf die Intimität der Familie) schwankten[119]. Da kindliche Sexualität per se als krankhaft angesehen wurde, konnten zwölfjährige Mädchen mit sexuellen Interessen nur an „psychischer Hyperästhesie" leiden[120]. Infolgedessen wurden sie mit Wasserkuren traktiert. Auch Keuschheitsgürtel und Zwangsjacken fanden Verwendung, die höchste Form der Sexualpädagogik war der gemeinsame Besuch der nächsten Sammlung antiker Statuen durch Mutter und Tochter[121]. Dass Mädchen generell ihren männlichen Altersgenossen in der Entwicklung ein wenig voraus sein könnten, stellt heute eine wichtige medizinische Erkenntnis dar[122], wurde aber damals womöglich aus ideologischen Erwägungen heraus gar nicht untersucht. Auch weibliche Autoren, wie die aus Oberösterreich stammende Pionierin des weiblichen Arztberufes Anna Fischer-Dückelmann verschlossen sich einer solchen Diskussion[123].

Die vorherrschende medizinisch-pädagogische Lehrmeinung vor 1918 über Sexualaufklärung fußte auf einem überkommenen Frauenbild, das indirekt auf die Kinder übertragen wurde, wobei Mädchen eine besonders negative Rolle zukam. Hierbei befehdeten sich die unterschiedlichen medizinischen Forschungsrichtungen erheblich. Eben zu der Zeit (1910-12), als mit Rohleder, Busemann u.a. die Sexualpädagogik zunehmend die konventionelle Mädchenerziehung harter Kritik zu unterziehen begann, vollzog sich ein wichtiger Wechsel in der medizinischen Frauenforschung. Die Gynäkologie wurde aus dem Bereich der frauenspezifischen „Seelenforschung" von der Psychiatrie verdrängt. Statt dessen konzentrierten sich die Gynäkologen auf die Frage, welche Mittel einzusetzen waren, um Frauen als Gebärmaschinen optimaler nutzen zu können. Die damit eigentlich untrennbar verbundene Frage nach der sexuellen Erzie-

---

[118] Rudolf Müller: Wir Sexualpädagogen. In: Sexualtheorie und Sexualpolitik, Stuttgart 1984 (Beiträge zur Sexualforschung 59), S. 101-107, 102.

[119] Heinrich Keller: Vernünftige und unvernünftige Mütter, Wien 1917 (Uraniavorträge).
Keller war von Beruf Pädiater und engagierte sich gemeinsam mit Franz Hamburger und Josef K. Friedjung in der Gesellschaft für Kinderheilkunde.

[120] Eduard Emmel: Das Wasserheilverfahren. Handbuch über hydropathische Behandlung der verschiedenen Krankheiten des menschlichen Organismus, Leipzig 1897, S. 231.

[121] Peter Gay: Sexuelle Aufklärung einer höheren Tochter. In: Herrard Schenk (Hg.): Frauen und Sexualität. Ein historisches Lesebuch, München 1995, S. 88-89.

[122] Georg Neubauer: Jugendphase und Sexualität. Eine empirische Überprüfung eines sozialisationstheoretischen Modells, Stuttgart 1990 (Beiträge zur Sexualforschung 66), S. 59.

[123] Anna Fischer-Dückelmann: Die Frau als Hausärztin. Ein ärztliches Nachschlagebuch der Gesundheitspflege und Heilkunde mit besonderer Berücksichtigung der Frauen- und Kinderkrankheiten, Geburtshilfe und Kinderpflege mit 489 Original-Illustrationen, 38 Tafeln und Kunstbeilagen in feinstem Farbendruck, dem Portrait der Verfasserin und einem Modell-Album: Mann und Weib, München 1901, hier Ausgabe 1923 (140.000er Ausgabe), S. 783.

hung wurde aber ausgeklammert, eine eigene Kindergynäkologie erst in den 1940er Jahren entwickelt[124]. Hierbei muss betont werden, dass diese Überlegungen nicht auf Österreich oder Deutschland beschränkt blieben, vielmehr führte der transkontinentale Diskurs dazu, dass diesseits und jenseits des Atlantiks über Jahrzehnte die gleichen Vorurteile und Forschungslinien zu beobachten sind[125]. Erst als es um die Aufarbeitung dieser Forschungen ging, zerriss der gemeinsam gesponnene Faden der Erkenntnis: In den USA bildete sich an den Universitäten eine akzeptierte Frauenforschung, im deutschsprachigen Raum ist dies noch immer nicht erreicht[126].

Es ist interessant festzustellen, dass sich die zeitgenössische Gynäkologie praktisch selbst aus dem psychiatrischen Diskurs verabschiedete, bzw. der Psychiatrie nur wenig Widerstand entgegensetzte. Äußeres Symbol der Neuorientierung der Forschung war der Siemerling-Bossi-Streit, in den sich rasch auch Julius Wagner v. Jauregg[127] einschaltete. Der Ordinarius für Gynäkologie an der Universität Genua, Luigi Maria Bossi, hatte in einer Monographie das seit den Ausführungen Richard v. Krafft-Ebings[128] von der Psychiatrie beanspruchte Feld der weiblichen Geistesstörungen allein für seinen Fachbereich reklamiert[129]. Dies implizierte die Behauptung der Möglichkeit der Heilung weiblicher Geisteskrankheiten (Psychosen, Hysterie) mittels der

---

124 Marina Schüßler/Kathrin Bode: Geprüfte Mädchen – ganze Frauen. Zur Normierung der Mädchen in der Kindergynäkologie, Zürich 1992, S. 40.

125 Mary Daly: Gyn/Ökologie. Eine Metaethik des radikalen Feminismus, 5. Auflage München 1991, S. 312-314.

126 Bodo v. Borries/Annette Kuhn: Ansätze zu einem frauengeschichtlichen Curriculum. In: Bodo v. Borries/Annette Kuhn/Jörn Rusen (Hg.): Sammelband Geschichtsdidaktik: Frau in der Geschichte I/II/III, Düsseldorf 1984, S. 13-40, 15.
Bodo v. Borries: Mädchensozialisation und Frauengeschichte. In: Ebenda, S. 73-93, 82.

127 Julius Wagner v. Jauregg (1857-1940) studierte nach Absolvierung des Schottengymnasiums in Wien 1874-1880 Medizin und konzentrierte sich zunächst auf die Pathologie. Nach einem Zwischenspiel als Assistent am Institut für innere Medizin wechselte er 1883 an die psychiatrische Klinik und übernahm deren Leitung 1887 interimistisch. 1889 Extraordinarius in Graz als Nachfolger Krafft-Ebings. 1893 Berufung nach Wien (Landesirrenanstalt), doch 1902 Wechsel an das AKH. 1911 Rückkehr an die Landesirrenanstalt, die in Steinhof neu eröffnet worden war. 1927 Nobelpreis für seine Malariatherapie bei Paralyse. Seine wichtigsten Schüler waren Carl v. Economo und Otto Kauders. In den 1920er Jahren Engagement in eugenischer Richtung. 1928 Emeritierung. Tod 1940 in Wien.

128 Richard v. Krafft-Ebing: Nervosität und neurasthenische Zustände, 2. Auflage Wien 1900, S. 57, 203. Richard v. Krafft-Ebing (1840-1902) studierte unter Nikolaus Friedrich und Wilhelm Griesinger in Berlin Medizin und wandte sich rasch der Psychiatrie zu. Während einer langjährigen Tätigkeit an der Heilanstalt Illenau vertiefte er seine Kenntnisse und habilitierte 1872 in Leipzig. Nach mehreren Berufungsvorschlägen ging er 1873 nach Graz, 1889 nach Wien. Bahnbrechend erwies sich seine 1878 erstmals vorgestellte Studie „Psychopathia Sexualis“, die zahlreiche Auflagen erlebte.
Zu seinen Ängsten vor der Frauenemanzipation und der extremen Ablehnung jeder männlichen Unterordnung gegenüber dem weiblichen Geschlecht siehe Florian Mildenberger: „Ein im weitesten Seelenreiche beschränkter Forscher“. Richard v. Krafft-Ebing und „sein“ Masochismus. In: Michael Farin (Hg.): Phantom Schmerz. Quellentexte zur Begriffsgeschichte des Masochismus, München/Graz 2003, S. 58-69, 63-67.

129 Luigi Maria Bossi: Die gynäkologische Prophylaxe bei Wahnsinn, Berlin 1912.

Kastration. Diese Überlegung entstammte dem Repertoire der um 1870 sehr einflussreichen amerikanischen Gynäkologen James Marion Sims[130] und Robert Battey[131]. Die Überlegungen Bossis, die zudem mit nicht unbedingt stichhaltigen Beispielen unterfüttert waren, rief aber umgehend die Vertreter der Wiener Psychiatrie auf den Plan[132]. In einer Rezension betonte der Rezensent der Wiener Klinischen Wochenschrift das Thema sei eigentlich längst abgehandelt, zudem habe Bossi aufgrund seiner „südlichen Lebhaftigkeit" jedes wissenschaftliche Gespür vermissen lassen[133]. Bossis Rechtfertigungsversuch wurde von Julius Wagner v. Jauregg als „ungebührlich" zurückgewiesen[134]. Die endgültige Widerlegung der Ausführungen des italienischen Professors nahm 1914 Ernst Siemerling[135] vor[136]. Gänzlich unironisch, für den heutigen Betrachter aber höchst interessant, kommentierte er den Versuch Bossis, die Psychiatrie zurückzudrängen, mit den Worten:

---

[130] James Marion Sims (1813-1883) gilt als einer der Begründer der modernen angelsächsischen Gynäkologie. Er begann 1833 sein Medizinstudium in Charleston, wechselte aber bereits 1834 an das Jefferson Medical College in Philadelphia, wo er 1835 sein Studium abschloss. Bis 1853 wirkte er in Montgomery/Alabama, anschließend begab er sich nach New York. Durch die Einführung neuer Instrumente (Speculum) und unzählige, nicht selten medizinisch unsinnige Operationen gelang es ihm, den Wissensstand der Gynäkologie hinsichtlich des weiblichen Unterleibs zu erweitern. Er tat sich ferner durch die Bekämpfung der Sepsis bei Operationen hervor. Seine Schriften fanden weite Verbreitung, insbesondere in England und Deutschland.

[131] James Marion Sims: Klinik der Gebärmutter-Chirurgie mit besonderer Berücksichtigung der Sterilität. Deutsch herausgegeben von Dr. Hermann Beigel, 3. Auflage Erlangen 1872.
Lawrence D. Longo: The rise and fall of Battey's operation. A fashion in surgery. In: Bulletin of the history of medicine (53) 1979, S. 244-267.
Diese Operation war auch in Amerika sehr geschätzt und wurde bis 1910 häufig angewandt, siehe z.B. Wendy Mitchinson: Gynecological operations on the insane. In: Archivaria (10) 1980, S. 125-144.
Ferner Ann G. Dally: Women under the knife. A history of surgery, New York 1991, S. 187.

[132] Grundsätzlich hatte sich die Psychiatrie seit den 1880er Jahren den „weiblichen Psychosen" zugewandt und die Gynäkologie aus diesem Bereich zu verdrängen gesucht. Dieser Vorgang und die daraus resultierenden Konsequenzen wurden exemplarisch anhand der Entwicklung in Dänemark untersucht, siehe Karin Lützen/Bente Rosenbeck: Weibliche Sexualität zwischen Medizin und Frauenbewegung. Die Entwicklung in Dänemark von 1890-1920. In: Zeitschrift für Sexualforschung (2) 1989, S. 101-118.

[133] Referate. Die gynäkologische Prophylaxe bei Wahnsinn von L.M.Bossi, Genua, 137 Seiten, Berlin 1912. In: Wiener Klinische Wochenschrift (25) 1912, S. 1576-1577.

[134] Luigi Maria Bossi: Meine Ansichten über die reflektorischen Psychopathien und die Notwendigkeit der Verbesserung des Irrenwesens. In: Wiener Klinische Wochenschrift (25) 1912, S. 1868-1875.
Julius Wagner v. Jauregg: Bemerkung zu dem voranstehenden Aufsatze des Herrn Professor Bossi. In: Ebenda, S. 1875-1876.

[135] Ernst Siemerling (1857-1931) studierte in Marburg, Halle und Berlin Medizin. 1882 Promotion in Marburg. Anschließend Assistent am physiologischen Institut, doch wechselte er 1883 an die psychiatrische Klinik in Halle und ging schließlich 1884 als Assistent zu Carl Friedrich Otto Westphal nach Berlin. Bei diesem habilitierte er sich 1888 und avancierte 1892 zum außerordentlichen Professor. 1893 Berufung auf einen Lehrstuhl nach Tübingen, 1909 nach Kiel.

[136] Ernst Siemerling: Gynäkologie und Psychiatrie. In: Monatsschrift für Geburtshilfe und Gynäkologie (39) 1914, S. 269-279.

Es ist eigenartig zu beobachten, wie medizinische Denker oft mit einem guten positiven Wissen ausgestattet, in sonderbare und irrige Denkweisen geraten, wo sie glauben, vermeintlichen Entdeckungen auf der Spur zu sein[137].

Vorab hatten sich auch Gynäkologen von ihrem Kollegen distanziert und die Selbstbeschränkung auf die eigentliche Frauenheilkunde betont[138]. In der Ablehnung der Kastration als Therapiemaßnahme hatten sich Wiener Forscher bereits kurz nach der Jahrhundertwende hervorgetan[139]. Aus der Selbstbeschränkung der Gynäkologie erwuchs aber noch nicht automatisch ein medizinischer Fortschritt für Frauen. Während der Bossi-Siemerling-Streit noch in vollem Gange war, sah sich die Medizin im deutschsprachigen Raum mit der Drohung eines „Gebärstreiks" konfrontiert. Sozialdemokratische Ärzte (Julius Moses und Alfred Bernstein) hatten – unterstützt von zahlreichen Frauen – in Berlin eine entsprechende Forderung aufgestellt, um dem Obrigkeitsstaat langfristig Soldaten vorzuenthalten und so zugleich bessere Lebensbedingungen für Arbeiterfamilien zu erzwingen[140]. Dies ließ bei manchem Gynäkologen die Angst vor einem „Rassetod" entstehen[141], um so mehr mussten die verfügbaren Frauen – möglichst aus „hochwertig" eingestuften Familien[142] – schwangerschaftstauglich gemacht werden[143]. Jede Form von ärztlicher Ethik blieb hierbei auf der Strecke. Der in Österreich besonders mächtigen katholischen Kirche erschien die weibliche Sterilität ohnehin als Ehehindernis[144]. Findige Mediziner glaubten einen Zusammenhang zwischen Universitätsbildung und Kinderlosigkeit zu erkennen und empfahlen umge-

---

[137] Ebenda, S. 273.

[138] Paul Mathes: Psychiatrie in der Gynäkologie. In: Münchener Medizinische Wochenschrift (59) 1912, S. 2735.
August Mayer: Die Lehre Bossis und die Gynäkologie. In.: Wiener Klinische Wochenschrift (26) 1913, S. 499-501.

[139] Karl Leopold/Friedrich Ehrenfreund: Ueber 151 vaginale Totalexstirpationen wegen Uterusmyomen und über den Einfluss der Erhaltung des Eierstockes auf das spätere Befinden der Operirten. In: Beiträge zur Geburtshilfe und Gynäkologie. Rudolf Chrobak aus Anlass seines sechzigsten Geburtstages gewidmet von seinen Schülern und Freunden, Bd. II Wien 1903, S. 134-165.

[140] Anneliese Bergmann: Frauen, Männer, Sexualität und Geburtenkontrolle. Die Gebärstreikdebatte der SPD im Jahre 1913. In: Karin Hausen (Hg.): Frauen suchen ihre Geschichte, München 1983, S. 81-108.

[141] Den Begriff prägte Christian v. Ehrenfels: Sexualethik, Wiesbaden 1907, S. 91.

[142] Wilhelm Schallmeyer: Eugenik, ihre Grundlagen und ihre Beziehungen zur kulturellen Hebung der Frau. In: Archiv für Frauenkunde und Eugenetik (1) 1914, S. 271-291, 289-291.

[143] Eventuell um die Motivation der künftigen Mütter auf mehrere Schwangerschaften zu erhöhen, wurde 1913 in der rassenhygienischen Forschung die These kolportiert, erstgeborene Kinder würden noch nicht alle positiven Eigenschaften der Eltern enthalten. Eine Weitergabe sei erst bei mehreren Kindern möglich.
Sören Hansen: Über die Minderwertigkeit der erstgeborenen Kinder. In: Archiv für Rassen- und Gesellschaftsbiologie (10) 1913, S. 701-722.

[144] Johann Freisen: Geschichte des kanonischen Eherechts, Paderborn 1893, S. 331.

hend die Rücknahme der Zulassung der Frauen zum Universitätsstudium[145]. Die Gynäkologen suchten auch die Zusammenarbeit mit anderen Forschungsrichtungen, in Österreich ist hier insbesondere auf die Kooperation mit Rassenhygienikern (z.B. Robert Stigler[146]) zu verweisen. Vor allem aber wurden die neuesten Erkenntnisse aus der eigenen Forschung umgehend umgesetzt. Als Kopulationsproblem Nummer eins erschien den Gynäkologen die Verengung der Vagina, vor allem aufgrund der Dauerkrankheit Vaginismus[147]. Seit den 1890er Jahren verzichtete man zunehmend auf die wirkungslose Exzision des Hymen[148] zugunsten der mechanischen Weitung (Dilation) der weiblichen Genitalien. Hierbei wurde u.a. erwogen, Frauen einen Kautschukballon in die Vagina einzuführen und anschließend aufzupumpen[149]. Die reine Dilation wurde alsbald aber als unzureichend angesehen[150]. Auch die Verabreichung einer Morphiuminjektion an die Frau vor der Kohabitation vermochte nicht zu reüssieren[151]. Statt dessen erfolgte die umgehende Einführung der Röntgentherapie in die Frauenheilkunde. Röntgenstrahlen lösten auch die veraltete Elektrotherapie ab, mittels der elektrische Stöße durch die weiblichen Genitalien gejagt wurden[152]. Den Frauen wurden mit Radi-

---

[145] Hugo Sellheim: Die Reize der Frau und ihre Bedeutung für den Kulturfortschritt, Stuttgart 1909, S. 33.
Siehe auch Franziska Lamott: Weibliche Emanzipation als Symptom und Delikt. Die Frauenfrage im kriminologischen Diskurs der Jahrhundertwende. In: Zeitschrift für Sexualforschung (5) 1992, S. 25-40, 31.

[146] Stiglers herausragendes Ziel war die Schaffung einer staatlichen Ehevermittlungsorganisation, in der Frauenärzten eine zentrale Rolle zukommen sollte. Siehe Robert Stigler: Die volksgesundheitliche Bedeutung einer staatlichen Ehevermittlung. In: Wiener Medizinische Wochenschrift (68) 1918, S. 1683-1687.

[147] Als Ursache für diese Erscheinung wurde lange nicht das stürmische Verhalten des Mannes angenommen, sondern die voreheliche weibliche Onanie, siehe Enoch Heinrich Kisch: Die Sterilität des Weibes, ihre Ursachen und ihre Behandlung, Wien 1886, S. 92.
Der Begriff wurde 1867 geprägt durch James Marion Sims. Siehe Elke D. Reissing/Nicole Flory/ Yitzchak M. Blinik/Samir Khalifé: Überlegungen zur Diagnose „Vaginismus". In: Zeitschrift für Sexualforschung (13) 2000, S. 194-202, 194.

[148] Oskar Schaeffer: Atlas und Grundriss der Gynäkologie, München 1896, S. 118.
Noch empfohlen durch Martin Hoffmeier: Handbuch der Frauenkrankheiten, Leipzig 1908, S. 87.
Hinsichtlich des Hymens sahen Gynäkologen auch eine Möglichkeit der Beweisführung für die These einer absoluten Ähnlichkeit und Vergleichbarkeit von weiblichen Affen und Menschen, siehe z.B. Hermann Klaatsch: Das Problem des menschlichen Hymen. In: Monatsschrift für Geburtshilfe und Gynäkologie (60) 1914, S. 332-350.

[149] E. Runge: Funck-Brentano. Über die Anwendung des Ballons von Champetier de Ribes bei der Behandlung von Vaginismus (Gynecologie 1911, Oktober Nr.10). In: Zentralblatt für Gynäkologie (36) 1912, S. 157.

[150] Alfred Dürßen: Gynäkologisches Vademekum für Studierende und Ärzte, Berlin 1918, S. 96.
Mit diesem Handbuch dürfte auch Stourzh-Anderle unterrichtet worden sein.

[151] Georg Winter: Lehrbuch der gynäkologischen Diagnostik, 3. Auflage Leipzig 1907, S. 613.

[152] August Laqueur: Physikalische Heilmethoden. In: August Laqueur/Walter Rump/Hermann Wintz (Hg.): Die physikalische Therapie in der Gynäkologie, München 1930, S. 1-195, 156/157.
Zur Verwendung der Elektrotherapie in angelsächsischen Ländern siehe Lawrence D. Longo: Electrotherapy in gynecology. The American experience. In: Bulletin of the history of medicine (60) 1986, S. 343-366.

um gefüllte Stifte direkt in die Vagina eingeführt[153]. Dadurch sollte die weibliche Sterilität behoben und die Zeugungsbereitschaft erhöht werden. Selbst die Wehen wollte der am Zentral-Röntgeninstitut des Wiener AKH beschäftigte Jonas Borak durch massiven Strahlenbeschuss des weiblichen Unterleibs positiv stimulieren[154]. Während bereits aus anderen Disziplinen negative Erfahrungen mit der Röntgentherapie vermeldet wurden, hielten Gynäkologen noch lange an dieser Behandlungsform fest. Erst als Mitte der 1920er Jahre der in Berlin-Charlottenburg tätige „Röntgen-Frauen-Arzt" Manfred Fraenkel die These aufstellte, dass die Röntgenstrahlen ausgesetzten Gynäkologen dadurch selbst zur Zeugung minderwertiger Nachkommen verdammt würden, erlahmte das Interesse der Forschungskollegen an der zunächst so umjubelten Therapieform merklich[155]. Hinzu kamen wenig später die Studien des amerikanischen Genetikers Herman Muller (1890-1967), der an Drosophila-Fliegen die negativen Folgen der Röntgenbestrahlung auf das Erbgut nachwies[156]. Stets jedoch betonten die Mediziner, „das Weib" giere geradezu nach Schwangerschaften und die männliche Ärzteschaft erfülle nur die dringlichsten Anliegen der Frauen[157].

> *Jedes gesund empfindende Weib braucht im Gegensatz zum Mann ein Kind zum vollen Ausleben seiner Individualität und findet nur in ihm seine höchste Glücksquelle*[158].

Kindergeldansprüche lehnten die Gynäkologen im übrigen (vor 1915/16) ab: Dadurch würde die Ehe ihren sittlichen Wert einbüßen[159]. Dieses verlangten die Vertreterinnen der Frauenbewegung, die gleichwohl selbst in der Organisierung von „Mütterlichkeit" eines der Hauptziele ihrer Bewegung sahen und der medizinischen Praxis damit in die

---

[153] H. Kupferberg: Zur Behandlung von gynäkologischen Erkrankungen gutartigen Ursprungs mittels radioaktiver Stoffe. In: Carl J. Gauß (Hg.): Die Strahlentherapie in der Gynäkologie, Bd. I Berlin 1929, S. 471-576, 526.

[154] Jonas Borak: Therapeutische Erfolge durch Röntgenbestrahlung der Hypophyse. In: Jahreskurse für ärztliche Fortbildung (15) 1924, S. 28-49, 46.

[155] Manfred Fraenkel: Die Bedeutung der zellfunktionssteigernden Strahlenwirkung in Bezug auf Zeitsterilisation und zur Frage der Schädigung von Nachkommenschaft durch Röntgenstrahlen. In: Strahlentherapie (16) 1924, S. 690-711.

[156] Robert E. Kohler: Lords of the fly. Drosophila genetics and the experimental life, Chicago 1994.

[157] Max Hirsch: Über Ziel und Wege frauenkundlicher Forschung. In: Archiv für Frauenkunde und Eugenetik (1) 1914, S. 1-13.
Victor Speier-Holstein: Schwangerschafts-, Scheidungswahn und verwandte Wahnideen beim weiblichen Geschlecht. In: Archiv für Frauenkunde und Eugenetik (2) 1915, S. 1-25, 1.

[158] Hugo Sellheim: Das Geheimnis vom Ewig-Weiblichen. Ein Versuch zur Naturgeschichte der Frau, Stuttgart 1911, S. 13.
Ähnlich argumentierten auch die Mediziner in angelsächsischen Ländern, siehe Rima D. Apple: Mothers and Medicine. A social history of infant feeding 1890-1950, Wisconsin 1987, S. 97-113.

[159] Franz Schacht: Die wirtschaftliche Verselbständigung der Ehefrau und die Volksvermehrung. In: Archiv für Frauenkunde und Eugenetik (2) 1915, S. 184-190.

Hände spielten[160]. Trotzdem identifizierten Rassenhygieniker die Frauenbewegung nahezu automatisch mit dem Geburtenrückgang[161].
Die Radikalisierung aller frauenkundlichen Ansätze nahm im ersten Weltkrieg ihren Lauf. Angesichts der riesigen Verluste an „hochwertigem Menschenmaterial" auf den Schlachtfeldern verlangten gerade Gynäkologen eine Verschärfung der bisherigen Gangart[162]. Auch ein Kindergeld schien plötzlich als Anreiz denkbar.

> *Jedes Elternpaar hat die Pflicht, drei Kinder über das fünfte Lebensjahr hochzubringen und das Recht, für jedes diese Mindestzahl überschreitende Kind eine materielle Gegenleistung zu beanspruchen, die von allen Ledigen oder von Ehepaaren, die hinter der Mindestzahl zurückbleiben, zusammenzusteuern ist*[163].

Nun sollten nicht nur „höherwertige" Frauen zur Schwangerschaft stimuliert werden, sondern zugleich „Minderwertige" von der Fortpflanzung ausgeschlossen werden. Da allerdings in der Erbforschung noch Unklarheit herrschte, ob man auch sicher erbliche Minderwertigkeit erkennen könne, setzten führende Vertreter der Gynäkologie auf ein totales Abtreibungsverbot[164]. Indirekt damit verbunden war die absolute Verweigerung der Mediziner gegenüber einer, wie auch immer gearteten sexuellen Aufklärung (und der Frauenemanzipation). So erfolgte umgehend die Transformierung von Vorurteilen der Vorkriegszeit in die neue Epoche. Frauen galten auch jetzt als potentiell unzurechnungsfähig, da sie aufgrund des Aufbaus des Genitalapparates qua natura zur Hysterie neigten[165]. Infolgedessen seien alle von Frauen vorgetragenen Leiden (Vaginismus, Frigidität) nicht glaubwürdig und stellten lediglich eine verquaste Umschreibung für einen drängenden Kinderwunsch dar[166]. Der Wiener Pädiater Bela Schick erdichtete in

---

[160] Irene Stoehr: „Organisierte Mütterlichkeit". Zur Politik der deutschen Frauenbewegung um 1900. In: Karin Hausen (Hg.): Frauen suchen ihre Geschichte, München 1983, S. 221-249.
[161] Jean Borntraeger: Der Geburtenrückgang in Deutschland. Seine Bewertung und Bekämpfung, Würzburg 1913, S. 100/101.
Uwe Puschner: ...die höchste und hehrste Hüterin der Rasse". Die Frau im völkischen Weltanschauungsdiskurs zu Beginn des 20. Jahrhunderts. In: Ulrike Lindner/Merith Niehuss (Hg.): Ärztinnen-Patientinnen. Frauen im deutschen und britischen Gesundheitswesen des 20. Jahrhunderts, Köln 2002, S. 131-145.
[162] Georg Winter: Mein wissenschaftliches Lebenswerk historisch und kritisch betrachtet, Stuttgart 1944, S.43.
[163] Alfred Grotjahn: Die hygienische Forderung, Königstein 1917, S. 156 (Das Buch hatte eine Startauflage von 40000 Stück).
[164] Cornelia Usborne: Abtreibung. Mord, Therapie oder weibliches Selbstbestimmungsrecht? Der §218 im medizinischen Diskurs der Weimarer Republik. In: Johanna Geyer-Kordesch/Annette Kuhn (Hg.): Frauenkörper – Medizin – Sexualität. Auf dem Wege zu einer neuen Sexualmoral, Düsseldorf 1986, S. 192-236.
[165] Siegfried Placzek (Psychiater): Das Geschlechtsleben der Hysterischen. Eine medizinische, soziologische und forensische Studie, Bonn 1919, S. 19 und 30.
[166] Ebenda, S. 138-140.

diesem Kontext die Existenz eines „Menstruationsgiftes“[167]. Dadurch seien Frauen während der Menstruation zu jeder geistigen und körperlichen Anstrengung unfähig und drohten sogar von ihnen berührte Obstbäume und Blumensträuße zu vergiften[168]. Hierauf errichtete die seit dem Siemerling-Bossi-Streit gestärkte Psychiatrie ein Konstrukt der genetisch bedingten weiblichen Minderwertigkeit[169]. Derartig mit der eigenen Physiologie und ihren naturgegebenen Reizmomenten beschäftigt erschien es geradezu logisch, dass Frauen in geschlechtlichen Dingen allein den Vorgaben des Mannes gehorchen sollten[170]. Dabei müsse der Mann aber Rücksicht auf die „mimosenhafte“[171] Natur der Frau nehmen. Infolgedessen sei ein regelmäßiger Geschlechtsverkehr zu allen Zeiten in der Ehe das beste Mittel, wobei der Mann hier sich über den Willen der Frau hinwegsetzen sollte[172]. Höhepunkt der Ehe sei dann die Geburt der Kinder[173]. Verfasser dieser Ratschläge war ein Kollege Stourzh-Anderles, der niedergelassene „Spezialarzt für Gynäkologie“ in Wien, Bernhard A. Bauer. Er vertrat nur die gängige Haltung seiner Disziplin gegenüber den eigenen Patientinnen. Ähnlich wie er argumentierte Erich F.W. Eberhard, der analog zu Vorkriegsbestrebungen einen Zusammenhang zwischen sinkender Kinderzahl, moralischem Verfall, Staatskrise und Frauenemanzipation zog:

> *Je tiefer gewöhnlich ein altes Kulturvolk in Verfall geriet, um so höher stieg auch der weibliche Einfluss in Staat und Öffentlichkeit und die weibliche Macht über die Männerwelt*[174].

Diese Überlegungen müssen im Zusammenhang mit den Unterstellungen aus dem Bereich der Rassenhygiene gesehen werden, wonach die Frauenbewegung ihre Wurzeln

---

[167] Dies implizierte einen Rückfall hinter den Kenntnisstand der Gynäkologie in der zweiten Hälfte des 19.Jahrhunderts. Siehe Vern Bullough/Martha Vogt: Women, menstruation, and nineteenth-century medicine. In: Bulletin of the history of medicine (67) 1973, S. 66-82.

[168] Bela Schick: Das Menstruationsgift. In: Wiener Klinische Wochenschrift (33) 1920, S. 395-397, 397.

[169] Alfred Hauptmann: Menstruation und Psyche (Versuch einer „verständlichen“ Inbeziehungssetzung somatischer und psychischer Erscheinungsreihen). In: Archiv für Psychiatrie und Nervenkrankheiten (71) 1924, S. 1-54. Der Autor berief sich auf weitergehende Studien von Ernst Rüdin und seinen Mitarbeitern und forderte einen Anschluss der frauenspezifischen Forschung an die Entwicklung in der Rassenhygiene.

[170] Wilhelm Liepmann: Psychologie der Frau. Versuch einer synthetischen, sexualpsychologischen Entwicklungslehre, Berlin/Wien 1920, S. 166-170.

[171] Ebenda, S. 174.

[172] Bernhard A. Bauer: Wie bist Du, Weib? Betrachtungen über Körper, Seele, Sexualleben und Erotik des Weibes, Wien/Leipzig 1923, S. 283.

[173] Ebenda, S. 285.

[174] Erich F.W. Eberhard: Feminismus und Kulturuntergang. Die erotischen Grundlagen der Frauenemanzipation, 2. Auflage Wien 1927, S. 4.

in internationalen Zusammenschlüssen habe und daher auf einer Ebene mit „vaterlandslosen" Sozialisten und den Juden stünde[175].

Die Frauen überforderten durch ihre sexuelle Gier (nach Kindern) den Mann. Frigidität sei nur die Folgeerscheinung weiblicher Masturbation[176]. Sexuell unterforderte Frauen wendeten sich der lesbischen Liebe zu – so dass nur die totale sexuelle und psychische Unterdrückung der Frau in der Ehe den Weg zu einer Gesundung von Staat und Gesellschaft vorgeben könne?

Gemäß der Vorstellung, dass medizinische Überlegungen, die sich beim Mann als heilsam erwiesen hätten, Frauen nicht schaden könnten definierte der Direktor der Frauenklinik zu Dresden, Erwin Kehrer, sogenannte „Orgasmuskurven" der Frau, die analog zu denen des Mannes verlaufen sollten[177]. Wie wir heute wissen, ist dies so gut wie nie der Fall. Doch während der Mann seine Erfüllung in außerhäuslichen Aufgaben finde, sei das höchste Gut der Frau die Mutterschaft („Mutterkomplex")[178]. Schwangerschaften seien psychisch gänzlich unkompliziert, solange die werdende Mutter auch standesamtlich vermählt sei. In den Ehepflichten gehe die Mutter gänzlich auf, wobei sich der Autor eines Vergleiches mit Ameisen- und Bienenstaaten nicht verschließen mochte. Auch wenn die radikalen Schlüsse eines Paul J. Möbius oder Otto Weininger nicht auf Zustimmung stießen, so solle doch herausgehoben werden, dass Frauen per se eher degenerierten und zu naturwissenschaftlichen Berufen aufgrund ihrer Natur ungeeignet seien[179]. Ausgearbeitet worden waren diese Überlegungen von Erwin Stransky, der später jahrelang mit bzw. gegen Stourzh-Anderle auf dem Gebiet der sexuellen Konstitutionen forschte. Sein Kollege Othmar Albrecht steuerte in seinem Beitrag zum Handbuch „Biologie und Pathologie des Weibes" weitere Vorurteile bei. In den weiblichen Sexualorganen erblickte er die Steuerungselemente für die Psyche und glaubte an die Übertragbarkeit der Versuche des russischen Physiologen Pavlov (am Hund) auf das weibliche Sexualleben[180]. Er nannte es „biologische Resonanz".

---

[175] Susanne Omran: Frauenbewegung und „Judenfrage". Diskurse um Rasse und Geschlecht nach 1900, Frankfurt/Main 2000, S. 305.

[176] Erich F. W. Eberhard: Feminismus und Kulturuntergang, S. 189.

[177] Erwin Kehrer: Ursachen und Behandlung der Unfruchtbarkeit nach modernen Gesichtspunkten. Zugleich ein Beitrag zu den Störungen des sexuellen Lebens, besonders der Dyspareunie, Dresden/Leipzig 1922, S. 29-31.

[178] Erwin Stransky: Medizinische Psychologie, Grenzzustände und Neurosen beim Weibe. In: Josef Halban/Ludwig Seitz (Hg.): Biologie und Pathologie des Weibes. Ein Handbuch der Frauenheilkunde und Geburtshilfe, Band V/3 Wien 1927, S. 1-102, 37.

[179] Ebenda, S. 55-59.

[180] Othmar Albrecht: Psychopathia Sexualis des Weibes. In: Josef Halban/Ludwig Seitz (Hg.): Biologie und Pathologie des Weibes. Ein Handbuch der Frauenheilkunde und Geburtshilfe, Band V/3 Wien 1927, S. 163-204, 172.

Die Gynäkologen forschten zudem sozusagen im „luftleeren Raum", denn sie nahmen nie Rücksicht auf eventuelle soziale oder private Probleme von Frauen. Der seitens der DDR-Medizingeschichte hervorgehobene Ansatz der „Sozialgynäkologie" unterschied sich hierin allenfalls graduell von den Überlegungen der übrigen Gynäkologen[181]. Die Verelendung breiter Bevölkerungsschichten durch Krieg und Inflation, Arbeitslosigkeit oder Wohnungsnot fanden keine Resonanz in den Werken der Lehrstuhlinhaber. Dieser Trend fand seine Überhöhung in der Haltung der Gynäkologen zur Abtreibungsfrage. Federführend tat sich im deutschsprachigen Raum der Königsberger Ordinarius für Geburtshilfe und Gynäkologie, Georg Winter hervor. Seit 1916, verstärkt aber ab Mitte der 1920er Jahre bekämpfte er alle Bestrebungen von Frauenbewegung und Sexualreformern nach einer Freigabe der Abtreibung aus sozialen Gründen[182]. Soziale Schwierigkeiten der Schwangeren waren für ihn ohne Belang, lediglich körperliche (schmales Becken) und seelische (Psychosen) Defekte erschienen ihm als problematisch für die Fortpflanzung[183]. Auch zahlreiche weibliche Ärzte lehnten die soziale Indikation als Euphemismus für Körperverletzung ab[184]. Sexualreformer, die der proletarischen Frauenbewegung positiv gegenüber standen[185], glaubten angesichts dieser Überlegungen nur am Verstand ihrer weltabgewandten Kollegen zweifeln zu können:

---

[181] Das Gegenteil wurde von der DDR-Medizingeschichte behauptet, siehe vor allem Peter Schneck: Frauenheilkunde und Geburtshilfe in der Zeit des deutschen Faschismus 1933 bis 1945 – Zum Schicksal der sozialen Gynäkologie im „Dritten Reich". In: Zeitschrift für die gesamte Hygiene (29) 1983, S. 645-647.
Kritische Beleuchtung durch Florian Mildenberger: Brünstige Frauen – mimosenhafte Pflänzchen. In: Gigi. Zeitschrift für sexuelle Emanzipation 2003, Nr. 27, S. 30-32.

[182] Umfangreiche Literaturliste siehe Georg Winter: Mein wissenschaftliches Lebenswerk, S. 45-48.
In seiner eigenen Klinik hätten sich ihm eigentlich die Konsequenzen mangelnder geschlechtlicher Aufklärung offenbaren müssen. So brach eine seiner Assistenzärztinnen im Operationssaal aufgrund eines Schwächeanfalls zusammen. Sie war im fünften Monat schwanger, hatte dies aber nicht bemerkt. Siehe Graham Greene (Hg.): Eine unmögliche Frau. Die Erinnerungen der Dottoressa Moor von Capri, Wien 1975, S. 83/84.

[183] Georg Winter: Abtreibung oder künstlicher Abort? In: Die medizinische Welt (1) 1927/I, S. 52-54 und 92-94, 54.

[184] Ida Democh-Mauermeier: Erwiderung auf „§218 vom Standpunkt der Frau". In: Deutsches Ärzteblatt (60) 1931, S. 211-212.
Clara Ehrmann-Ernst: Erwiderung auf „§218 vom Standpunkt der Frau". In: Ebenda, S. 212.
Die Proteste bezogen sich auf den Aufsatz von Hermine Heusler-Edenhuizen: §218 vom Standpunkt der Frau. In: Ebenda, S. 173-175.
Siehe ferner Hermine Heusler-Edenhuizen: Die erste deutsche Frauenärztin. Lebenserinnerungen, Opladen 1997.

[185] Siehe hierzu Rita Polm: ...neben dem Mann die andere Hälfte eines Ganzen zu sein?!. Frauen in der Nachkriegszeit. Zur Situation und Rolle der jüngeren Frauen in den Städten der Bundesrepublik (1945-1949), Münster 1990, S. 18-30.

Man weiß wirklich nicht mehr, ist es Frivolität oder sturste Lebensunkenntnis, gepaart mit moralisch nach rückwärts gewandter Ideologie, die diese Konservatoren sittlicher Güter auf den Plan gerufen hatte[186].

Eng verwoben waren in der Medizin der 1920er Jahre Bestrebungen nach einer Reform des Abtreibungsparagraphen und die Forderung nach umfassender sexueller Aufklärung von Eltern und Kindern. Am deutlichsten wird dies am Werk von Max Hodann und seinem wichtigsten Buch „Geschlecht und Liebe"[187]. Er beschrieb auch das unterschiedliche Sexualempfinden von Mann und Frau (Orgasmuskurven) und verdeutlichte anhand von Beispielen aus der Praxis das Elend mangelhafter Sexualaufklärung: Eine 31jährige Lehrerin, die im Unterricht junge Mädchen aufklären sollte, scheiterte bei der Beantwortung eines Fragebogens weil sie mit den sexuellen Fachausdrücken (Fellatio etc.) nicht umzugehen wusste[188]. Hodann begriff die Heranführung der Frauen an das sexuelle Leben als verantwortungsvolle Aufgabe für den Mann, auf den dieser – ebenso wie die Frau – genauestens vorbereitet werden müsse, da beide Geschlechter hier gänzlich unwissend seien[189]. Dass insbesondere das Vorleben moralischen Lebens durch die Eltern ein wichtiger Bestandteil der Entwicklung der Kinder seien, ja sich hier das „biogenetische Grundgesetz" (vgl. die Ansichten Stourzh-Anderles) im Seelenleben verwirkliche, betonte bereits 1916 der Abteilungsvorstand im I. öffentlichen Kinderkrankeninstitut zu Wien, Joseph Karl Friedjung[190]. Nur war niemand auf ihn aufmerksam geworden, eventuell weil er sich auf die Ausführungen eines Mannes stützte, der in der noch gänzlich auf Somatik konzentrierten Gynäkologie auf pure Ablehnung stieß: Sigmund Freud. Statt dessen wurde lieber die These favorisiert, wonach die Entwicklung des Seelenleben der Jugendlichen an die „anatomische Weiterentwicklung des Zentralnervensystems" gekoppelt sei[191]. Ebenfalls auf Ablehnung stießen Überlegungen des Wiener Privatdozenten Rudolf Allers (und vormaligen Assistenten Emil Kraepelins), der eine frühzeitige umfassende Sexualaufklärung der Jugendlichen forderte[192]. Ferner müsse das Dogma von der Unfehlbarkeit des Ehemannes in seinem Gebaren gegenüber der Ehefrau verworfen werden[193]. Anstatt

---

[186] Julian Marcuse: Die deutschen Gynäkologen und die Geburtenregelung. In: Die neue Generation (27) 1931, S. 168-170, 169.

[187] Max Hodann: Geschlecht und Liebe in biologischer und gesellschaftlicher Beziehung, 1. Auflage Berlin 1926, 2. Auflage 1932.

[188] Ebenda, S. 24.

[189] Ebenda, S. 28-37.

[190] Joseph Karl Friedjung: Erziehung der Eltern, Wien/Leipzig 1916, S. 12.

[191] Eduard Spranger: Psychologie des Jugendalters, Leipzig 1924, S. 24.

[192] Rudolf Allers: Sexualpädagogik. Grundlagen und Grundlinien, Salzburg 1934, S. 171.

[193] Rudolf Allers: Das Werden der sittlichen Person. Wesen und Erziehung des Charakters, Freiburg i. Breisgau 1929, S. 207.

von „Naturkausalität" im Verhältnis von Mann und Frau zu sprechen, sollten Frauenärzte lieber psychologische Komponenten beachten[194]. Verbote gegenüber Heranwachsenden seien unsinnig, solange keine Gebote für das vorbildliche Leben der Erzeuger bestünden. Gleichwohl verfolgte auch Allers die These, wonach Mädchen qua Natur die Unterordnung lernen sollten, da sie so besser für die Ehe geschult würden[195]. Dies dürfte der einzige Konnex zu den Überlegungen der konservativen Sexualethiker gewesen sein, die in den 1920er Jahren vor allem Gynäkologen anzogen und sich 1925 zu einem eigenen deutsch-österreichisch organisierten Kampfbund zusammenschlossen. Unter Führung von Emil Abderhalden (1877-1950), Ordinarius für Physiologie an der Universität Halle, bildete sich der „Deutsche Aerzte- und Volksbund für Sexualethik"[196]. Dessen Ziele erläuterte Abderhalden höchst selbst in der Zeitschrift des Bundes. Zwar wurde die Wohnungsnot als Problem erkannt, als Ursache aber die Niederlage im Weltkrieg angegeben, vorher habe es faktisch keine sozialen Probleme gegeben[197]. Anstelle einer Freigabe der Abtreibung favorisierte der Autor eine völlige Verschärfung des Jugend- und Sittengesetzes zur Schaffung einer „wahren Volksgemeinschaft"[198]. Insgesamt strebte er einen Rückfall in eine romantisierte Vergangenheit vor der massiven Industrialisierungsphase an. Seine engen Mitarbeiter Albert Niedermeyer und Georg Klatt warnten vor einer Aufklärung der Jugend vor Geschlechtskrankheiten, da dies die Phantasie der Jugend vergifte[199]. Ferner plädierten sie für die Abschaffung der Sexualberatungsstellen, da hier die Jugendlichen nur auf falsche Bahnen gelenkt würden[200]. Der Hausarzt, nicht der Spezialarzt sei für sexuelle Aufklärung zuständig. Im „Ethik"-Bund aktive Frauen verklärten die Mutterschaft zur „staatlichen Leistung, Lebenszweck der deutschen Frau"[201]. Insgesamt betrachtete Abderhalden seine Organisation als Verband von fürsorgenden Männern, die sich um die wahren Belange der Frauen kümmerten und sie so von den falschen Vorstellungen der Emanzipationsbewegung befreiten[202]. Schwerpunkte der Vereinsarbeit waren neben der Verteufelung

---

[194] Ebenda, S. 219.
[195] Rudolf Allers: Sexualpädagogik, S. 232.
[196] Siehe hierzu Andreas Frewer: Medizin und Moral in Weimarer Republik und Nationalsozialismus. Die Zeitschrift „Ethik" unter Emil Abderhalden, Frankfurt/Main 2000, S. 49-58.
[197] Emil Abderhalden: Unser Ziel. In: Sexualethik (1 NF) 1925, Nr.1, S. 2-7, 3.
[198] Ebenda, S. 3/4.
[199] Georg Klatt: Eine grundsätzliche Betrachtung zum Kapitel „Sexualpädagogik". In: Sexualethik (1) 1925, Nr. 6, S. 12-15, 15.
[200] Albert Niedermeyer: Sexual-Beratungsstellen, Schwangerschaftsunterbrechung und – Verhütung. In: Sexualethik (1) 1925, Nr. 1, S. 7-9.
[201] Ina Le Mang-Pfaff: Die Ethik der Mutterschaft. In: Ethik. Sexual- und Gesellschaftsethik (4) 1928, S. 156-160, 157.
Wilhelmine Lohmann: Die Ethik der Ehe. Eine Forderung des Muttertages. In: Ebenda, S. 123.
[202] Emil Abderhalden: Aufruf an die deutschen Ärzte zum Anschluss an den deutschen Ärztebund für Sexual- und Gesellschaftsethik des deutschen Sprachgebietes. In: Ethik (3) 1927, S. 33-35, 34.

der Abtreibung, die einher ging mit antikommunistischer Propaganda, da die progressiven Sexualreformer das Familienrecht der jungen Sowjetunion als vorbildlich charakterisierten[203], vor allem das Theoretisieren über die ideale Ehe. Österreichische Vereinsmitglieder befürworteten zudem Prohibitionsgesetze gegen den Alkoholkonsum nach amerikanischem Vorbild um so das Familienleben zu schützen[204].

In der Diskussion um die perfekte Ehe wurde das Buch „Die vollkommene Ehe" des sozialdemokratisch orientierten Niederländers Theo van de Velde (1873-1937) zentral positioniert[205]. Er verlangte die Höherstellung der Mutterschaft im gesellschaftlichen Ansehen und schloss gesetzliche Maßnahmen nicht aus[206]. Schuld an der Sterilität der Ehe trage immer die Frau, die durch Beckengymnastik sich selbst stimulieren müsse[207]. Mittels standardisierter Orgasmuskurven unterschied er in normgerechte und perverse weibliche Sexualität[208]. Eine von der Mutterschaft unabhängige weibliche Sexualität erschien ihm unmöglich[209]. Theo van de Velde war auch veralteten, aber bisweilen durchaus noch angewandten Therapieansätzen der Gynäkologie gegenüber offen. So befürwortete er in einem anderen Werk die Röntgenbestrahlung gegen Unfruchtbarkeit in der Ehe (natürlich nur bei der Frau)[210]. Ferner lehnte er eine gemeinsame Sexualberatung beider Ehepartner ab, da dadurch das Schamgefühl der Frau verletzt werden könnte[211].

Nach dieser umfänglichen Erläuterung der grundlegenden Denklinien der zeitgenössischen Gynäkologie bzw. der von Max Hirsch geforderten fachübergreifenden „Frauenkunde" dürfte bereits klar geworden sein, inwiefern die junge Helene Anderle diese Grenzen überschritten hatte. Jedoch ist noch nicht beschrieben worden, wie die Verhältnisse im Wien der 1920er Jahre lagen. Aus diesem Grunde werde ich nun die un-

---

[203] Siehe Albert Niedermeyer: Hygienische Eheberatung und Sexualethik. In: Ethik (2) 1926, S. 98-101
Bisherige Lehren aus der Freigabe des Abortus in Russland. Halle 1927
Sozialhygienische Probleme in der Gynäkologie und Geburtshilfe, Leipzig 1927 (Monographien zur Frauenkunde und Konstitutionsforschung, Bd. 11, hg. Von Max Hirsch und Albert Niedermeyer).
Aufgaben des Frauenarztes in der Eheberatung, Berlin 1929
Der legalisierte Abortus im Spiegel der russischen Gynäkologie. Die authentische Kritik der „Sowjetmedizin" In: Caritas (34) 1929, Nr. 8, S. 1-8

[204] Richard Soyka: Das Volksbegehren in Österreich. In: Ethik (4) 1928, S. 105-106. Soyka arbeitete mit Johann Ude zusammen.
Andreas Frewer: Medizin und Moral, S. 125-138.

[205] Theo van de Velde: Die vollkommene Ehe. Eine Studie über ihre Physiologie und Technik, Leipzig 1926.

[206] Ebenda, S. 12.

[207] Ebenda, S. 183. Dadurch würde Frigidität und Vaginismus behoben.

[208] Ebenda, S. 195.

[209] Ebenda, S. 12.

[210] Theo van de Velde: Die Fruchtbarkeit in der Ehe und ihre wunschgemäße Beeinflussung, 5. Auflage Luzern/Stuttgart 1929, S. 197.

[211] Ebenda, S. 233.

terschiedlichen Strömungen der frauenspezifischen und sexualpädagogischen Forschung darlegen und so erklären, weshalb sich Helene Anderle zwar auf einige Erkenntnisse aus diesen Schulmeinungen stützte, sich aber keiner einzigen anschloss. Im historischen Rückblick erscheinen eindeutig die Überlegungen Sigmund Freuds am wichtigsten. Sie wurden bereits damals von Schulmedizinern aller Richtungen als unhaltbar, ja gefährlich, zurückgewiesen[212]. Bereits 1896 reagierten Freuds Kollegen ablehnend, als er in einem Vortrag erklärte, die Hysterie seiner weiblichen Patientinnen sei Ausdrucksform und Folgeerscheinungen von Misshandlungen in der Kindheit[213]. Dadurch verletzte Freud das Dogma von der „unbefleckten jungfräulichen Kindheit", mit dem die Medizin bis in die 1920er Jahre hinein argumentierte (s.o.). Zugleich stellte er den Konnex zwischen körperlicher Basis und geistigen Fähigkeiten wieder her[214]. Er betonte die Bedeutung frühkindlicher sexuell geprägter Erfahrungen[215]. Ferner ließ er durchblicken, dass die Verhöhnung der Frau durch den Mann nur Ergebnis seines eigenen „Kastrationskomplexes" sei – ein Frontalangriff auf die Lehre vom unfehlbaren Mann[216]. Gleichwohl blieb Freud in vielen seiner Überlegungen ein Kind des 19. Jahrhunderts und seinen Antagonisten in der Medizin somit sehr ähnlich. Er musste auch selbst einräumen, dass er nur sehr lückenhafte Kenntnisse über die weibliche Psyche besaß[217]. Dies hinderte ihn nicht an der Aufstellung von Dogmen über die Art und Weise des weiblichen Orgasmus, wodurch jede Fortentwicklung der Psychoanalyse bis in die 1960er Jahre unterbunden wurde[218]. Die Überlegungen von Lou Andreas-Salomé stießen nicht auf Zustimmung bei Freud[219]. Auch seine Schüle-

---

[212] Für die Ansichten innerhalb der Wiener Medizin relevant siehe z.B. Max Lewandowsky: Die Hysterie. In: Derselbe (Hg.): Handbuch der Neurologie, Spezielle Neurologie Band V/4, Berlin 1914, S. 644-831, 756.
Fritz Schulhof: Liebestaubheit. Ein Kapitel aus der Sexualpathologie des Alltags, Wien 1926, S. 22.

[213] Andrea Hettlage-Varjas: Frauen zwischen Wunsch, Angst und Tröstungen. Neuere psychoanalytische Aspekte zur weiblichen Emanzipation und Sexualität. In: Monika Simmel (Hg.): Weibliche Sexualität. Von den Grenzen der Aufklärung und der Suche nach weiblicher Identität, Braunschweig 1987, S. 18-30, 18.
Massive Kritik an Freuds weiterer Argumentation und Arbeitsweise gegenüber traumatisierten Mädchen übte die amerikanische Frauenforschung, siehe Alice Miller: Das verbannte Wissen, Frankfurt/Main 1988, S. 130f und 231ff.

[214] Evelyn Fox Keller: Von den Geheimnissen des Lebens zu den Geheimnissen des Todes. In: Marianne Krüll (Hg.): Wege aus der männlichen Wissenschaft. Perspektiven feministischer Erkenntnistheorie, Pfaffenweiler 1990, S. 1-20, 1.

[215] Sigmund Freud: Über die weibliche Sexualität. In: Derselbe (Hg.): Drei Abhandlungen zur Sexualtheorie und verwandte Schriften, Frankfurt/Main 1983, S. 169-186, 175.

[216] Ebenda, S. 173.

[217] Nancy Chodorow: Das Erbe der Mütter. Psychoanalyse und Soziologie der Geschlechter, München 1985, S. 186.

[218] D. Hirsch: Die Entwicklung der weiblichen Sexualität aus psychoanalytischer Sicht. In: V. Frick-Bruder/P. Platz (Hg.): Psychosomatische Probleme in der Gynäkologie und Geburtshilfe, Berlin 1984, S. 41-57, 41.

[219] Lou Andreas-Salomé: Die Erotik. Vier Aufsätze, München 1979, S. 134.

rinnen beurteilten die weibliche Orgasmusfähigkeit negativ und sahen in der Mutterrolle den einzigen Ausweg zu einem erfüllten weiblichen Leben[220]. Parallel suchten beispielsweise Karl Abraham und Wilhelm Stekel[221] engen Anschluss an die Gynäkologie, die sie mit ihrem Vorschlag, mittels Psychoanalyse die weibliche Sterilität aufheben zu können, vermutlich nur noch mehr der Analyse entfremdeten[222]. Psychoanalytiker, die sich mit Sexualaufklärung befassten, verwarfen die überkommenen Erziehungsideale auf autoritärer Basis und empfahlen eine frühzeitige Sexualaufklärung[223]. Vor allem aber widmeten sie ihre Ausführungen vornehmlich den „Dissozialen", also Kindern aus Problemfamilien[224]. Im Laufe der 1920er Jahre entfalteten mehrere Analytiker eine rege Tätigkeit auf sozial- und sexualpädagogischem Gebiet. Zu diesen zählte z.B. Siegfried Bernfeld und Wilhelm Reich[225]. Anhand von Beispielen aus der analytischen Praxis suchte ersterer zu verdeutlichen, wie notwendig sexuelle Aufklärung für junge Mädchen außerhalb schulmedizinischer Denkmuster sei[226]. Sein Schwerpunkt lag aber nicht in der Erziehung oder Aufklärung von Mädchen aus

---

Siehe auch Margit Brückner: Zwischen Kühnheit und Selbstbeschränkung. Von der Schwierigkeit weiblichen Begehrens. In: Zeitschrift für Sexualforschung (3) 1990, S. 195-217.

[220] Helene Deutsch: Der feminine Masochismus und seine Beziehung zur Frigidität. In: Internationale Zeitschrift für Psychoanalyse (16) 1930, S. 172-184, 184.

[221] Wilhelm Stekel (1868-1940) studierte in Wien Medizin und promovierte 1897 bei Krafft-Ebing. Ein Jahr später ließ er sich als Nervenarzt in Wien nieder. Um 1901 stieß er zum Kreis um Sigmund Freud, 1908 gründete er die Wiener psychoanalytische Gesellschaft mit. 1921 Vortragsreise in den USA, ab 1924 Herausgabe der „Fortschritte für Psychoanalyse und Psychotherapie". Bruch mit Sigmund Freud. 1933 Gründung des „Instituts für aktive Psychoanalyse". 1938 Emigration nach Großbritannien, hier verübte der von Depressionen und einer Diabetes heimgesuchte Stekel im Juni 1940 Selbstmord.

[222] Karl Abraham: Äußerungen des weiblichen Kastrationskomplexes. In: Derselbe (Hg.): Psychoanalytische Studien, Bd. II, Frankfurt/Main 1971, S. 69-99 (Original erschien 1921).
Karl Abraham: Psychoanalyse und Gynäkologie. In: Ebenda, S. 116-124 (Original von 1925).
Wilhelm Stekel: Die Geschlechtskälte der Frau. Eine Psychopathologie des weiblichen Liebeslebens, 3. Auflage Berlin/Wien 1927 (Störungen des Trieb- und Affektlebens III), insbesondere S. 83-111.

[223] H. Behn-Eschenburg: Über kindliche Sexualforschung und unsere Einstellung dazu. In: Zeitschrift für psychoanalytische Pädagogik (1) 1926/27, S. 360-369.
Heinrich Meng: Die Hygiene des Kindes. In: Paul Federn/Heinrich Meng (Hg.): Das psychoanalytische Volksbuch, Stuttgart 1926, S. 176-192.
Fritz Wittels: Die Befreiung des Kindes, Stuttgart 1927.

[224] Siehe z.B. August Aichhorn: Verwahrloste Jugend. Die Psychoanalyse in der Fürsorgeerziehung. Zehn Vorträge zur ersten Einführung, 2. Auflage Wien 1931.
Anna Freud: Einführung in die Psychoanalyse für Pädagogen, Stuttgart 1930.

[225] Siehe hierzu die Ausführungen von Karl Fallend: Wilhelm Reich in Wien. Psychoanalyse und Politik, Wien 1988.
Siegfried Bernfeld oder die Grenzen der Psychoanalyse. Materialien zu Leben und Werk, Basel 1992.
Der „Fall" Wilhelm Reich. Beiträge zum Verhältnis von Psychoanalyse und Politik, Frankfurt/Main 1997.

[226] Siegfried Bernfeld: Die Psychoanalyse in der Jugendforschung. In: Derselbe (Hg.): Vom Gemeinschaftsleben der Jugend. Beiträge zur Jugendforschung, Leipzig/Wien 1922, S. 1-11.
Siegfried Bernfeld: Ein Freundinnenkreis. In: Ebenda, S. 12-57.

bürgerlichen Familien, sondern in der proletarischen Jugendfürsorge[227]. Wilhelm Reich betonte in seinen Ausführungen, die ganz explizit auf die sexuelle Befreiung des Proletariats abzielten, wie weit die Theorien eines August Forel und ähnlicher Denker heute bereits überholt seien[228]. Konkret forderte er eine Abschaffung des bürgerlichen Staatswesens und eine Neuformierung der Gesellschaft; entscheidende Bedeutung komme der Revolutionierung des Sexuallebens zu[229]. Gleichwohl transportierte auch Reich in seinem Werk überholte Vorstellungen über die weibliche Sexualität[230].

Weniger radikal als Reich, jedoch erheblich einflussreicher in der Pädagogik im Wien der 1920er Jahre agierten die Individualpsychologen um Alfred Adler. Dieser verfocht die These von der Notwendigkeit einer kombinierten Ehe- und Sexualberatung[231]. Die Ehe verlange von der Frau, den ihr eigenen Egoismus abzulegen und sich insbesondere dem Mann und dem – vom Autor offenbar fest eingeplanten – gemeinsamen Kind hinzugeben[232]. Die Erziehung des Sprösslings unterliege individueller Beobachtung, keinesfalls dürfe die „sexuelle Frühreife“ durch übertriebene Aufklärung gefördert werden[233]. Erst in der Pubertät solle durch die Eltern oder einen Arzt die Aufklärung erfolgen. Parallel gelte es das Gemeinschaftsgefühl des Jugendlichen zu wecken[234]. Besondere Vorsicht müsse bei Mädchen an den Tag gelegt werden, da diese bei mehreren Geschwistern zu geschlechtswidrigem Machtstreben und Selbständigkeit neigten[235]. Ein Versagen in der Kindererziehung provoziere die Entstehung von Zwangsneurosen[236]. Ganz allgemein widersetzte sich Adler den Vorstellungen in der Schulmedizin, wonach dem Mann alle Möglichkeiten in die Hand gegeben seien, das Sexualleben der

---

[227] Therese Erich: „Siegfried Bernfeld – Berliner Jahre 1925-1932“. Leben und Wirken des Psychoanalytikers, Psychologen und Pädagogen unter besonderer Berücksichtigung der Protokolle der psychoanalytisch-pädagogischen Arbeitsgemeinschaft von 1931 und 1932, Dipl.phil. Wien 1992, S. 107.

[228] Wilhelm Reich: Trieb und Libidobegriffe von Forel bis Jung. In: Derselbe (Hg.): Frühe Schriften 1920-1925, Köln 1997, S. 99-136 (Original publiziert 1922).

[229] Wilhelm Reich: Sexualerregung und Sexualbefriedigung, Wien 1929 (Schriften der sozialistischen Gesellschaft für Sexualberatung und Sexualforschung in Wien, Nr. 1), S. 7.

[230] Wilhelm Reich: Der triebhafte Charakter. Eine psychoanalytische Studie zur Pathologie des ich. In: Derselbe (Hg.): Frühe Schriften 1920-1925, Köln 1997, S. 246-340, 281 (Original von 1925).

[231] Alfred Adler: Die Ehe als Aufgabe. In: Internationale Zeitschrift für Individualpsychologie (4) 1926, S. 22-24

[232] Alfred Adler: Erörterungen zum Paragraph 144. In: Margaret Hilferding: Geburtenregelung, Wien 1926, S. 21-24, 22.
Zudem bedürfe die Frau des Mannes, da sie sonst in Erziehungs- und Kulturideal versage. Siehe Alfred Adler: Die Frau als Erzieherin. In: Archiv für Frauenkunde und Eugenetik (2) 1915, S. 341-349, 344.

[233] Alfred Adler: Der Arzt als Erzieher. In: Alfred Adler/Carl Furtmüller (Hg.): Heilen und Bilden. Grundlagen der Erziehungskunst für Ärzte und Pädagogen, 2. Auflage München 1922, S. 1-8, 7.

[234] Alfred Adler: Erziehungsberatungsstellen. In: Ebenda, S. 119-121, 119.

[235] Alfred Adler: Die Technik der Individualpsychologie, Teil 2: Die Seele des schwer erziehbaren Schulkindes, Frankfurt/Main 1988 (Nachdruck der Ausgabe von 1930), S. 35/36.

[236] Alfred Adler: Über den nervösen Charakter. Grundzüge einer vergleichenden Individual-Psychologie und Psychotherapie, Darmstadt 1969, S. 160.

Frau zu deuten[237]. Zudem verwarf er die These von der naturgegebenen sexuellen Passivität der Frau[238]. Adlers Ausführungen zielten auf eine rein seelische Behandlung und Prophylaxe von Neurosen. Ferner war er bemüht, in enger Kooperation mit den Wohlfahrtsbehörden der Gemeinde Wien die Lage der unterprivilegierten Schichten zu verbessern. Er sah seine ganze Lehre – in Abgrenzung zu Freud – als „soziale Disziplin"[239]. Es gab individualpsychologische Beratungsstellen (1927: 22), individualpsychologische Schulversuche und Vorlesungen am pädagogischen Institut der Universität Wien[240]. In ähnlicher Weise agierten Adlers SchülerInnen. Sie positionierten sich und ihre Thesen noch erheblich mehr im Bereich der Fürsorgeerziehung und betonten ihr Interesse an sozialen Reformen[241]. Margarete Hilferding und Sophie Lazarsfeld taten sich zudem in der Befürwortung einer Reform des Abtreibungsrechtes hervor[242].
Das gesamte Adlersche Bildungswerk fußte auf dem Wohlwollen der Organisatoren der sozialen Fürsorge in Wien und somit der Kooperationsbereitschaft von Stadtrat Julius Tandler, dem vormaligen Ordinarius für Anatomie und Förderer der jungen Helene Anderle. Bereits 1917 hatte er an der Gründung der „Österreichischen Gesellschaft für Bevölkerungspolitik" mitgewirkt, die in den 1920er Jahren mit ihrer „Zeitschrift für Kinderschutz" einen Zick-Zack-Kurs zwischen den einzelnen Positionen in der Sexualpädagogik verfocht[243]. 1926 schieden zudem die sozialdemokratischen Mitglieder größtenteils aus und formierten sich in der „Österreichischen Gesellschaft für Gesundheitspolitik". Zwar wurde die Abtreibung als Vorstufe zum endgültigen Verfall der Gesellschaft abgelehnt[244], aber eine umfassende Sexualaufklärung bei gleichzeiti-

[237] Alfred Adler: Psychische Einstellung der Frau zum Sexualleben. In: Albrecht Bethe (Hg.): Handbuch der normalen und pathologischen Physiologie mit besonderer Berücksichtigung der experimentellen Pharmakologie, Bd. 14/I Berlin 1926, S. 802-807, 803.
[238] Alfred Adler: Vorrede. In: Heinrich F. Wolf: Strategie der männlichen Annäherung, Wien/Leipzig 1926, S. 9-14, 10.
[239] Heinz L. Ansbacher: Alfred Adlers Sexualtheorien, Frankfurt/Main 1989, S. 15/16.
[240] Rudolf Riess: Alfred Adler und die Auswirkungen der Individualpsychologie auf das „Rote Wien", Dipl.phil. Wien 1997, S. 82-86.
[241] Alexandra Adler: Technik der Erziehungsberatung. In: Internationale Zeitschrift für Individualpsychologie (7) 1929, S. 196-202
Sophie Freudenberg: Individualpsychologie und Jugendfürsorge. In: Internationale Zeitschrift für Individualpsychologie (4) 1926, S. 282-291.
Hilde Krampflitschek: Elternliebe. Ein Brief an alle Eltern, Wien 1927
Ida Löwy: Individualpsychologische Erziehung. In: Internationale Zeitschrift für Individualpsychologie (3) 1924, S. 129-132.
Erwin Wexberg: Einführung in die Psychologie des Geschlechtslebens, Leipzig 1930 (Beihefte der internationalen Zeitschrift für Individualpsychologie II).
[242] Margret Hilferding: Geburtenregelung, Wien 1926 (Richtige Lebensführung. Volkstümliche Aufsätze zur Erziehung des Menschen nach den Grundsätzen der Individualpsychologie), S. 10/11.
[243] Wilhelm Hecke: Die „Österreichische Gesellschaft für Bevölkerungspolitik". In: Archiv für Bevölkerungspolitik, Sexualethik und Familienkunde (2) 1932, S. 35-39, 35.
[244] Alfred Mikocki: Die Jugendfürsorge und der §144. In: Zeitschrift für Kinderschutz, Familien- und Berufsfürsorge (17) 1925, S. 93-96, 95.

ger Verbesserung der sozialen Situation der Unterschicht gefordert[245]. In konsequenter Weiterführung dieser Überlegungen entwarf Tandler ein sozialeugenisches Programm zur Verbesserung der Lage der hebungskompatiblen Bevölkerungsteile und Ausgrenzung der „Minderwertigen"[246]. Im Frühjahr 1922 wurde auf Empfehlung Tandlers die gesundheitliche Eheberatungsstelle der Stadt Wien unter Leitung des Gynäkologen Karl Kautsky jr. eröffnet. Im Gegensatz zu den Schularztstellen, die nach und nach auch mit Frauen besetzt werden, waren weibliche Fachkräfte in der Eheberatung nicht erwünscht[247]. Ärztinnen hatten nur die überkommene Frauenrolle transformiert, d.h. im Berufsleben, auszufüllen, indem sie in der Fürsorge tätig waren[248]. Einer vollständigen Freigabe der Abtreibung oder einem Gebärstreik stand Tandler ablehnend gegenüber und befand sich damit in Übereinstimmung mit den Vertretern der Führung der Sozialdemokratie, die von „Menschenökonomie" im Sinne Rudolf Goldscheids träumten[249]. Im Zentrum von Tandlers Anstrengungen stand die Zementierung der Ehe als Basis der Kinderproduktion[250]. Der Sterilisierung von „Minusvarianten" hingegen konnte er einiges abgewinnen, da er glaubte, so dem Ziel der Züchtung des perfekten Menschen rascher näher zu kommen[251]. Dieser Idealmensch sollte den bislang vernachlässigten Unterschichten entstammen und langfristig den bürgerlichen Staat verdrängen helfen. Insgesamt sah Tandler sein Fürsorgesystem als „rassenhygienisches Gesellschaftsmodell"[252].

Trotz einer Stellungnahme zur materiell ungesicherten Lage des freien Ärztestandes[253] zeigte er wenig Verständnis für Verdrängungsängste der niedergelassenen Ärzte ange-

---

[245] Viktor E. Frankl: Über die Notwendigkeit der Schaffung von Jugendberatungsstellen. In: Zeitschrift für Kinderschutz, Familien- und Berufsfürsorge (18) 1926, S. 130-132.
Dora Brücker-Teleky: Über den Unterricht in Somatologie und Hygiene an höheren Mädchenschulen. In: Zeitschrift für Kinderschutz, Familien- und Berufsfürsorge (24) 1932, S. 71-74.
Richard Seyß-Inquart: Fünf Jahre Wiener Jugendberatung. In: Zeitschrift für Kinderschutz, Familien- und Berufsfürsorge (25) 1933, S. 21-23.

[246] Doris Byer: „Um die Leiber legt ein neuer Friede sich...". Über die Aufklärung des Körpers. In: Die ersten hundert Jahre. Österreichs Sozialdemokratie 1888-1988. Ausstellungskatalog Wien 1988, S. 168-173, 169.

[247] Martina Gamper: „...so kann ich nicht umhin mich zu wundern, dass nicht mehr Ärztinnen da sind." Die Stellung weiblicher Ärzte im „Roten Wien" (1922-1934). In: Birgit Bolognese-Leuchtenmüller/ Sonia Horn (Hg.): Töchter des Hippokrates. 100 Jahre akademische Ärztinnen in Österreich, Wien 2000, S. 79-96, 92.

[248] Ebenda, S. 90.

[249] Katrin Lehner: Verpönte Eingriffe. Sozialdemokratische Reformbestrebungen zu den Abtreibungsbestimmungen der Zwischenkriegszeit, Wien 1989, S. 93.

[250] Julius Tandler: Ehe und Bevölkerungspolitik, Wien 1924, S. 3.

[251] Katrin Lehner: Verpönte Eingriffe, S. 91.

[252] Doris Byer: Rassenhygiene und Wohlfahrtspflege. Zur Entstehung eines sozialdemokratischen Machtdispositivs in Österreich bis 1934, Frankfurt/Main 1988, S. 179.

[253] Julius Tandler: Die Not des praktischen Arztes. In: Wiener Medizinische Wochenschrift (72) 1922, S. 454-459.

sichts der Ausweitung der kommunalen Fürsorge in alle Bereiche des medizinisch relevanten Lebens hinein[254].

Neben der Förderung Alfred Adlers und seiner individualpsychologischen Lehre von der Erziehung des Kindes förderte die Gemeinde Wien ab 1922 auch die Arbeiten des Forscherehepaars Karl und Charlotte Bühler[255] – beide zeitweise in der Österreichischen Gesellschaft für Bevölkerungspolitik aktiv. Zwar versammelte Charlotte Bühler eine Reihe von psychoanalytisch geschulten Mitarbeitern um sich[256], jedoch stand Karl Bühler der Lehre Freuds in höchstem Maße kritisch gegenüber und untersagte eine psychoanalytische Arbeit in seinem Institut[257]. Einig war er sich mit Adler und Freud nur 1927 in einer gemeinsamen Wahlempfehlung zugunsten der Sozialdemokratie[258]. Das Ehepaar Bühler war vornehmlich bemüht, seine Forschungsergebnisse in Einklang zur sozialdemokratischen Schulpolitik zu halten[259]. Dies implizierte eine Konzentration auf die Arbeiterklasse unter gleichzeitig weitgehender Vermeidung sexualpädagogischer Stellungnahmen. Ratschlägen zur korrekten Sexualaufklärung enthielten sich beide, statt dessen gaben sie allgemeingültige Hinweise auf Entartungserscheinungen[260].

All diesen Überlegungen standen die in vielerlei Zirkel zersprengte und programmatisch uneinige – dafür um so frauenfeindlichere – österreichische Rassenhygiene

---

[254] Karl Sablik: Julius Tandler. Mediziner und Sozialreformer. Eine Biographie, Wien 1983, S. 280.

[255] Charlotte Bühler (1893-1979) studierte in Berlin und an der Technischen Hochschule Dresden Psychologie. 1920 Promotion, 1922 Wechsel nach Wien mit ihrem mittlerweile geheirateten vormaligen Professor Karl Bühler. Verleihung einer Dozentur, 1927 außerordentliche Professorin. 1938 Zwangsbeurlaubung aufgrund ihrer jüdischen Herkunft und 1940 gemeinsame Flucht mit ihrem Mann in die USA. Dozentur am Country General Hospital in Los Angeles. Nach dem Krieg zahlreiche Gastdozenturen in USA und Europa.
Karl Bühler (1879-1963) studierte in Freiburg, Berlin ,Straßburg und Bonn Medizin und Philosophie. 1907 Promotion in Psychologie zum Dr.phil., 1913 nach Habilitation außerordentliche Professur in München. 1918 Berufung an die TH Dresden, wo er seine spätere Frau Charlotte kennenlernte. 1922 Berufung nach Wien, Aufbau des psychologischen Instituts in enger Kooperation mit der Gemeindeverwaltung Wien. Fortsetzung der Karriere im Ständestaat, aber Beurlaubung bzw. Entlassung nach dem deutschen Einmarsch 1938. Zwei Jahre später Flucht in die USA.

[256] Karl Fallend/Josef Reichmayr: Das „psychologische Wien". In: Die ersten hundert Jahre. Österreichs Sozialdemokratie 1888-1988, Ausstellungskatalog Wien 1988, S. 138-142, 140.

[257] Heike Brodthage/Sven Olaf Hofmann: Die Rezeption der Psychoanalyse in der Psychologie. In: Johann Cremerius (Hg.): Die Rezeption der Psychoanalyse in der Soziologie, Psychologie und Theologie im deutschsprachigen Raum bis 1940, Frankfurt/Main 1981, S. 135-254, 167.

[258] Karl Fallend/Josef Reichmayr: Das „psychologische Wien", S. 138.

[259] Gerhard Benetka: Psychologie in Wien, S. 162 und 176.

[260] Charlotte Bühler: Das Seelenleben des Jugendlichen. Versuch einer Analyse und Theorie der psychischen Pubertät, 2. Auflage Jena 1923, S. 23-28.
Charlotte Bühler: Kindheit und Jugend. Genese des Bewusstseins, 3. Auflage Leipzig 1931, S. 336-339, 372.
Karl Bühler: Abriß der geistigen Entwicklung des Kindes, 2. Auflage Leipzig 1925, S. 35.
Karl Bühler: Die geistige Entwicklung des Kindes, 6. Auflage Jena 1930.

höchst kritisch gegenüber[261]. Hier waren Heinrich Reichel (1876-1943) und Franz Hamburger (1874-1954) aktiv. Daneben gab es die Organisation „Österreichische Völkerwacht“ von Johann Ude[262]. 1915 hatte Ude diesen Verein gegründet und derartig promotet, dass er 1917 nach Eigenangaben bereits 42500 Mitglieder umfasste. Diese große Zahl dürfte darauf zurückzuführen sein, dass mehrere größere Verbände korporativ Mitglied in der „Völkerwacht“ waren. Zu Propagandazwecken wurden in dieser Zeit mehr als 46000 Broschüren verschickt[263]. Ude vertrat das Konzept einer streng katholischen, sittlich ausgerichteten, antisemitischen und antidarwinistischen (weil der Schöpfungslehre widersprechenden), aber gleichwohl rassistisch fundierten Soziallehre. Das Elend breiter Volksmassen galt es seiner Auffassung nach weniger durch Sozialmaßnahmen als mittels Verzicht auf Alkohol, „Rauchsklaverei“ und „geile Fleischnahrung“ zu beheben[264]. Zudem propagierte er das Prinzip des gelebten Vorbildes und strebte ein völliges Verbot freizügiger Kleidung an, da dadurch die Jugend auf falsche Wege gelenkt werde[265]. Kinos sah er als „Anstalten des nationalen Verrates“ und Erscheinung der „jüdischen Weltverschwörung“ an und wollte sie allesamt schließen[266]. Auch als mittels der Statistik nachgewiesen wurde, dass mitnichten im „verwahrlosten Wien“, sondern im scheinbar heilen, weil ländlich geprägten, Bezirk Gurk die Zahl der unehelichen Kinder am höchsten in ganz Österreich war, ließ Ude von seiner Propaganda nicht ab[267].

---

[261] Zur Entwicklung der Rassenhygiene in Österreich siehe Monika Löscher: Zur Umsetzung und Verbreitung von eugenisch/rassenhygienischem Gedankengut in Österreich bis 1934 unter besonderer Berücksichtigung Wiens. In: Sonia Horn/Peter Malina (Hg.): Medizin im Nationalsozialismus. Wege der Aufbereitung, Wien 2001, S. 99-127.

[262] Johann Ude (1874-1965) studierte nach Absolvierung einer gymnasialen Klosterschule 1894-1901 Theologie und Philosophie an der päpstlichen Universität Gregoriana in Rom. 1897 Promotion zum Dr.phil., 1901 zum Dr.theol. 1900 Priesterweihe und Rückkehr nach Graz. Studium der Zoologie und 1907 Promotion. Daneben Lehrtätigkeit an der Universität und 1905 Habilitation in Philosophie. 1910-1917 außerordentlicher Professor für spekulative Dogmatik. 1917 Berufung zum ordentlichen Professor. Gesteigertes politisches Engagement mit starken christlich-moralischen Komponenten. In den 1920er Jahren Gründung einer eigenen Partei. Ab 1933 Engagement in der NSDAP, Kritik am Ständestaat. Nach dem Anschluss Österreichs an das Deutsche Reich 1938 alsbald Konflikte mit der Staatsführung und Verbannung nach Grundlsee. Nach 1945 Fortsetzung seiner lebensreformerischen Bestrebungen. Mehrmals wurde er bis zu seinem Tode ins Gespräch für eine Verleihung des Friedensnobelpreises gebracht.

[263] Johann Ude: Modernes Großstadtelend, Graz 1917, S. I.

[264] Ebenda, S. 22.

[265] Johann Ude: Die Verwahrlosung der Jugend, Graz 1916, S. 16.

[266] Johann Ude: Moralische Massenverseuchung durch Theater und Kino, Graz 1918, S. 20.
Die Ablehnung des Mediums Film seitens Udes dürfte sich in den 1920er Jahren noch verstärkt haben, als die Sozialdemokraten begannen, eigene Filme zu Propagandazwecken in Arbeiterkinos zu präsentieren und zugleich die nationale österreichische Filmindustrie immer stärker unter ausländische (amerikanische) Kontrolle geriet. Siehe Franz Grafl: „Hinein in die Kinos“!. In: Franz Kadrnoska (Hg.): Aufbruch und Untergang. Österreichische Kultur zwischen 1918 und 1938, Wien 1981, S. 69-86.

[267] Die Höchstzahl der unehelichen Kinder besitzt Österreich. In: Die neue Generation (26) 1930, S. 273.

All diese Überlegungen strotzten geradezu vor einer unendlichen Unkenntnis des weiblichen Genitalapparates und der weiblichen Psyche, auf die sich gleichwohl alle Autoren wohlmeinend bezogen. Gepaart waren diese Theoriemodelle mit einer vollkommenen Gleichgültigkeit gegenüber den realen Lebensverhältnissen des Großteils der österreichischen Frauen. In den 1920er Jahren jedoch gab es auf dem Gebiet der Suche nach Erkenntnis hinsichtlich des „Aufbaus des Weibes" scheinbare Fortschritte. Zum einen formierte sich gerade in Österreich eine endokrinologisch interessierte Gynäkologie, zum anderen fand die Konstitutionslehre Eingang in die Frauenheilkunde. Diese werden in den nächsten Kapiteln erläutert und in Bezug zum weiteren Oeuvre Stourzh-Anderles gesetzt.

Zunächst jedoch erscheint es notwendig, die unterschiedlichen Forschungskonzepte im Bereich der Sexualaufklärung auf ihre Resonanz im Werk Stourzh-Anderles zu überprüfen. Stourzh-Anderle hatte in ihrer Abhandlung „Die sexuelle Aufklärung" auf die Namensnennung fast aller Protagonisten der sexualpädagogischen Diskussion im Wien der 1920er Jahre verzichtet. Freud war nur kurz genannt worden, weil er sich vorzüglich eignete, um sich von der antifeministischen und rückständigen Frauenheilkunde erfolgreich zu distanzieren. Jedoch stand Stourzh-Anderle als selbständig agierende Frau den weiteren Überlegungen der Freudianer ablehnend gegenüber. Die Programme Alfred Adlers, seiner Anhänger, wie auch der Psychologie und nicht zuletzt der Wiener Gemeindefürsorge (Julius Tandler) sprachen Stourzh-Anderle nur begrenzt an. Sie arbeitete in einem bürgerlichen Bezirk und stand schon aufgrund ihrer Herkunft einer sozialen Revolutionierung der Gesellschaft und letztendlich gewaltsamer politischer Umwälzung eher ablehnend gegenüber. Zudem nahm ihr früherer Lehrer Julius Tandler in seinem eugenischen Programm Frauen nur dann wahr, wenn sie in gewissem Maße – erziehbar oder unrettbar verloren – minderwertig waren. Gesunde Frauen kamen in diesem Denken gar nicht vor. Gleichwohl ist nicht zu übersehen, dass programmatische Ansätze der Individualpsychologie sehr wohl Eingang in die Ausführungen Anderles gefunden haben, nur hatte sie verzichtet, darauf speziell zu verweisen. Offenbar war sie nicht gewillt, in irgendeiner Weise mit dem Odem der Individualpsychologen in Verbindung gebracht zu werden. Dieses zielsichere Lavieren zwischen den Fronten setzte sie auch in ihren anderen Aufsätzen fort[268]. Ihr Engagement in der österreichischen Frauenpartei bezog sich nur auf frauengesundheitliche Arbeit[269]. Auch der

---

Insgesamt stand die katholische Kirche in Österreich dem radikalen eugenischen Gedankengut abwartend – bzw. nach Erlass der päpstlichen Enzyklika „Casti Connubii" 1930 – ablehnend gegenüber.

[268] Helene Anderle: Erziehung zur Elternschaft. In: Die Bereitschaft (10) 1930, S. 139-140.
Dieselbe: Zum internationalen Aerztinnenkongress. In: Das Wort der Frau (1) 1931, Nr. 28, S. 1.
Dieselbe: Entpolitisierung der Jugend. In: Die Bereitschaft (12) 1932, S. 33-35.

[269] Mitteilungen der Frauenpartei. In: Das Wort der Frau (1) 1931, Nr. 32, S. 4.

Auftritt vor dem IV. Internationalen Kongress für Sexualreform am 23. September 1930 war nicht politisch motiviert, ihr Vortrag enthielt keine politische Aussage, sondern war allein der Frage nach dem Aufbau der Sexualaufklärung gewidmet[270]. Organisiert und geleitet wurde der Kongress von der Internationalen Weltliga für Sexualreform und ihrer österreichischen Sektion. Aktiv waren hier neben anderen bedeutenden Repräsentanten der internationalen Sexualforschung Persönlichkeiten wie der Wiener Analytiker Josef K. Friedjung oder der Schweizer Psychiater August Forel. Personen mit deren frauenrelevanten Ausführungen sich Stourzh-Anderle durchaus identifizierte, ohne zugleich deren medizinischen Schulen anzuhängen.

Mitteilungen der Frauenpartei. Versammlungskalender der Frauenpartei. In: Das Wort der Frau (3) 1933, nr. 6, S. 4.
Weitergehendem Engagement, z.B. im Bund für Mutterschutz, enthielt sich Stourzh-Anderle offenbar. Bernd Nowacki: Der Bund für Mutterschutz (1905-1933), Husum 1983 (Abhandlungen zur Geschichte der Medizin und der Naturwissenschaften 48), S. 143-149 (Mitgliederliste).

[270] Helene Stourzh-Anderle: Die sexuelle Aufklärung. In: Herbert Steiner (Hg.): Sexualnot und Sexualreform. Verhandlungen der Weltliga für Sexualreform. IV. Kongress abgehalten zu Wien vom 16 bis 23. September 1930, Wien 1931, S. 630

Konstitutionen und Hormone – Entwicklungslinien in der Gynäkologie 1920 – 1945

Als Helene Anderle 1913 ihre kurze universitäre Karriere bei Julius Tandler begann, entschied sie sich indirekt auch für eine bestimmte Forschungsrichtung, die von ihrem Lehrmeister favorisierte Konstitutionslehre. Diese Lehre war unter Federführung Christian Friedrich Samuel Hahnemanns (1755-1843) im deutschsprachigen Raum unter Berufung auf hippokratische und galensche Anfänge begründet worden[271]. Im Laufe der zweiten Hälfte des 19. Jahrhunderts war diese Konstitutionstypologie jedoch von der Bakteriologie in den Hintergrund gedrängt worden. Dagegen wandten sich mehrere Kliniker, vor allem der Rostocker Ordinarius Friedrich Martius (1850-1923) und sein Prager Kollege Ferdinand Hueppe (1852-1938), die zudem ihre Studien in die entstehende mendelistische Erbforschung einbanden[272]. Ihre Bemühungen wurden dadurch beflügelt, dass sich die Ansichten der Bakteriologen über die Möglichkeiten ihrer Disziplin zur völligen Eindämmung von Seuchen als zu voluntaristisch erwiesen hatten[273]. In Wien kam bei der Wiederentdeckung der Konstitutionslehre Julius Tandler entscheidende Bedeutung zu. Er konnte sich auch auf die konstitutionell-biologischen Überlegungen des Wiener Professors Carl v. Rokitansky (1804-1878) stützen[274]. Tandlers Überlegungen fanden Gehör bei dem Rektor der Universität, dem Pathologen Anton Weichselbaum (1845-1920), der über die Konstitutionsforschung anhand der scheinbar im Niedergang begriffenen Kulturvölker eine positive Auslese erhoffte[275]. Auch Tandler selbst stand entsprechenden Überlegungen aufgeschlossen gegenüber, wie er in der Einleitung des ersten Heftes der von ihm initiierten „Zeitschrift für ange-

---

[271] Barbara Czech: Konstitution und Typologie in der Homöopathie des 19. und 20. Jahrhunderts, Heidelberg 1996, S. 51/52, 87.

[272] Paul Weindling: Health, race and German politics between national unification and nazism, 1870-1945, New York 1989, S. 231-234.
Zu Martius speziell und seiner Lehre und ihren Auswirkungen siehe Rainer Krügel: Friedrich Martius und der konstitutionelle Gedanke, Frankfurt/Main 1984.

[273] Max Neuburger: Zur Geschichte der Konstitutionslehre. In: Zeitschrift für angewandte Anatomie und Konstitutionslehre (1) 1913, S. 4-10, 4.

[274] Ernst Hedinger: Die Konstitutionslehre in der modernen Medizin. In: Naturwissenschaftliche Wochenschrift (15) 1916, S. 665-672.

[275] Anton Weichselbaum: Über die Beziehungen zwischen Körperkonstitution und Krankheit. Inaugurationsrede des Rektors im Studienjahr 1912/13, Wien 1912, S. 92/93. Zu seinen rassenhygienischen Interessen siehe Paul Weindling: Health, race, S. 150.

wandte Anatomie und Konstitutionslehre" betonte[276]. Noch fehlte es aber an einer klaren Definition und Umgrenzung des Faches. Einer der ersten Versuche war zugleich mit der Überlegung verbunden, die Konstitutionslehre umgehend auf die Frauenheilkunde auszuweiten:

> *Individuelle Konstitution bedeutet eine meist angeborene, manchmal erworbene, konstante Beschaffenheit des Körpers in seinen festen und flüssigen Bestandteilen, die ihn zu Erkrankung und zu schwerem Verlaufe der Krankheit in besonderem Grade geeignet macht*[277].

Die Frauen seien aufgrund des anatomischen Baus ihres Genitalapparates gerade dazu prädestiniert, an konstitutionell bedingtem Infantilismus zu leiden und an den damit verbundenen Gebrechen zu erkranken[278]. Indirekt spielte hier die antiemanzipatorische Sichtweise hinein, wonach die Frau qua natura ungeeignet für höhere Berufe und insbesondere den Arztberuf sei. Die Überlegungen zum Infantilismus der Frau sollten aber alsbald die Gynäkologie nachhaltig beeinflussen. Der Innsbrucker Ordinarius für Gynäkologie Paul Mathes entwickelte in Verknüpfung von Konstitutionslehre, Frauenheilkunde und männlichen Vorurteilen eine Krankheitslehre des Weibes[279]. Er stützte sich hierbei auf Vorüberlegungen seiner deutschen Fachkollegen Erwin Kehrer und August Mayer. Vor allem aber erhielt er sogleich Unterstützung durch eine Frau, Mathilde v. Kemnitz[280] (d.i. Mathilde Ludendorff). Sie erklärte aufbauend auf Mathes, dass der „asthenische Infantilismus" eine häufige Erscheinung bei der Frau und Aus-

---

[276] Julius Tandler: Zur Einführung. In: Zeitschrift für angewandte Anatomie und Konstitutionslehre (1) 1913/14, S. 1-3.
[277] W.A. Freund/R. von den Velden: Anatomisch begründete Konstitutionsanomalien. Konstitution und Infantilismus. In: L. Mohr/R. Staehelin (Hg.): Handbuch der inneren Medizin, Bd. IV Berlin 1912, S. 533-572, 535.
[278] Ebenda, S. 567.
[279] Paul Mathes: Der Infantilismus, die Asthenie und deren Beziehungen zum Nervensystem, Berlin 1912.
Genauere Ausführung dieser Überlegungen siehe Paul Mathes: Die Konstitutionstypen des Weibes, insbesondere der intersexuelle Typus. In: Josef Halben/Ludwig Seitz (Hg.): Biologie und Pathologie des Weibes. Ein Handbuch der Frauenheilkunde und Geburtshilfe Bd. III Berlin/Wien 1924, S. 1-112.
[280] Mathilde v. Kemnitz (1877-1966) wurde in Wiesbaden unter dem Namen „Mathilde Spieß" geboren und heiratete 1904 den Privatdozenten für Zoologie Gustav Adolf v. Kemnitz. Hierfür unterbrach sie ihr eigenes Medizinstudium, dass sie aber 1910/11 wieder aufnahm und 1913 mit der Promotion abschloss. Im ersten Weltkrieg Tätigkeit als Assistenzärztin in einem Lazarett in Garmisch. In dieser Zeit erweiterte sie ihre bislang auf die Gynäkologie beschränkten medizinphilosophischen Studien zu einer umfassenden deutsch-völkischen, antisemitischen und rassistisch begründeten Weltanschauung. Nach dem Tod ihres Mannes 1917 und einer weiteren (gescheiterten) Ehe heiratete sie 1926 Erich Ludendorff. Gemeinsam mit ihm formulierte sie ihre eigene Welterklärungslehre weiter aus, zerstritt sich alsbald mit Hitler und wurde nach dem Tod ihres Mannes 1937 in ihrem Aktionsspielraum eingeschränkt. Nach 1945 suchte sie vergeblich an ihren durchaus beträchtlichen Einfluss, den sie in den 1920er Jahren inne gehabt hatte, anzuknüpfen.

druck „funktioneller Minderwertigkeit" sei[281]. Es lägen Verengungen im Genitalbereich vor, welche die Frau an der Ausübung der Mutterrolle behinderten und zur Hysterie disponierten. Als vermeintliche Ursache ermittelte sie die Fleischernährung und zu hohe Zuckerzuführung, wodurch die Konstitution negativ beeinflusst werde[282]. Infolgedessen müsse die Balance der „Blutdrüsen" wieder herbeigeführt werden. Asthenische Frauen, die schon seit der Geburt ihre Konstitution besäßen, sollten nicht heiraten oder sich nur mit asthenischen Männern paaren. Eine generelle Minderwertigkeit der Frau schloss die Autorin in dieser Abhandlung aus[283], betonte sie aber in späteren Werken um so deutlicher[284]. Kemnitz vertrat mithin die Ansicht, dass die Konstitution über die Blutdrüsen, d.h. die innere Sekretion beeinflusst werden könne. Dies korrelierte mit den Ausführungen der bedeutendsten Wiener Konstitutionsforscher (z.B. Julius Bauer). Parallel und teilweise fachübergreifend zur Neuformierung der Konstitutionslehre hatte sich in Wien eine Forschergemeinde zur Thematik der inneren Sekretion herausgebildet. Hier betätigten sich u.a. Julius Tandler, Julius Bauer, Siegfried Grosz und Eugen Steinach (1861-1944). Noch in Unkenntnis der genauen Hormonwirkung bzw. der Zusammensetzung der Hormone wurden Theoriemodelle zur Wirkungsweise der „Hormondrüsen" entworfen. Spezielles Interesse brachten die Forscher den normabweichenden Entwicklungen des männlichen Geschlechts entgegen, z.B. Hermaphroditismus oder Homosexualität[285]. Weiter war die Entwicklung „der Frau" von Interesse, insbesondere hier kreuzten sich die Forschungsstränge von innerer Medizin, Konstitutionsforschung und Endokrinologie. Fehlbildungen der weiblichen Genitalien wurden so als Ausdruck der spezifischen weiblichen Konstitution und nicht als Krankheitssymptom gedeutet[286]. Als Therapievorschläge waren die Vergabe von Schilddrüsenpräparaten, aber auch die Röntgenbestrahlung im Gespräch[287]. Noch immer war die Gruppe der Konstitutionsforscher aber nicht über das Stadium des Ver-

---

[281] Mathilde v. Kemnitz: Der asthenische Infantilismus des Weibes in seinen Beziehungen zur Fortpflanzungstätigkeit und geistigen Betätigung. In: Archiv für Rassen- und Gesellschaftsbiologie (10) 1913, S. 41-66, 42.
[282] Ebenda, S. 49.
[283] Ebenda, S. 53.
[284] Siehe z.B. Mathilde v. Kemnitz: Erotische Wiedergeburt, München 1919, S. 196.
Mathilde Ludendorff: Das Weib und seine Bestimmung. Ein Beitrag zur Psychologie der Frau und zur Neuorientierung ihrer Pflichten, 1. Auflage Leipzig 1916, hier 3. Auflage 1927, S. 145-152.
[285] Hier tat sich Eugen Steinach in Kooperation mit Magnus Hirschfeld hervor, siehe Florian Mildenberger: Verjüngung und „Heilung" der Homosexualität. Eugen Steinach in seiner Zeit. In: Zeitschrift für Sexualforschung (15) 2002, S. 302-322.
[286] Julius Bartel/Eduard Herrmann: Über die weibliche Keimdrüse bei Anomalien der Konstitution. In: Monatsschrift für Geburtshülfe und Gynäkologie (33) 1911, S. 125-135, 134.
Julius Bauer: Die konstitutionelle Disposition zu inneren Krankheiten, Berlin 1917, S. 475-477.
[287] Rudolf Urbanitsch: Die innere Sekretion und deren bestimmender Einfluss auf unser körperliches und seelisches Leben, Wien 1922, S. 25, 37/38.

suchs der Selbstdefinition hinausgelangt. Eine neuere Erklärung des eigenen Tuns lieferte Anfang der 1920er Jahre Julius Tandler:

> *Das Wachstum des Individuums ist durch seine Zugehörigkeit zu einer Spezies, zu einer Rasse bedingt, durch seine Zugehörigkeit zu einer Familie beeinflusst, konstitutionell festgelegt, innerhalb gewisser Grenzen von Milieueinflüssen abhängig und vielfach von dem harmonischen Zusammenwirken der Drüsen mit innerer Sekretion reguliert*[288].

Einen qualitativen und quantitativen Sprung machte die Forschung mit dem verstärkten Eindringen der Psychiatrie in das Gebiet der Konstitutionsforschung. Nach Ernst Kretschmers fundamentaler Studie „Körperbau und Charakter"[289] und Gottfried Ewalds Gegenüberlegung zu „Temperament und Charakter"[290] folgte eine Vielzahl von Schriften auf diesem Gebiet. Der Schwerpunkt lag jedoch auf der Erforschung des männlichen Körpers und seiner Disposition zu Geisteskrankheiten. Beseelt von dem Gedanken, die Überlegungen Kretschmers nutzen zu können, entwickelten Gynäkologen und Anthropologen einen beträchtlichen Ehrgeiz in Vermessung von Frauen und Aufbau einer umfassenden weiblichen Körperbaulehre. Dabei wurde vielfach unterschätzt, dass Ernst Kretschmers Körperbaulehre im Grunde eine Differentialdiagnose zwischen manischer Depressivität und Schizophrenie darstellte, mithin also auf die Erforschung der Geisteskranken abzielte und nicht für die konstitutionsbiologische Einordnung der Gesunden gedacht war. Eventuell jedoch spielte das überkommene medizinische Vorurteil von der grundsätzlichen Minderwertigkeit der Frau eine nicht unwichtige Rolle, so dass den Beteiligten die Übertragung der psychiatrischen Körperbaulehre Kretschmers auf Frauen jeder Art in keiner Weise als unlogisch erschien.
Kretschmer hatte im Gegensatz zu seinem Widerpart Ewald, der die Rolle der inneren Sekretion/Hormone zwar betonte, aber sich keiner speziellen Schule anschloss[291], direkt Partei für Eugen Steinachs Überlegungen zur Umpolung der Homosexuellen mittels Hodentransplantation ergriffen[292]. Auch wenn diese These sich im Laufe der

---

[288] Julius Tandler: Über Wachstumsstörungen. In: Wiener Medizinische Wochenschrift (72) 1922, S. 1277-1284, 1280.

[289] Ernst Kretschmer: Körperbau und Charakter. Untersuchungen zum Konstitutionsproblem und zur Lehre von den Temperamenten, Berlin 1921.

[290] Gottfried Ewald: Temperament und Charakter, Berlin 1924 (Monographien aus dem Gesamtgebiete der Neurologie und Psychiatrie 41).

[291] Gottfried Ewald: Temperament und Charakter, S. 44.

[292] Ernst Kretschmer: Über biologische Beziehungen zwischen Schizophrenie, Eunuchoid, Homosexualität und moralischem Schwachsinn. In: Allgemeine Zeitschrift für Psychiatrie und ihre Grenzgebiete (77) 1921, S. 332-334.
Ernst Kretschmer: Keimdrüsenfunktion und Seelenstörung. In: Deutsche medizinische Wochenschrift (47) 1921, S. 649-650.

1920er Jahre als verfehlt erweisen sollte, konnte sie den Siegeszug der Kretschmerschen Lehre nicht behindern[293]. Als erster Wiener Kliniker übertrug Bernhard Aschner (1883-1960) – der spätere Wegbereiter der Homöopathie – die Kretschmersche These des Analogschlusses vom Körperbau auf den Charakter in die Frauenheilkunde[294]. Hierbei vermengte er geschickt die Überlegungen von Julius Tandler, Julius Bauer, Paul Mathes und eben Ernst Kretschmer. Analog argumentierten auch andere bedeutende Konstitutionsforscher[295]. Paul Mathes selbst konnte sich zu dieser Argumentationslinie nicht mehr äußern, sein postum erschienener Beitrag enthielt aber eine Reihe von Lobpreisungen der Kretschmerschen Lehre[296]. In Rückgriff auf die Typologie aus „Körperbau und Charakter“ definierte er als Idealtypus der Frau die „Pyknika“. Sie sei „mundgerecht“ und in ihrem Wesen „quillt alles in harmonischem Flusse, es quillt daraus die Liebe zum Gatten, zu den Kindern, zur Natur, zu den Tieren, ohne ekstatische Verzückungen, ohne Exaltation“[297]. So sei sie der wichtigsten Aufgabe der Frau wohl gewachsen:

> *Ehe und Liebesleben sind für die Pyknika kein Problem, ihrem Schoße entquellen die Kinder, ihren Brüsten entquillt der Nahrungsstrom unversieglich*[298].

Genau das Gegenteil verkörpere die „Intersexuelle“, die an den Kräften ihres Mannes zehre, da sie ihn beherrschen wolle. Zugleich übe sie einen unendlichen Reiz auf den Mann aus. Seine Grundüberlegungen entnahm Mathes der Beobachtung von Versuchen an Ratten im Wiener Vivarium unter Leitung Eugen Steinachs[299]. Sexuelle Probleme der intersexuellen Frau ließen sich nur dadurch beheben, indem sie sich dem Mann gänzlich unterwerfe. Als weiteren Frauentypus entwickelte Mathes die in seinen

---

Ferner kooperierte Kretschmer mit Steinachs engstem wissenschaftlichen Vertrauten auf diesem Gebiet, Magnus Hirschfeld.

[293] Grund hierfür dürfte die Ablehnung der Ewaldschen Thesen in der Psychiatrie selbst gewesen sein, siehe Eugen Kahn: Die psychopathischen Persönlichkeiten. In: Oswald Bumke (Hg.): Handbuch der Geisteskrankheiten, Bd. V/1 Berlin 1928, S. 227-486, 251.
Zudem darf nicht vergessen werden, dass analog zu Kretschmer eine ganze Reihe weiterer entsprechender Studien erschien und die Kritik an der Körperbaulehre aufgrund ihrer einnehmenden Vorteile rasch erlahmte.

[294] Bernhard Aschner: Die Konstitution der Frau und ihre Beziehungen zur Geburtshilfe und Gynäkologie, München 1924 (Deutsche Frauenheilkunde Bd. IV), S. 429.

[295] Leo Borchardt: Klinische Konstitutionslehre. Ein Lehrbuch für Studierende und Ärzte, Berlin 1924, S. 97.
Otto Naegeli: Allgemeine Konstitutionslehre in naturwissenschaftlicher und medizinischer Betrachtung, Berlin 1927, S. 111.

[296] Paul Mathes: Die Konstitutionstypen des Weibes, S. 77.

[297] Ebenda, S. 78.

[298] Ebenda, S. 79.

[299] Ebenda, S. 82.

Augen zur Depressivität neigende Asthenikerin, die ohne Erfüllung des Kinderwunsches nicht glücklich sein könne[300]. Jedoch sei sie infantil zurückgeblieben, ein Rückgriff auf die Lehre des Autors.
Die Kretschmersche Lehre setzte sich rasch und endgültig in der Frauenheilkunde durch; andere konstitutionstypologische Überlegungen, die speziell auf Frauen zugeschnitten waren – und so eventuell eher geeignet zu sein schienen – blieben unberücksichtigt[301]. Konstitutionsbiologische Überlegungen in der Gynäkologie krankten aber an dem Mangel statistisch abgesicherter Normgrößen und Maße für Frauen. Im Laufe der 1920er und 1930er Jahre wurden so eine Reihe von Studien angefertigt[302]. Durchschlagende Erfolge wurden damit nicht erzielt, eine breite statistische Bandbreite nicht erreicht[303]. Die Erkenntnisse aus der Konstitutionslehre führten bei den Gynäkologen aber auch zu einem partiellen Umdenken in der Ergründung der Ätiologie von Sexualproblemen der Frau, insbesondere des Vaginismus. Wenn die weibliche Konstitution sich so gänzlich von der männlichen unterschied, so könnte eventuell in der ungenügenden Anregung der Frau durch den Mann ein Grund für die Entwicklung psychosomatischer Probleme liegen. Zu dieser Erkenntnis gelangte der ebenfalls auf Basis von Mathes/Kretschmer arbeitende Direktor der Universitätsfrauenklinik Tübingen und Erfinder des Begriffs „Muttertier", August Mayer (1876-1968):

> *Die Schuld des Mannes am Vaginismus sei nicht einzeln erörtert. Aber wer seine Frau zur Kohabitation herbeipfeift und seinen Dank für die Hingabe im Rauche einer Zigarette ausdrückt und so die Frau vom Himmel zur Erde reißt, der braucht sich nicht zu wundern, wenn die entrüstete Frauenseele gegen diese Beleidigung sich mit körperlichen Schmerzen wehrt*[304].

---

[300] Ebenda, S. 86.
Ähnlich, nur auf die psychologische Ebene gestellt, argumentiert aus der Sicht des Mannes, der sich von der Frauenemanzipation offensichtlich fürchtet Heinrich Wolf: Strategie der männlichen Annäherung, Wien/Leipzig 1925, S. 96.

[301] So z.B. die Studien des Moskauer Neurologen Johann Susmann Galant: Ein neues Konstitutionstypensystem (=KTS) der Frau. In: Schweizerische Medizinische Wochenschrift (57) 1927, S. 951-953.

[302] A. Rott. Körperbaustudien an deutschen Frauen. In: Anthropologischer Anzeiger (3) 1926, S. 39-45.
Amalie Rhiel: Untersuchungen zur Anthropologie und Konstitution der deutschen Frau. In: Zeitschrift für Morphologie und Anthropologie (26) 1927, S. 333-358.
A. Arnold: Körperbauuntersuchungen an 1556 Leipziger Studenten. In: Zeitschrift für Konstitutionslehre (15) 1931, S. 43-113.
A. Arnold: Ein Beitrag zur Anthropologie der deutschen Frau und zur Frage der Einwirkung planmäßiger Leibesübungen auf den weiblichen Körper. In: Ebenda, S. 651-663.

[303] Siehe die Zusammenfassung früherer Forschungsergebnisse bei Juliane Behn: Körperbauuntersuchungen an 18-20jährigen Frauen, med.Diss. Leipzig 1938.

[304] August Mayer: Die Bedeutung der Konstitution für die Frauenheilkunde. In: August Mayer/Fritz Engelmann (Hg.): Sterilität und Sterilisation. Bedeutung der Konstitution für die Frauenheilkunde, München 1927 (Handbuch der Gynäkologie III), S. 279-640, 497.

Doch blieben diese psychosomatischen Überlegungen episodisch hinsichtlich der weiteren Entwicklung der Gynäkologie, auch in August Mayers umfangreichen Oeuvre war dieser Ansatz nur von untergeordneter Bedeutung.
Alle konstitutionsbiologischen Überlegungen hingen mehr oder minder mit den Studien über die innere Sekretion zusammen. Auf diesem Gebiet ergaben sich im Laufe der 1920er Jahre eine ganze Reihe von Fortschritten, die das Areal der Frauenheilkunde betrafen. Praktisch zeitgleich mit der Durchsetzung der Kretschmerschen Lehre in der Gynäkologie trat der Innsbrucker Professor für Physiologie, Ludwig Haberlandt (1885-1932) mit revolutionären Thesen zur inneren Sekretion der Frau an die Öffentlichkeit. Nach Versuchen an Kaninchen behauptete Haberlandt, man könne durch hormonelle Beeinflussung die Sterilisierung von potentiell schwangerschaftstauglichen Weibchen beeinflussen, eventuell sogar steuern[305]. Nach anfänglicher Ablehnung[306], folgte die Forschung den Empfehlungen Haberlandts, lehnte seinen eigentlichen Impetus aber strikt ab. Denn dies war exakt das Gegenteil von dem, was die Gynäkologie in den 1920er Jahren erreichen wollte. Nicht Verhütung, sondern Gebären möglichst vieler Nachkommen erschien den Forschern als wichtigstes Ziel der Vereinigung der Erkenntnisse von Endokrinologie und Gynäkologie[307]. Doch gab es zu diesen Maximalforderungen führender Lehrstuhlinhaber auch gegensätzliche Stimmen und Forschungen[308]. Haberlandt aber fand Zustimmung bei den Sexualreformern und hielt einen

---

Siehe auch August Mayer: Psychogene Störungen der weiblichen Sexualfunktion. In: Oswald Schwarz (Hg.): Psychogenese und Psychotherapie körperlicher Symptome, Wien 1925, S. 295-344.

305 Ludwig Haberlandt: Ueber hormonale Sterilisierung des weiblichen Tierkörpers. In: Münchener Medizinische Wochenschrift (68) 1921, S. 1577-1578.

Ludwig Haberlandt: Ueber hormonale Sterilisierung weiblicher Tiere. In: Klinische Wochenschrift (2) 1923, S. 1938-1939.

Ludwig Haberlandt: Über hormonale Sterilisierung weiblicher Tiere. II. Injectionsversuche mit Corpus luteum-, Ovarial- und Placenta-Opton. In: Pflügers Archiv für die gesamte Physiologie des Menschen und der Thiere (202) 1924, S. 1-13.

Ludwig Haberlandt: Über hormonale Sterilisierung des weiblichen Tierkörpers. Ein Beitrag zur Lehre von der inneren Sekretion des Eierstocks und der Placenta, Berlin 1924.

306 Siehe z.B. Josef Bondi/Rudolf Neurath: Ueber experimentellen Hyperfeminismus. In: Wiener Klinische Wochenschrift (35) 1922, S. 520-522.

307 Hans H. Simmer: Zur Geschichte der hormonalen Empfängnisverhütung. In: Geburtshilfe und Frauenheilkunde (35) 1975, S. 688-696, 693.

308 So stellte die Forschung über die Wirkung von Konzeptionsverhütungsmitteln ein wichtiges Feld der Gynäkologie in den 1920er und frühen 1930er Jahren dar, siehe z.B. M. Rodecurt. Experimentelle Untersuchungen über chemische Antikonzeptientien. In: Zentralblatt für Gynäkologie (55) 1931, S. 1458-1460.

Ferner unternahmen einzelne Forscher den Versuch, mittels Hormonen Geschlechts- und Muttertriebe zu trennen. Über experimentelle Tierstudien kamen diese Studien nicht hinaus. Siehe Carlo Ceni: Über die Verwandlung des Geschlechtstriebes in den Muttertrieb bei Weibchen und Männchen. In: Zeitschrift für Sexualwissenschaft (16) 1929/30, S. 1-6.

eigenen Vortrag auf dem IV. Internationalen Kongress für Sexualreform in Wien[309]. Seine weitergehenden Überlegungen nach Einführung einer „Pille“ zur Schwangerschaftsverhütung bei Frauen konnte er aber nicht ausführen. Auf diesem Gebiet war ihm der Steinach-Schüler und Angestellte der Schering-Kahlbaum AG Walter Hohlweg[310] voraus. 1934 gelang ihm die Isolierung des Schlüsselhormons Progesteron als Basis für weitergehende Forschungen[311]. Andere Forscher hofften durch Hormonpräparate die weibliche Libido nach Belieben kontrollieren zu können[312], was die Frauenbewegung umgehend zu Protesten veranlasste[313]. Die Hormonforschung zerstörte aber auch den durch die Konstitutionsforschung am Leben gehaltenen Traum der Gynäkologen von manifesten und entscheidenden Unterschieden zwischen Mann und Frau im Bereich der inneren Sekretion und körperlichen Steuerungsorganen. Nach umfangreichen Studien verkündete der Leiter der geburtshilflich-gynäkologischen Abteilung des städtischen Krankenhauses Berlin-Spandau, Bernhard Zondek (1891-1966): *Der Hormongehalt ist bei Mann und Frau quantitativ im wesentlichen gleich*[314]. Selbst zu Zeiten der Schwangerschaft ließen sich im weiblichen Körper alle Hormone nachweisen. Sein Kollege Ernst Philipp stellte nach Transplantationsversuchen mit menschlichem Hypophysenmaterial an Kaninchen fest, dass sich dadurch keine Reaktionen hervorrufen ließen[315]. Der Analogieschluss vom Tier auf den Menschen und umgekehrt, bislang ein beliebtes Argumentationsmittel der Gynäkologie, nahm schweren Schaden. Alsbald wurden Versuche über den Einsatz weiblicher Hormone im männlichen Organismus angestellt[316] – zehn Jahre zuvor hätten die Forscher noch befürchtet, das von Bela Schick „entdeckte“ Menstruationsgift zu übertragen. Selbst die große

---

[309] Hans H. Simmer: On the history of hormonal contraception. I. Ludwig Haberlandt (1885-1932) and his concept of “hormonal sterilization”. In: Contraception (1) 1970, S. 3-17, 5.

[310] Walter Hohlweg (1902-1992) stammte aus Wien und studierte hier Medizin, sein wichtigster Lehrer war Eugen Steinach. Von diesem empfohlen, wechselte er 1928 nach Berlin an das Hauptlaboratorium der Schering-Kahlbaum AG, dessen Leiter er alsbald werden sollte. Über seine Tätigkeit im Nationalsozialismus liegen noch keine Forschungen vor. 1952 erhielt er eine Professur für Endokrinologie an der Ostberliner Humboldt-Universität und wechselte 1962 nach Graz. Hier leitete er bis 1973 das Hormonlaboratorium der Universitätsfrauenklinik.

[311] Hans H. Simmer: Zur Geschichte, S. 694.

[312] Heinrich Offergeld: Hormonale Beeinflussung der weiblichen Libido. In: Zeitschrift für Sexualwissenschaft (14) 1927/28, S. 323-332, 326. Hierbei sollten Corpus Luteum und Plazenta-Präparate zum Einsatz kommen.

[313] Alice Rühle-Gerstel: Das Frauenproblem der Gegenwart. Eine psychologische Bilanz, Leipzig 1932, S. 169.

[314] Bernhard Zondek: Hypophysenvorderlappen, HVH, und Placenta. Vergleichende quantitative Untersuchungen bei Mensch und Tier. In: Zentralblatt für Gynäkologie (55) 1931, S. 1-12, 4.

[315] Ernst Philipp: Die biologische Differenzierung der Hypophysenvorderlappenhormone. In: Zentralblatt für Gynäkologie (55) 1931, S. 12-16.

[316] Hans Otto Neumann/Franz Péter: Hypophysenvorderlappenhormon Prolan und Prolan A in ihrer Beeinflussung der männlichen Genitalorgane, besonders der Hoden. In: Zentralblatt für Gynäkologie (55) 1931, S. 2670-2683.

Hoffnung der Gynäkologie auf ein Mittel zur Erhöhung der Geburtenziffern schien sich zu Beginn der 1930er Jahre zu erfüllen. Der österreichische Frauenarzt Hermann Knaus (1892-1970) verkündete – fast zeitgleich mit dem japanischen Gynäkologen Kynsaku Ogino (1882-1975) – den weiblichen Schwangerschaftszyklus entschlüsselt zu haben[317]. Dies änderte jedoch noch nichts an dem Grundproblem der konstitutionsbiologisch orientierten Gynäkologie, die einem nicht zu kleinen Spektrum der Frauen aufgrund ihres Körperbaus Unfähigkeit zur Erzeugung gesunden Nachwuchses unterstellte. Das geschah ungefähr zeitgleich, als die in Deutschland – im Vergleich zu Österreich – ungleich mächtigere Rassenhygiene entscheidenden Einfluss auf die Politik gewann.

Die österreichische Konstitutionsforschung nahm die Ergebnisse Haberlandts grundsätzlich mit Befriedigung auf, sah man darin doch die Bestätigung eigener Theorien über die Bedeutung der inneren Sekretion[318]. Beflügelt wurden eigene Studien durch die Fähigkeiten der Wiener pharmazeutischen Industrie. Insbesondere die Firma Sanabo-Chinoin belieferte die medizinische Forschung mit synthetisierten Hormonpräparaten[319]. Auch die Chirurgie in Wien stimmte den konstitutionell-hormonellen Überlegungen zu[320]. Allerdings fanden die in Wien um Julius Bauer konzentrierten Forscher keinen Gefallen an den Bestrebungen der reichsdeutschen Kollegen, die Konstitutionslehre in all ihren Schattierungen und Einflüssen auf andere medizinische Fachbereiche an der NS-Rassenlehre neu auszurichten[321]. Der Streit eskalierte 1935, zu einer Zeit als sich der österreichische Ständestaat und das nationalsozialistische Deutsche Reich in unversöhnlicher Ablehnung gegenüberstanden. Zwar waren nach der Errichtung der Ständediktatur zahlreiche Professorenstellen neu besetzt worden. Auch Julius Tandler wurde seines Postens enthoben. Doch die konstitutionsbiologische Ausrichtung weiter Teile der Medizin blieb davon unbeeinflusst, u.a. deswegen weil die

---

[317] Hermann Knaus: Über den Zeitpunkt der Konzeptionsfähigkeit des Weibes im Intermenstruum In: Münchener Medizinische Wochenschrift (76) 1929, S. 1157-1160.

[318] Julius Bauer: Innere Sekretion. Ihre Physiologie, Pathologie und Klinik, Berlin 1927, S. 3.

[319] Otto Nowotny: Die pharmazeutische Industrie in Österreich. Teil III: 1918-1945. In: Österreichische Apotheker-Zeitung (56) 2002, S. 630-633, 633.
Die Firma gab zeitweise eine eigene Zeitschrift heraus, in der die neuesten Forschungsergebnisse vorgestellt wurden. Die Zeitschrift hieß „Fortschritte der Organotherapie. Zeitschrift für die gesamte Endokrinologie. Für die Ärzteschaft herausgegeben von der wissenschaftlichen Abteilung der Sanabo-Chinoin“ und erschien 1924 bis 1932.

[320] Ludwig Moszkowicz: Probleme der Konstitutionspathologie in der Chirurgie. In: Wiener Klinische Wochenschrift (43) 1930, S. 111-115.

[321] Neben zahlreichen anderen programmatischen Aufsätzen sei hier auf die Arbeit Jankowskys verwiesen, der im Auftrag Egon v. Eickstedts, dem Nestor der deutschen Rassenanthropologie handelte.
W. Jankowsky: Konstitution, Körperbau und Rasse in ihren gegenseitigen Beziehung und Abgrenzung. In: Anatomischer Anzeiger (70) 1930, S. 470-515.
Für die Hormonforschung siehe Gerhard Venzmer: Rasse und Hormone. In: Deutsches Ärzteblatt (64) 1934, S. 372-374.

Vertreter der nationalsozialistischen Rassenlehre nacheinander auf Lehrstühle im Deutschen Reich wechselten und z.B. Julius Bauer sich durchaus mit den Gegebenheiten des Austrofaschismus zu arrangieren wusste. Aber gerade Bauer war nicht gewillt, die rassenkundliche Umformung der Konstitutionslehre hinzunehmen. In einem Aufsatz kritisierte er insbesondere den leichtfertigen Umgang mit dem Rassebegriff und die praktischen Auswirkungen dieses Vorgehens in der eugenischen Gesetzgebung des Dritten Reiches[322]. Daraufhin wurden er und seine Anhänger vom gesamtdeutschen Diskurs ausgeschlossen. Die bislang noch mit den Wiener Kollegen in Tuchfühlung edierte „Zeitschrift für Konstitutionslehre" erfuhr eine Neuausrichtung und erschien mit einem programmatischen Aufsatz Günter Justs[323] als „Zeitschrift für menschliche Vererbungs- und Konstitutionslehre" neu[324]. Das Ziel war nun die totale Ausrichtung an den Ausführungen von Ernst Kretschmer und Erich Rudolf Jaensch (1883-1940)[325] sowie der Rassenlehre. Jeder Hinweis auf andere Ansichten wurde getilgt[326]. Um das Vakuum nach Ausscheidung der Bauerschen Forschungen zu füllen, entdeckte die Konstitutionsforschung[327] die psychologisch motivierten Abhandlungen

---

[322] Julius Bauer: Gefährliche Schlagworte aus dem Gebiete der Erbbiologie. In: Schweizerische Medizinische Wochenschrift (65) 1935, S. 633-635.

[323] Günter Just (1892-1950) studierte Zoologie und erhielt nach seiner Habilitation 1923 einen Lehrauftrag für Biologie und Vererbungslehre an der Universität Greifswald. 1928 Titularprofessur. 1933 Eintritt in die NSDAP und Berufung zum Direktor des Instituts für Vererbungswissenschaft in Greifswald. 1937 Ernennung zum Leiter der erbbiologischen Abteilung im Reichsgesundheitsamt. Ab 1939 Herausgabe des „Handbuchs der Erbbiologie des Menschen". 1942 Erteilung einer Professur für Vererbungslehre und Rassenforschung in Würzburg. Nach Entnazifizierung 1948 („Persilschein" von Ernst Kretschmer) Professor für Anthropologie in Tübingen.

[324] Günter Just: Zur gegenwärtigen Lage der menschlichen Vererbungs- und Konstitutionslehre. In: Zeitschrift für menschliche Vererbungs- und Konstitutionslehre (19) 1936, S. 1-7.

[325] Erich Rudolf Jaensch: Über den Aufbau der Wahrnehmungswelt und ihre Struktur im Jugendalter, Leipzig 1924.
Erich Rudolf Jaensch: Die Eidetik und die typologische Forschungsmethode in ihrer Bedeutung für die Jugendpsychologie und Pädagogik, für die allgemeine Psychologie und die Psychophysiologie der menschlichen Persönlichkeit. Mit besonderer Berücksichtigung der grundlegenden Fragen und der Untersuchungsmethodik, Leipzig 1925, 3. Auflage 1933.
Erich Rudolf Jaensch: Der Gegentypus. Psychologisch-anthropologische Grundlagen deutscher Kulturphilosophie, ausgehend von dem was wir überwinden wollen, Leipzig 1938.
Obwohl sehr bemüht und produktiv, erreichte Jaensch nach Ansicht kritischer Zeitgenossen mit seiner Philosophie „nicht einmal das Niveau von Volksschullehrern" (Martin Heidegger).

[326] Diese Geschichtsklitterung setzte sich fort, als Rassenbiologen damit begannen, die Geschichte des eigenen Faches zu rekonstruieren. So entdeckte Karl Thums 1944 in dem Wiener Konstitutionsforscher Franz Chvostek einen Vorläufer seines Faches und konstruierte eine Forschungslinie über Kretschmer bis zu sich selbst. Julius Bauer und Julius Tandler kamen darin gar nicht vor. Siehe Karl Thums: Franz Chvostek und seine Konstitutionslehre. In: Wiener Klinische Wochenschrift (57) 1944, S. 237-240.

[327] Walter Jaensch: Körperform, Wesensart und Rasse. Skizzen zu einer medizinisch-biologischen Konstitutionslehre, Leipzig 1934, S. 20-22.
Hans Erich Schwarz: Rassenmerkmal und Persönlichkeitsstruktur. In: Zeitschrift für Rassenkunde (12) 1941, S. 55-60.

Gerhard Pfahlers (1897-1976)[328] und C.G. Jungs[329]. Bis in die 1960er Jahre hinein sollte sich daran nichts mehr ändern[330]. Zusätzlich erfolgte noch die Implantation ganzheitlicher Behandlungsmethoden, was insbesondere in der Gynäkologie einen Rückschritt implizieren konnte. So wurden bisweilen anstelle psychotherapeutischer Behandlungen oder schmerzstillender Medikamente homöopathische Massagen bei Vaginismus verordnet[331]. Jedoch wurde mindestens ebenso häufig die Anwendung der seit dem Beginn der 1930er Jahre verstärkt in Umlauf befindlichen Hormonpräparate empfohlen, deren genaue Wirkung noch unerforscht war[332]. So kam es in der Gynäkologie des Dritten Reiches zur totalen Verschmelzung konstitutionsbiologischer und hormontheoretischer Ansätze. Zielsetzung war dabei nach wie vor die Erhöhung der Geburtenziffer, Forschungen aus weiblicher Perspektive waren äußerst selten und im Diskurs unerwünscht. Die in den 1920er Jahren partiell eingeräumte männliche Mitschuld an Sexualproblemen der (Ehe)frau wurde nicht weiter rezipiert. Der Vaginismus mutierte zur „Betriebsstörung"[333], die männliche Beteiligung an der Ätiologie wurde erwähnt, in die Diskussion gelangten aber nur weibliche Krankheitsbeispiele[334]. Im Vordergrund stand nicht die Kurierung der Frau von körperlichen und seelischen Schmerzen, sondern nur die Vorbereitung des weiblichen Unterleibs für eine baldige

---

[328] Gerhard Pfahler: System der Typenlehren. Grundlegung einer pädagogischen Typenlehre, Leipzig 1929.
Gerhard Pfahler: Vererbung als Schicksal. Eine Charakterkunde, Leipzig 1932.
Gerhard Pfahler: Warum Erziehung trotz Vererbung?, 3. Auflage Leipzig 1938.

[329] C.G. Jung: Psychologische Typen, 3. Auflage Zürich 1920.
Carl Gustav Jung (1875-1961) studierte in Zürich Medizin. Mitglied einer Burschenschaft. 1902 Promotion bei Eugen Bleuler und assistenzärztliche Tätigkeit an der Anstalt Burghoelzli. 1905 Habilitation und Dozentur in Zürich. Durch Vermittlung seines Lehrmeisters Bleuler Kontakt zu Sigmund Freud und Anschluss an die Psychoanalyse. 1911 radikaler Bruch mit Freud und Entwicklung einer eigenen Tiefenpsychologie. 1933-1939 offizieller Botschafter der deutschen Psychotherapie im Ausland. 1933-1942 Titularprofessor in Zürich. 1944 ordentliche Professur in Basel, die er aber 1946 aus gesundheitlichen Gründen wieder aufgab.

[330] Zementiert wurde diese Entwicklung durch die 1942 erfolgte Gründung und Arbeit der Deutschen Gesellschaft für Konstitutionsforschung. Siehe hierzu Gerhard Koch: Die Gesellschaft für Konstitutionsforschung. Anfang und Ende 1942-1965, Erlangen 1985.
Eine Diskussion über die Konstitutionslehren Bauers oder Galants fand letztmalig und nur zum Zweck der „Widerlegung" in Egon v. Eickstedts Monumentalwerk „Die Forschung am Menschen" Eingang. Siehe Egon v. Eickstedt: Die Forschung am Menschen, Teil 2: Physiologische und morphologische Anthropologie, Stuttgart 1944, S. 716-773.

[331] Armin Müller: Körperbau und Krankheit. Wesen, Erkennung und Behandlung der Veranlagung zu innerer Erkrankung, Stuttgart 1938, S. 125.

[332] Ernst Philipp: Die Bedeutung der Konstitution in der Geburtshilfe und Gynäkologie. In: Walter Jaensch (Hg.): Konstitutions- und Erbbiologie in der Praxis, Leipzig 1934, S. 338-348, 347.

[333] Max Walthard: Die Beziehungen des Nervensystems zu den normalen Betriebsabläufen und zu den funktionellen Störungen im weiblichen Genitale, München 1937 (Handbuch der Gynäkologie XI), S. 350.

[334] Siehe z. B. Hans Eymer: Ueber Ehesterilität und ihre Behandlung durch den Frauenarzt. In. Münchener Medizinische Wochenschrift (82) 1935, S. 1267-1273.

Schwangerschaft[335]. Anstelle einer zeitaufwendigen Psychotherapie dachten einige Gynäkologen bereits an eine kurze, aber wirksame Hormontherapie[336]. Durch weitere Entschlüsselung der Bedeutung der einzelnen Hormone und deren Synthetisierung schien einer solchen Behandlungsmethode der Weg geebnet[337]. Rücksichtslose Versuche an Kindern mit unbestimmten Hormondosen zur Bestimmung der Wirksamkeit der einzelnen Präparate hatte es bereits seit Anfang der 1930er Jahre gegeben[338]. Somit unterschieden sich die Verfechter der Hormontherapie in keiner Weise von früheren Experimentalgynäkologen (z.B. im 19. Jahrhundert, als Sterilität erstmals mit „Krankheit" identifiziert worden war[339]). Der bereits in den 1920er Jahren mit Überlegungen zu einer psychotherapeutischen Gynäkologie hervorgetretene Erwin Kehrer wechselte flugs die Prämissen seiner Arbeit und empfahl eine endokrinologische Gynäkologie[340]. Hier sah er Behandlungsmethoden für nahezu sämtliche Leiden der Frau einschließlich Mager/Fettsucht entstehen. Zudem glaubte er mittels Hormonkuren den von der Psychiatrie angenommenen Zusammenhang von Ovarialfunktion und Psychosen angehen zu können[341]. Ferner benannte er noch die wichtigsten Follikelhormon-, Gelbkörperhormon-, Corpus-Luteum-Hormon- und Hypophysenvorderlappenhormonpräparate (HVL)[342]. Vor allem aber betonte er den engen Zusammenhang von Hormontherapie und Eugenik. Die zu Haberlandts Zeiten angeführten Argumente, wonach die hormonale Sterilisierung der Kinderproduktion im Wege stünde[343], war einer Aufbruchs-

---

[335] Ebenda, S. 1273.
Ferner Sophinette Becker: Zur Funktion der Sexualität im Nationalsozialismus. In: Zeitschrift für Sexualforschung (14) 2001, S. 130-145.
Gabriele Czarnowski: Das kontrollierte Paar. Ehe- und Sexualpolitik im Nationalsozialismus, Weinheim 1991.

[336] Siehe z.B. Carl Clauberg: Ovarium, Hypophyse, Placenta und Schwangerschaft in ihrer innersekretorischen Beziehung zur Frauenheilkunde. In: Walter Berblinger/Carl Clauberg/E.J. Kraus (Hg.): Die Bedeutung der inneren Sekretion für die Frauenheilkunde, München 1936, S. 109-579, 184.

[337] Adolf Butenandt: Ergebnisse und Probleme in der biochemischen Erforschung der Keimdrüsenhormone. In: Die Naturwissenschaften (24) 1936, S. 529-536 und 545-552, 545/546.

[338] Hans Ulrich Hirsch-Hoffmann: Über die hormonale Therapie der Amenorrhöe. In: Zentralblatt für Gynäkologie (55) 1931, S. 2146-2149 (Studien an Ratten, Autor gedachte Ergebnisse direkt und sogleich auf heranwachsende Mädchen übertragen).
Fritz Bühler: Über den Einfluss der Sexualhormone auf den Kreatinstoffwechsel. In: Zeitschrift für die gesamte experimentelle Medizin (86) 1933, S. 638-649 (Versuche an Greisen, pubertierenden Mädchen und Kindern).

[339] Eva Fleischer: Die Erfindung der Unfruchtbarkeit der Frau – Historische Voraussetzungen für die heutigen „Sterilitätstherapien". In: Eva Fleischer/Ute Winkler (Hg.): Die kontrollierte Fruchtbarkeit. Neue Beiträge gegen die Reproduktionsmedizin, Wien 1993, S. 23-48, 24.

[340] Erwin Kehrer: Endokrinologie für den Frauenarzt in ihrer Beziehung zur Ovarialfunktion und insbesondere zur Amenorrhöe, Stuttgart 1937.

[341] Ebenda, S. 392.

[342] Ebenda, S. 481-482, 503.

[343] Wilhelm Stoeckel: Die Konzeptionsverhütung als Gegenstand des klinischen Unterrichts. In: Zentralblatt für Gynäkologie (55) 1931, S. 1450-1458.

stimmung gewichen, da man nun zwischen gewünschter qualitativ hochwertiger Kinderzeugung und erwünschter Sterilität der „Minderwertigen“ unterschied[344]. Eventuell spielte die hohe Todesquote bei Sterilisierungsoperationen von Frauen eine gewisse Rolle bei dem Interesse der deutschen Gynäkologie an einer hormonalen Sterilisierung. Die für die Mutterrolle als genetisch unqualifiziert angesehenen Frauen sollten nicht sterben, sie wurden noch als Arbeitskräfte benötigt. Zudem hofften die deutschen Ärzte, die Konstitution von Kindern mit scheinbar ungünstigem Körperbau (enges Becken, kleine Brüste etc.) durch massive Hormonbeigaben nachträglich korrigieren zu können, um so die schwangerschaftstaugliche Frau doch noch zu erschaffen[345]. Dieses Konzept stand auch im Mittelpunkt der Debatten im 1939 geschaffenen Diskussionsforum „Geburtshilfe und Frauenheilkunde“[346].
Nach Kriegsbeginn und insbesondere im Laufe des Jahres 1941, als sich abzeichnete, dass der „kurze siegreiche Krieg“ ebenso wie 1914/18 nicht stattfinden würde und statt dessen ein weiterer, eventuell noch größerer Verlust an „hochwertigem Menschenmaterial“ bevorstand, entwickelten Konstitutionsforscher und Gynäkologen neuen Eifer in der Bereitstellung der natürlichen Grundlagen zur radikalen Anhebung der Geburtenziffer. Auf Basis der „Abwehrfermente“-Lehre des Jenaer Physiologen und nebenberuflichen Sexualethikers Emil Abderhalden[347] unternahm Ernst Kretschmer mit mehreren Schülern den Versuch, seine Körperbautypologie in Einklang mit der Lehre von den (Sexual)hormonen zu stellen bzw. zu modernisieren[348]. Ebenfalls 1941/42 begannen führende deutsche Gynäkologen die bisherige Praxis der Sexualhormontherapie – blinde Abgabe möglichst hoher Dosen – zu kritisieren[349]. Dahinter stand nicht

---

[344] Gisela Bock: Zwangssterilisation, S. 122.
[345] Erwin Kehrer: Endokrinologie für den Frauenarzt, S. 505.
[346] R. Schröder: Funktionelle Gynäkologie. In: Geburtshilfe und Frauenheilkunde (1) 1939, S. 3-10.
Carl Kaufmann: Die praktische Verwendung der Hormone in der Frauenheilkunde. In: Ebenda, S. 313-320.
[347] Emil Abderhalden: Abwehrfermente (Die Abderhaldensche Reaktion), 5. Auflage Dresden/Leipzig 1922, 6. Auflage 1941, 7. Auflage 1944. Es dürfte kein Zufall sein, dass die Neuausgabe des Abderhaldenschen Werkes mit dem Erwachen des Interesses der Körperbaulehre an seinen Ausführungen zusammenfiel.
Zur Haltlosigkeit der Lehre von den „Abwehrfermenten“ siehe Benno Müller-Hill/Ute Deichmann: The fraud of Abderhalden's enzymes. In: Nature (393) 1998, S. 109-111.
[348] Ernst Kretschmer: Chemische Wege der Konstitutionsforschung und ihre klinischen Auswirkungen. In: Allgemeine Zeitschrift für Psychiatrie und ihre Grenzgebiete (119) 1942, S. 1-8.
Gerhard Mall: Methoden zur Isolierung kristallisierter spezifischer Proteinasen aus dem Harn. In: Ebenda, S. 9-86.
Willi Beimborn: Über die Isolierung und kristallisierte Darstellung von spezifischen Abwehrproteinasen aus Harn von Basedowkranken. In: Ebenda, S. 87-109.
[349] Robert Schröder: Therapie mit weiblichen Sexualhormonen. Kritische Besprechung der Sexualhormontherapie. In: Deutsche Medizinische Wochenschrift (67) 1941, S. 1167-1171.
Carl Kaufmann: Kritische Bewertung der Hormontherapie. Häufige Fehler in der Anwendung der weiblichen Keimdrüsenhormone. In: Ebenda, S. 1171-1176.

nur die Notwendigkeit einer raschen Verbesserung der bisherigen Arbeit sondern auch die Ressourcenverknappung im Krieg. Aufbauend auf den Tierversuchen Hohlwegs gedachten die Forscher aber weiter mittels der Hormontherapie Schwangerschaften zu forcieren.

> *Es dürfte Einhelligkeit darüber bestehen, dass eine der wichtigsten Fragen im Hinblick auf die Hormonbehandlung die nach ihrer Leistungsfähigkeit bei der Verbesserung der Schwangerschaftsaussichten ist*[350].

Parallel suchten die Mitarbeiter der Universitätsfrauenklinik der Charité in Berlin nach Anwendungsmöglichkeiten für ein „Laktationshormon" um dann bei den nach Hormontherapie schwanger gewordenen Frauen die Milchproduktion anzukurbeln[351]. Die von Werner Kemper (1899-1975, Mitglied des Deutschen Instituts für psychologische Forschung und Psychotherapie) vorgestellte Vorgehensweise der Psychotherapie erschien der Gynäkologie wohl zu zeitaufwendig[352]. Auch Kempers Unterstellung, manche Gynäkologen seien gar nicht willens oder fähig, sich psychotherapeutisch mit ihren Kranken auseinander zu setzen, dürfte seinem Anliegen nicht hilfreich gewesen sein[353]. Statt dessen empfahlen nun ausgerechnet die Gynäkologen die Einführung einer umfangreichen Sexualberatung[354]. Inmitten dieser konfusen Bemühungen zur Förderung der Geburtenziffer äußerte sich Helene Stourzh-Anderle zurückhaltend über die Verwendung der Sexualhormone und empfahl eine vorsichtigere Handhabung mit Berücksichtigung der jeweiligen Körperkonstitution der Patientin[355]. Möglicherweise könne man anhand des Körperbaus nur Geisteskrankheiten erkennen. Obwohl sie damit eigentlich nichts anderes wiedergab als den genauen Inhalt der Kretschmerschen Körperbaulehre, wirkten ihre Aussagen offenbar derartig verstörend auf ihre Kollegen, dass sie sich zu einem erklärenden Artikel genötigt sah[356]. Ebenfalls 1942 entwarf sie eine „biopsychologische Skizze", worin sie den Kausalzusammenhang von Körperbau

---

[350] Paul Caffier: Kritisches zur Frage der Sterilitätsbehandlung, speziell mit Hormonen. In: Zentralblatt für Gynäkologie (66) 1942, S. 24-32, 24.

[351] E. Fauvet: Kritische Bemerkungen zur Frage der Hormontherapie von Laktationsvorgängen. In: Deutsche Medizinische Wochenschrift (67) 1941, S. 1176-1178.
Erfolge bei der Unterdrückung der Laktation nach Spontanabort oder Fehlgeburt (aufgrund falscher Hormonbehandlung?) meldete H. Wollmann: Unsere Erfahrungen mit dem Stilbenpräparat „Cyren". In: Deutsche Medizinische Wochenschrift (67) 1941, S. 1181-1184.

[352] Werner Kemper: Zum Frigiditätsproblem. In: Geburtshilfe und Frauenheilkunde (2) 1940, S. 180-206.

[353] Ebenda, S. 180.

[354] Günter F.K. Schultze: Der gegenwärtige Stand der Bekämpfung der weiblichen Unfruchtbarkeit. In: Deutsche Medizinische Wochenschrift (68) 1942, S. 997-1002 und 1027-1032, 998.

[355] 26. Tagung der deutschen Gesellschaft für Gynäkologie in Wien. Sitzung vom 28.-30.Oktober 1941. In: Zentralblatt für Gynäkologie (66) 1942, S. 277-279.

[356] Helene Stourzh-Anderle: Zur Frage der sexuellen Konstitutionen. In: Zentralblatt für Gynäkologie (66) 1942, S. 1005-1006.

und Charakter betonte[357]. Dies klang zwar sehr nach Kretschmer, aber das Pochen auf Kausalzusammenhängen entsprach der Argumentationslinie des von der Psychiatrie/ Gynäkologie in diesem Punkt abgelehnten Gottfried Ewald. Zudem deutete Stourzh-Anderle die Ausführungen Ernst Kretschmers nicht biotypologisch, sondern psychisch und äußerte sich zur „intersexuellen Spaltung" der Person. Hierbei sah sie sich auf den Pfaden von Sigmund Freud und Arthur Kronfeld[358] – nicht gerade die Kronzeugen der NS-Rassenhygiene. Zuletzt setzte sie sich auch noch von der angeblichen Gefahr der Rassendegeneration durch Vermischung ab und betonte statt dessen die stete Nähe von Genie und Psychopathie, die jenseits des Rasseprinzips bestehe. Der Frau billigte die Autorin im Charakter Analogien zum männlichen Geschlecht zu, insgesamt stelle sie das „biologische Primat" dar, während dem Mann der „geistige Primat" zufalle[359].
Für derartige wissenschaftliche Spiegelfechtereien blieb aber alsbald kein Spielraum mehr. 1942/43 richtete Reichsärzteführer Leo Conti (1900-1945) die gynäkologische Forschung endgültig allein auf die rasche Erhöhung der Geburtenziffer aus[360]. Auch wenn mehrere Professoren in ihren Memoiren behaupteten, gegen die Tendenzen zur radikalen Einführung der künstlichen Befruchtung Widerstand geleistet zu haben, so lässt sich doch festhalten, dass die Forschung noch einmal (bis 1945) einen quantitativen Sprung machte[361]. Von großer Bedeutung war die Förderung der Menschenversuche im KZ Auschwitz unter Leitung von Carl Clauberg[362], dessen Forschungsergebnisse nach 1945 bruchlos weitergebracht und in die Praxis überführt wurden[363]. Der Druck „von oben" seitens der Reichsärzteführung wurde gar nicht erst dementiert, sondern als Aufmunterung empfunden:

---

357 Helene Stourzh-Anderle: Konstitution und Sexualität. In: Wiener Klinische Wochenschrift (56) 1943, S. 556-564., 556.

358 Ebenda, S. 558/559.

359 Helene Stourzh-Anderle: Konstitution und Sexualität, S. 564.

360 Alexander Mitscherlich/Fred Mielke (Hg.): Medizin ohne Menschlichkeit. Dokumente des Nürnberger Ärzteprozesses, Frankfurt/Main 1978, S. 237-248.

361 Siehe z.B. Walter Stoeckel: Erinnerungen eines Frauenarztes, München 1966, S. 486/487.

362 Carl Clauberg (1898-1957) studierte nach dem ersten Weltkrieg in Kiel, Hamburg und Graz Medizin. 1925 Promotion in Kiel. Dort bis 1932 Assistenzarzt an der Universitätsfrauenklinik. 1932 Wechsel nach Königsberg. 1933 Habilitation und Eintritt in die NSDAP. 1937 Ernennung zum außerordentlichen, 1939 zum außerplanmäßigen Professor. Ab 1940 Kontakt zu Heinrich Himmler, der ihm zu Forschungen über eine billige Massensterilisationsmethode die Möglichkeit zu Menschenversuchen im KZ Auschwitz ermöglicht. In den folgenden Jahren grausame und zumeist tödlich verlaufende Versuchsreihen an Jüdinnen und Zigeunerinnen. Nach Gefangennahme durch sowjetische Truppen 1948 Verurteilung zu 25 Jahren Straflager, aber 1955 Entlassung in die BRD. Im gleichen Jahr Aufnahme von Ermittlungen seitens der deutschen Staatsanwaltschaft, doch starb Clauberg vor Eröffnung eines Prozesses.

363 Heidrun Kaupen-Haas: Das Experiment Gen- und Reproduktionstechnologie. Nationalsozialistische Fundamente in der internationalen Konzeption der modernen Geburtshilfe. In: Rainer Osnowski (Hg.): Menschenversuche. Wahnsinn und Wirklichkeit, Köln 1988, S. 88-97, 92.

Das Problem der sterilen, kinderlosen Ehe ist jetzt seitens der Regierung aufgegriffen worden, und wir Dermatologen sind aufgefordert worden, unsererseits an diesem Problem mitzuarbeiten[364].

Es erfolgte eine Diskussion über die Wirkungsweise der Sexualhormonpräparate[365]. Einen ersten Erfolg hinsichtlich einer temporären Sterilisation der Frau durch Zuführung von Progesteron konnte nur das Forscherduo Bickenbach/Paulikovics verbuchen[366]. Der sich mit dem Thema der Sterilität in der Ehe schon seit Jahrzehnten befassende August Mayer sah sich als Beschützer der Frauen, indem er betonte, man dürfe deren Wunsch zu ungehemmtem Sexualverkehr nicht durch Regeln nach Knaus-Ogino behindern[367]. Zugleich räumte er ein, dass er über das Sexualleben seiner Patientinnen gar nicht Bescheid wisse, da man über die Zahl der Orgasmen nicht mit dem Arzt spreche[368]. Die konservativen Ordinarien ernteten in diesem Moment die Früchte ihrer jahrzehntelangen Bestrebungen zur Verhinderung jeder effektiven Sexualaufklärung. Die Forschung drehte sich die letzten Monate des Dritten Reiches im Kreise. Außer über Beteuerungen zur Notwendigkeit, die Sterilität der Ehen angehen zu müssen, kamen die Gynäkologen zu keinen Erkenntnissen[369]. Lediglich die stets in Verbindung zur Hormonwirkung gesehene Konstitution erfuhr eine endgültige Definition. In völliger – gleichwohl betonter – Abgrenzung zu Bauer und Tandler führte der Oberarzt an der Poliklinik für Konstitutionsmedizin der Charité zu Berlin, Johann A. Schneider aus, was für ihn und seine Forschungsrichtung Konstitution ausmachte:

Konstitution (=Individualkonstitution) = Rassengrundlage + konstitutionelle Eigenschaften im engeren Sinne (=ererbter Anteil der Konstitution) + erworbener Anteil der Konstitution[370].

---

[364] Hans Ritter: Betrachtungen zum Problem der sterilen Ehe. In: Die medizinische Welt (17) 1943, S. 247-249, 247.
Ähnlich Wolfram Reifferscheid: Über biologische Ursachen der weiblichen Unfruchtbarkeit. In: Zeitschrift für ärztliche Fortbildung (41) 1944, S. 174-176, 174.

[365] Max Ratschow: Die Sexualhormone als Heilmittel innerer Krankheiten, 2. Auflage Stuttgart 1944, S. 23-37.

[366] W. Bickenbach/E. Paulikovics: Hemmung der Follikelreifung durch Progesteron bei der Frau. In: Zentralblatt für Gynäkologie (68) 1944, S. 153-157, 156. Die verwendeten Präparate hatten Ciba, IG Farben und Schering-Kahlbaum zur Verfügung gestellt.

[367] August Mayer: Weibliche Sterilität bei klinisch normalem Genitalbefund. In: Geburtshilfe und Frauenheilkunde (6) 1944, S. 178-201, 195.

[368] Ebenda, S. 193.

[369] Siehe z.B. Reinhold Ahlers: Über Diagnostik und Behandlung der Sterilität. In: Zeitschrift für ärztliche Fortbildung (41) 1944, S. 128-132, 128.

[370] Johann A. Schneider: Hypophyse und Konstitution. Ein Beitrag zur Kenntnis konstitutioneller Störungen hypophysärer Herkunft und ihre Beziehungen zur menschlichen Konstitutionslehre, Stuttgart 1944, S. 17.

In Anlehnung an die als Steuerungszentrum angesehene Hypophyse entwarf der Autor Typologien von Hypophysen-Minustypen und Plustypen[371]. Dann brach das Dunkel der Nacht in Form der „Stunde Null“ über die großdeutsche Gynäkologie herein.

Ähnliche rassisch fundierten Überlegungen formulierte der Prager Ordinarius für Pädiatrie Carl Bennholdt-Thomsen: Die somatische Wandlung des Großstadtkindes. In: Zeitschrift für Rassenkunde (12) 1941, S. 248-255.

[371] Ebenda, S. 91-93, 125/126.

Ohne Ziel mit gleichen Vorgaben und alten Köpfen – Die konstitutionsbiologische Gynäkologie 1945 – 1970

Das Ende des „Großdeutschen Reiches" am 08. Mai 1945 zerriss die engen personellen und ideologischen Verflechtungen zwischen dem „Altreich" und der „Ostmark". Da jedoch keine Rückkehr der 1938 geflohenen (jüdischen) Forscherelite stattfand und nur wenige der damals entlassenen Persönlichkeiten im Lande geblieben waren (in Österreich vornehmlich dem „Ständestaat" nahestehende Professoren, die nun re-inthronisiert wurden), konnten die zur Zeit des Nationalsozialismus mit seinen günstigen Karrierechancen an die Spitze gelangten Herren nun endgültig die Lehrstühle okkupieren. In Deutschland fand die Entnazifizierung außerhalb der Wissenschaft statt. So wie man sich vor 1945 wechselseitig positiv rezensiert hatte, tauschte man nun „Persilscheine" aus. In der Frauenforschung setzte ein Trend zurück in die erste Hälfte der 1930er Jahre ein. Über weibliche Sexualität durfte bis Mitte der 1950er Jahre nur höchst verklausuliert geschrieben werden. Die erste entsprechende Abhandlung glänzte daher vornehmlich mit lateinischen Fachausdrücken und ähnelte frappierend Teilabschnitten der „Psychopathia Sexualis" Krafft-Ebings aus den letzten Jahren des 19. Jahrhunderts:

> *I. Der Orgasmus der Frau. Methodik: Femina supersexualis emotionae animae se usque ad orgasmum irritavit. Itaque in quietate absoluta curva electrocardiographica scripta et sphygmomanometria confecta est*[372].

Im ganzen deutschsprachigen Raum setzte eine Phase des frauenheilkundlichen „Verantwortungsbewusstseins" ein. Manfred Bleuler[373] erkannte (urplötzlich) die schädliche Wirkung von zu hohen Dosen an Sexualhormonen und rief seine Kollegen zu Zurückhaltung auf[374]. Die Psychotherapie betonte (auf einmal) die potentiellen Vorteile der Ein-Kind-Erziehung anstelle der Großfamilie für Mutter und Kind gleicherma-

---

[372] G. Klumbies/H. Kleinsorge: Das Herz im Orgasmus. In: Medizinische Klinik (45) 1950, S. 952-958, 952.

[373] Zwar war Manfred Bleuler Direktor der psychiatrischen Anstalt Burghoelzli bei Zürich und damit kein Deutscher. Aber er hatte vor und nach 1945 eng mit deutschen Kollegen zusammengearbeitet und wurde von diesen als einer der ihren wahrgenommen.

[374] Manfred Bleuler/W. Züblin: Zur Kenntnis der psychischen Wirkung von weiblichen Sexualhormonen in hohen Dosen. In: Wiener Medizinische Wochenschrift (100) 1950, S. 229-233.

ßen[375]. August Mayer erwies sich einmal mehr als Wahrer der „natürlichen Bedürfnisse der Frau“ und suchte seine Schützlinge vor Frauenemanzipation/Frauenarbeit, übermäßigem Sexualverkehr und künstlicher Samenübertragung zu bewahren[376]. Als Idealrolle der Frau sah er das Dasein als Mutter an. Einen konkreten Anschluss an das in den USA sich seit den 1940er Jahren formierende „natural childbirth movement“, welches auf einen Ausgleich der Interessen von werdenden Müttern und Ärzten abzielte, vollzog die deutsche Gynäkologie aber nicht[377]. Vermutlich erschien den Protagonisten ein möglicher Verzicht auf Lehrmeinungen und eigene Überlegungen zugunsten einer Frau als unzumutbar. Die von Hans Giese und Hans Bürger-Prinz geleitete deutsche Gesellschaft für Sexualforschung benötigte mehrere Anläufe, bis 1957 in Kooperation mit der Deutschen Gesellschaft für Ehe und Familie endlich die Notwendigkeit einer Reform der Eheberatung, Sexualaufklärung und Sexualpädagogik eingeräumt wurde. Die entsprechenden Vorschläge aber stammten allesamt von ausländischen Experten aus dem angelsächsischen bzw. skandinavischen Raum[378]. Dabei war bereits 1953 Alfred Kinseys epochemachendes Werk über das sexuelle Verhalten der Frau erschienen. Die Bedeutung einer wirksamen Sexualaufklärung und die Gefährlichkeit männlicher Vorurteile hinsichtlich der weiblichen Sexualität wurden jedem Leser hier deutlichst vor Augen geführt. Die Anorgasmie von Frauen in der Ehe, bislang ein in der deutschen Gynäkologie zugunsten der Bereitschaft, Frauen um jeden Preis in die Schwangerschaft zu treiben, gänzlich vernachlässigtes Thema, fand hier große Beachtung[379]. Nur in der deutschen Gynäkologie eben nicht. Hier setzte man lieber auf die Fortführung überkommener Vorstellungen. Dies bezog sich auch auf die Konstitutionslehre auf Basis der Ausführungen Ernst Kretschmers. Alsbald setzte wieder der

---

[375] Johannes Heinrich Schultz: Über das Einzelkind. In: Münchener Medizinische Wochenschrift (94) 1952, S. 1202-1204.

[376] August Mayer: Seelische Krisen im Leben der Frau, 2. Auflage München 1954, S. 17.
August Mayer: Die negativen Seiten der künstlichen Samenübertragung. In: Einzelfragen der Sexualwissenschaft. Vorträge gehalten auf dem 3. Kongress der Deutschen Gesellschaft für Sexualforschung in Königstein 1954/II, Stuttgart 1955 (Beiträge zur Sexualforschung 7), S. 31-45.
August Mayer: Emanzipation, Frauentum, Muttertum, Familie und Gesellschaft, Stuttgart 1962, S. 5.

[377] William Ray Arney: Power and the profession of obstetrics, Chicago 1982, S. 208-210.

[378] Edward F. Griffith: Die Bejahung der Sexualität in der Ehe. In: Die gesunde Familie in ethischer, sexualwissenschaftlicher und psychologischer Sicht. Vorträge gehalten auf dem Internationalen Kongress der IPPF in Berlin 1957 unter Mitwirkung der Deutschen Gesellschaft für Ehe und Familie, Stuttgart 1958 (Beiträge zur Sexualforschung 13), S. 14-20.
Cyril Bibby: Erziehung zum familiären Verhalten. In: Ebenda, S. 35-38.
Elise Ottensen-Jensen: Sexuelle Erziehung in der Schule. In: Ebenda, S. 38-43.
Knud Mauritzen: Sexualpädagogik in dänischen Schulen. In: Ebenda, S. 43-49.

[379] Alfred C. Kinsey/Wardell B. Pomeroy/Clyde E. Martin/Paul H. Gebhard: Das sexuelle Verhalten der Frau, Berlin/Frankfurt a. Main 1953, S. 271-274, 292-301.

Trend ein, Konstitutionen und Hormonwirkungen zu koppeln[380]. Die Kooperation zwischen Gynäkologie und Psychiatrie wurde über das Monumentalwerk Manfred Bleulers zur endokrinologischen Psychiatrie gefestigt[381]. Durch das Engagement Karl Sallers gelang der rassisch fundierten Konstitutionslehre der endgültige Durchbruch in der Homöopathie[382].

In Österreich und speziell in Wien vollzog sich in der Sexualforschung aufgrund der Lehrstuhlbesetzungspolitik zugunsten der Repräsentanten einer katholisch-konservativen Ausrichtung praktisch ein Rückfall in die Zeit des Ständestaates. Der in dieser Zeit mit der Neuausrichtung der Sexualberatung beauftragte[383] – und ehemals als Sexualethiker im Dienste Abderhaldens tätige – Albert Niedermeyer stieg nach 1945 zum Professor für Pastoralmedizin auf und entwarf eine Kombinationslehre aus Gynäkologie und Sexualaufklärung. Die Gynäkologie sollte zur Sozialgynäkologie und Kulturhygiene erweitert werden[384]. Er verkündete eine „absolute Ethik" für das Sexualleben und erklärte nur mit dieser könne Sexualpädagogik zum Erfolg führen. Auf den Vorwurf, er verteidige nur eine längst zerfallene Ordnung, reagierte er ablehnend:

> *Wenn in der hergebrachten Ordnung vieles faul und angekränkelt war, so lag dies nicht an der Ordnung, sondern an den Menschen, die nicht bereit waren, sie ehrlich zu erfüllen. Darum konnte sich so viel Heuchelei entwickeln, an Stelle echten unverdorbenen Schamgefühls Prüderie und Verkrampfung treten*[385].

Ferner verurteilte er das Spezialistentum in der Medizin und empfahl sexuelle Probleme mit dem Hausarzt zu besprechen[386]. Ärztinnen sprach er die Fähigkeit ab, so begabt und gut zu arbeiten wie ihre männlichen Kollegen[387]. In der Definition der einzelnen

---

[380] Alex Heusner: Die Chemie der Hormone, Leipzig 1954 (Zwanglose Abhandlungen aus dem Gebiete der inneren Sekretion 10), S. 36.

[381] Manfred Bleuler: Endokrinologische Psychiatrie, Stuttgart 1954.

[382] Barbara Czech: Konstitution und Typologie, S. 87-89.

[383] Hierbei setzte Niedermeyer auf eine Sittlichkeitsbelehrung, eugenische Ehetauglichkeitsprüfung und eine „Mutterschulung" unter Ausklammerung jeder Aufklärung hinsichtlich des Geschlechtslebens. Siehe: Das Wohlfahrtswesen der Stadt Wien. Geschichte, Entwicklung, Aufbau und Einrichtungen mit besonderer Berücksichtigung der Neuschöpfungen unter Bürgermeister Richard Schmitz in den Jahren 1934-1936, Wien 1937, S. 9-11.

[384] Albert Niedermeyer: Philosophische Propädeutik der Medizin. Einführung in die allgemeinen gültigen Grundlagen (Geschichte, Philosophie, Biologie, Psychologie), Wien 1955, S. 6.

[385] Albert Niedermeyer: Compendium der Pastoralmedizin, Wien 1953, S. 73.

[386] Albert Niedermeyer: Ärztliche Ethik (Deontologie). Grundlagen und System der ärztlichen Berufsethik, Wien 1954, S. 73.

[387] Ebenda, S. 77.
Allenfalls „niedere Tätigkeiten", wie z.B. Hebamme oder Krankenschwester gedachte Niedermeyer den Frauen anzuvertrauen. Albert Niedermeyer: Zur sozialen Hygiene von Schwangerschaft, Geburt und Wochenbett. Ein Beitrag zur Frage des Arbeitsschutzes der Frau, Wien 1949, S. 62.

Menschentypen berief er sich auf Otto Weininger und Ernst Kretschmer, betonte aber zudem auch noch den Wert der Hormonlehre. Daraus lasse sich objektiv ersehen, dass die Sexualität im Leben der Frau eine erheblich größere Rolle spiele als beim Mann, religiöse Mischehen schädlich für die Entwicklung der Kinder seien und die katholische Kirche in ihrer Sexualethik immer richtig gelegen sei[388]. Sexuelle Probleme gedachte der Autor durch Hormontherapien und Beratung in psychischer Hygiene zu kurieren[389].

Die übrigen Repräsentanten der universitären Forschung teilten zumeist Niedermeyers repressive Ansichten in der Sexualaufklärung. Hans Asperger (1906-1980) beispielsweise meinte, eine Aufklärung im Kindesalter käme der Züchtung von Psychopathie gleich[390]. Die Ausführungen des deutschen Gynäkologen August Mayer zu „Sexualproblemen und Jugenderziehung" stießen schon allein deshalb auf große Zustimmung, weil er kaum andeutete, „was gesagt und wie es gesagt werden sollte"[391]. Ebenfalls sehr an der Ausweitung der Hormonlehre interessiert zeigte sich der Universitätsdozent für Urologie Rudolf Chwalla. In Anknüpfung an die Thesen Steinachs und Hohlwegs erklärte er, die biologischen Unterschiede zwischen Mann und Frau über die Hormonwirkung (und nicht entwicklungsgeschichtlich) deuten zu können[392]. Obwohl vornehmlich am Mann forschend, verkündete er in der Überfunktion der Nebennieren die Ursache für Psychosen, Frigidität und Homosexualität der Frau erkannt zu haben[393]. Stets betonte er auch den Zusammenhang von Hormonproduktion und Körperbau. Andere Forschungswege in der Ergründung der weiblichen Sexualität schlugen der gerade dem KZ entronnene Victor E. Frankl und Jaromir Lhotsky ein. Frankl empfahl eine geduldige psychotherapeutische Annäherung durch den Arzt[394]. Der seit 1952

---

[388] Albert Niedermeyer: Das menschliche Sexualleben, 2. Auflage Wien 1951 (Handbuch der speziellen Pastoralmedizin I), S. 101, 111, 151.

[389] Albert Niedermeyer: Die psychische Hygiene in ihren Beziehungen zur Sozialhygiene, Pastoralmedizin, Eugenetik (Eubiotik), Sexualhygiene und zur Eheberatung. In: Ernst Brezina/Erwin Stransky (Hg.): Psychische Hygiene, Wien 1955, S. 165-201, 179.
Albert Niedermeyer: Zur Therapie hypersexueller Triebstörungen. In: Methoden der Behandlung sexueller Störungen. Vorträge gehalten auf dem 2. Kongress der Deutschen Gesellschaft für Sexualforschung in Königstein 1952/II, Stuttgart 1952 (Beiträge zur Sexualforschung 2), S. 82-84, 83.

[390] Hans Asperger: Heilpädagogik, Einführung in die Psychopathologie des Kindes für Ärzte, Lehrer, Psychologen, Richter und Fürsorgerinnen, 2. Auflage Wien 1951, S. 178.

[391] Willi Lußnigg: Rezension A. Mayer: Sexualprobleme und Jugenderziehung. In: Arzt und Christ (1) 1955/56, S. 57.

[392] Rudolf Chwalla: Die neuesten Fortschritte der Keimdrüsenhormonforschung und ihre Bedeutung für Klinik und Pathologie, Wien 1948, S. 106.

[393] Rudolf Chwalla: Die Überfunktion der Nebennieren, Wien 1955, S. 230.
Ferner siehe Rudolf Chwalla: Urologische Endokrinologie. Endokrinologie der Harn- und Geschlechtsorgane des Mannes und der Sexualität, Wien 1951.

[394] Victor E. Frankl: Die Psychotherapie in der Praxis. Eine kasuistische Einführung für Ärzte, Wien 1947, S. 77.

als Facharzt für Psychiatrie und Neurologie in Wien tätige Lhotsky hingegen setzte auf die analoge Übertragung der Erkenntnisse von Konrad Lorenz („Prägung") auf die Frauenheilkunde[395]. Gänzlich zurückhaltend hinsichtlich der Möglichkeiten einer Konstitutionslehre und ihrer Anwendung auf andere Gebiete jenseits der Psychiatrie äußerten sich nur der in Amt und Würden re-inthronisierte Otto Kauders[396] sowie Hans Moritz[397].

In diesem Klima der partiellen Unwissenheit bis Ignoranz begann Helene Stourzh-Anderle ihre wissenschaftliche Nachkriegskarriere. In einem ersten Aufsatz 1949 verwarf sie sämtliche Überlegungen der Gynäkologie und Psychologie zur Therapierung des Vaginismus. Gestützt auf ein Material von 172 Patientinnen[398] legte sie dar, dass eine Hormontherapie erheblich effektiver, billiger und sinnvoller sei als die langwierige Psychotherapie[399]. Sie schloss nicht aus, dass es einen endogenen Vaginismus geben könne, lehnte aber eine konstitutionstypologische Ausführung zu dieser „sexuellen Konstitution" ab[400]. Damit brach sie mit den Überlegungen, Konstitutionstypologie und Sexualität untrennbar zu koppeln. In einem Folgeaufsatz bewertete sie die Körperbaulehre Ernst Kretschmers als unzulänglich, zudem ginge Kretschmer allein von psychisch kranken Menschen aus[401]. Eine Übertragung auf die Seele geistig Gesunder komme also nicht in Frage. Gleichwohl betonte die Autorin, dass sie sehr wohl selbst konstitutionsbiologisch arbeite. Einen Konnex zwischen Kriminalität und Intersexua-

---

[395] Jaromir Lhotsky: Gespräche mit dem Unbewussten (Versuch einer Deutung im Sinne der vergleichendanalytischen Psychologie). In: Münchener Medizinische Wochenschrift (94) 1952, S. 1857-1864, 1862.
Jaromir Lhotsky: Der Begriff „Prägung" in der vergleichend-analytischen Psychologie. In: Sexualität und Sinnlichkeit. Beiträge zum Problem der Prägung. Vorträge gehalten auf dem 3. Kongress der Deutschen Gesellschaft für Sexualforschung in Königstein, Teil I Stuttgart 1955 (Beiträge zur Sexualforschung 6), S. 57-67.

[396] Otto Kauders (1893-1949) studierte Medizin in Wien und schloss 1920 mit der Promotion ab. Im gleichen Jahr Beginn der Arbeit als Praktikant in der psychiatrischen Klinik unter Wagner-Jauregg, 1923 Ernennung zum Assistenten. In den 1920ern tat er sich als Förderer der psychischen Hygiene hervor, 1930 vertrat er Österreich auf dem I. internationalen Hygienekongress. Fachlich tat er sich als enger Mitarbeiter Wagner-Jaureggs hervor. 1932 Habilitation, 1934 Berufung zum Oberarzt an der psychiatrisch-neurologischen Klinik in Wien. 1935-38 a.o. Professur in Graz, 1938 kurzfristig in den USA, doch Rückkehr nach Österreich. Als „Mischling II. Grades", Ehemann einer Jüdin und Repräsentant des Ständestaates fachlich und gesellschaftlich geächtet gelangte Kauders erst 1945 wieder zu akademischen Ehren. 1945-1949 Ordinarius für Psychiatrie an der Universität Wien.

[397] Otto Kauders: Vegetatives Nervensystem und Seele, Wien 1946, S. 4, 18.
Hans Moritz: Rasse, Konstitution und Seelenleben, Wien 1947, S. 27.

[398] Ihre Praxis hatte Stourzh-Anderle mittlerweile in die Hardtgasse im XIX. Wiener Gemeindebezirk verlegt.

[399] Helene Stourzh-Anderle: Hormonale Therapie des Vaginismus. In: Wiener Klinische Wochenschrift (61) 1949, S. 502-505, 504.

[400] Ebenda, S. 504.

[401] Helene Stourzh-Anderle: Die sexuelle Konstitution. In: Soziale Berufe (4) 1952, S. 129-131 und 146-149, 130.

lität sowie Infantilismus und Phantasie sehe sie durchaus. Abschließend schrieb sie, es sei nötig Psychopathie, Kriminalität und Genialität gemeinsam zu betrachten[402]. Ein Urteil über einen Menschen, nur aufgrund der Kenntnis der sexuellen Konstitution, verbiete sich von selbst. Ob sie wohl Ernst Kretschmer mit ihren Thesen persönlich konfrontierte, als dieser auf Einladung Erwin Stranskys am 15. März 1953 zu einer Vortragstournee in Wien eintraf[403]? An anderer Stelle nannte Stourzh-Anderle die Thesen der Forschung zum Klimakterium fehlerhaft, vielmehr verlaufe dieses je nach Konstitution unterschiedlich[404]. 1954 bestätigte sie ihre 1949 vorgestellten Studien und schilderte die Anwendung des von der Firma Sanabo zur Verfügung gestellten Mittels Retalon retard[405]. Für ein populärmedizinisches Hausbuch übernahm sie einige Aufsätze und ging explizit auf die seelische Verfassung von Frauen ein, die von Männern immer noch unterschätzt würde. Dadurch könne es bei Schwangerschaften zu Hormonschwankungen und Schädigungen für das ungeborene Kinde kommen[406]. Zudem müsse die Frau in der Schwangerschaft vorsichtiger leben[407]. Außerdem betonte sie die Gefährlichkeit übermäßigen Sexualtriebes und gewährte unfreiwillig Einblick in ihre eigenen Vorstellungen:

> *Beim Verkehr fällt dem Manne der tätige und daher kompliziertere Teil zu, während die Frau nur eine untätige Haltung einzunehmen hat*[408].

Der Sexualaufklärung vor der Ehe komme schlüsselhafte Bedeutung zu, Heimlichtuerei sei nur schädlich.

1955 schließlich veröffentlichte Helene Stourzh-Anderle ihre größte und umfangreichste Abhandlung: „Sexuelle Konstitution. Psychopathie – Kriminalität – Genie"[409]. Das

---

[402] Ebenda, S. 147/148.

[403] Archiv der Familie Knoll: Nachlass Ernst Kretschmer S 13.

Ernst Kretschmer hielt einen Vortrag vor dem Verein für Psychiatrie und Neurologie. Des weiteren sprach er im Hörsaal der Universitätsklinik für Dermatologie vor den Mitgliedern und Freunden der Gesellschaft zur Erforschung des vegetativen Nervensystems. Zuletzt folgte noch ein Auftritt im Rundfunk.

[404] Helene Stourzh-Anderle: Die Psychologie des Klimakteriums. In: Soziale Berufe (4) 1952, S. 65-67, 66.

[405] Helene Stourzh-Anderle: Behandlung des Vaginismus mit Retalon retard. In: Der praktische Arzt (8) 1954, S. 470-473.

Eine ähnliche Kooperation unterhielt auch Gerhard Pils: Die Verwendung von synthetischem Follikelhormon in Salbenform zur Teilbehandlung rheumatischer und Gelenkkrankheiten. In: Der praktische Arzt (7) 1953, S. 542-548.

[406] Helene Stourzh-Anderle: Die häufigsten Krankheiten und ihre Verhütung. Frauenleiden. In: Heinrich Wallnöfer/Heinz Scheibenpflug (Hg.): Ehe-Familie-Heim. Ein Hausbuch für Alle, Wien/München 1954, S. 71-88, 82.

Heinz Scheibenpflug tat sich als Herausgeber der Monatsschrift „Universum" hervor. Heinrich Wallnöfer war Psychotherapeut und Schüler von Johannes Heinrich Schultz.

[407] Helene Stourzh-Anderle: Das Kind kommt. In: Ebenda, S. 251-265, 252.

[408] Helene Stourzh-Anderle: Die gesunde Frau in der Ehe. In: Ebenda, S. 43-70, 56.

Buch erschien als erster Band einer nie fortgesetzten Reihe der Österreichischen Gesellschaft für Sexualforschung, die sich anschickte an ähnliche Bestrebungen in den 1920er Jahren anzuknüpfen. Die Ausführungen Stourzh-Anderles seit 1945 waren nur ein sanfter Vorgeschmack auf das gewesen, was sie nun an Wissen ausbreitete. Das Buch war in eine kurze Einleitung, ein umfängliches Kapitel über die menschliche Sexualität und die Konstitutionslehre, der Darstellung einer eigenen Sexualkonstitutionslehre und deren Anwendung auf die Grenzgebiete von Sexualkonstitution einerseits und Geisteskrankheit, Kriminalität und Genie andererseits gegliedert.

Zunächst ließ sich das Buch ganz konventionell an, Stourzh-Anderle betonte, sie wolle sich von der Biologie her der Sexualität des Menschen annähern[410]. Hierbei berief sie sich auf die Ausführungen von Max bzw. Nicolai Hartmann[411]. Zugleich nannte sie die Bedeutung der Hormone gleichrangig neben den Schriften Sigmund Freuds und der Schule Konrad Lorenz'[412]. Die Steuerung des Sexualtriebes vermutete sie im Gehirn[413], das bei der Frau – im Gegensatz zum Manne – weniger auf Logik und Durchsetzungsvermögen ausgelegt sei[414]. Sodann aber hob sie die mangelhafte Fähigkeit des Mannes, sich auf seine Frau einzulassen, hervor. Stets berief sie sich auf namhafte Forscher. Doch hier begann der Unterschied zu den Abhandlungen ihrer Konkurrenten aus der Gynäkologie: Kein einziges Buch eines Gynäkologen fand Eingang in dieses Kapitel. Nur Biologen, Psychoanalytiker und Psychiater schienen geeignet zu sein, die Seele der Frau und die Schwäche des Mannes zu ergründen. Viel Platz räumte die Autorin dem Komplex der Homosexualität als scheinbaren Teil der Psychopathie ein[415]. Zwar führte sie eine Reihe von Autoren im Literaturverzeichnis an, maßgebliche Bedeutung billigte sie aber allein den Ausführungen zu, welche die Rolle der Hormone überbetonten[416]. Doch zugleich setzte sie sich deutlich von den Ansichten der Psychiater über Homosexuelle ab:

---

[409] Eine ähnliche Dreierkombination hatte im Wien der 1920er Jahre Alfred Adler mit „Degeneration-Neurose-Genie" vertreten. Siehe Alfred Adler: Studie über Minderwertigkeit von Organen, Darmstadt 1965, S. 62.

[410] Helene Stourzh-Anderle: Sexuelle Konstitution, S. VII.

[411] Max Hartmann: Biologie, 3. Auflage Berlin 1947.
Nicolai Hartmann: Neue Wege der Ontologie, 3. Auflage Stuttgart 1949. Der letztgenannte Autor betonte die Möglichkeiten des Einzelnen, aufgrund von Geistesgaben die Welt – unabhängig vom Geschlecht – beeinflussen zu können (S. 19-24).

[412] Ebenda, S. 3-11.

[413] Hierbei stützte sie sich auf die neuesten Studien von Walter Rudolf Hess: Das Zwischenhirn. Syndrome, Lokalisationen, Funktionen, Basel 1949.

[414] Helene Stourzh-Anderle: Sexuelle Konstitution, S. 19-21.

[415] Ebenda, S. 35-42 bzw. 49.

[416] So z.B. von Rudolf Lemke: Über Ursache und strafrechtliche Beurteilung der Homosexualität, Jena 1940.
Wolfram Kurth: Organische Hirnkrankheit und Triebumkehr. In: Archiv für Psychiatrie und Nervenkrankheiten (187) 1951, S. 291-310.

Hervorragende Beispiele aus der Literatur, wie die Tagebücher Platens beweisen, dass die Homosexuellen genau so tief und aufrichtig fühlen wie Gesunde, dass sie das gleiche Zärtlichkeitsbedürfnis, die gleiche Koketterie und Eitelkeit, dieselbe flammende Eifersucht kennen wie ihre normalen Brüder und Schwestern. Dasselbe beweisen uns in ihrer schlichteren Sprache unsere Patienten. Glück und Unglück in der homosexuellen Liebe ist das gleiche wie in der naturgewollten[417].

Für die Wiener Psychiatrie, die in Homosexuellen nur Verführer oder gefährliche Geisteskranke erblickte, war dies geradezu eine Provokation. Doch Stourzh-Anderle ging noch weiter. Sie betonte, zur Krankheitserfassung – und nur dafür – sei die Konstitutionslehre wohl geeignet. Aber die Ausführungen Ernst Kretschmers seien nur für einen Teil der männlichen Bevölkerung und nicht als Methode zur Erfassung der Psyche aller Menschen das richtige Instrumentarium[418]. Statt dessen favorisierte sie die Ausführungen von Ernst Moritz, Johann Susmann Galant, Gottfried Ewald, Willhart Schlegel[419] und Friedrich Stumpfl[420]. Für „seelische Typen" bevorzugte Stourzh die Ansichten C.G. Jungs und konstruierte auf dieser Basis eine umfassende Konstitutionslehre für Mann und Frau, wobei sich jeweils zwei Typen gleichrangig gegenüberstehen sollten. Dies implizierte mithin die Gleichberechtigung und Gleichrangigkeit von Mann und Frau in physischer und psychischer Hinsicht. Physisch nannte sie folgende Typen:

Der männliche Habitus: groß, schlank, muskulös
Der weibliche Habitus: klein, breit, relativ fett
Der kindliche Habitus: klein, schlank
Der eunuchoide Habitus: groß, fett[421].

In psychischer Hinsicht trennte sie in NORMO- und PARA-Sexuelle, letztere seien in Sub- und Intersexuelle zu unterteilen. Subsexualität beinhaltete Infantilität. Sämtliche

---

[417] Helene Stourzh-Anderle: Sexuelle Konstitution, S. 42.
[418] Ebenda, S. 87.
[419] Willhart Schlegel (1910-2001) war ein Schüler des Frankfurter Erbbiologen Otmar v. Verschuer und hatte Ende der 1930er Jahre mit einer Astheniestudie und zu Beginn der 1950er Jahre mit Studien zum Körperbau der Homosexuellen von sich reden gemacht. Schlegel war bisexuell, beteiligte sich zeitweilig am Aufbau einer westdeutschen Sexualforschung um Hans Giese, führte aber dann seine konstitutionsbiologischen Überlegungen bis zu seinem Tod fort.
[420] Friedrich Stumpfl (1902-1997) war zwar ein bedeutender Rassenhygieniker und 1938 auf einen Lehrstuhl in Innsbruck gesetzt worden, aber aufgrund seiner österreichischen Herkunft und scheinbar guten Leumunds (Persilscheine) nach 1945 alsbald an die Universität zurückgekehrt. Aus diesem Grunde wurde er von seinen österreichischen Kollegen nicht als Produkt der deutschen Rassenhygiene, sondern als einer der ihren wahrgenommen. So war er für Stourzh-Anderle akzeptabel, zudem waren seine Studien zur Erbcharakterkunde für ihre eigenen Überlegungen wertvoll.
[421] Helene Stourzh-Anderle: Sexuelle Konstitution, S. 76.

Abartungen kämen bei Mann und Frau parallel vor. Je mehr der Körperbau zum anderen Geschlecht tendiere, desto eher zeige sich die Parasexualität (=Homosexualität)[422]. Durch ihre Festlegung der Typenlehre auf die Deutung der Sexualitäten glaubte Stourzh sowohl der „Leib-Seele-Einheit" den Weg bereitet, als auch die Individualität des einzelnen Menschen gewahrt zu haben. Denn Ärzte sollten ihrer Ansicht nach diagnostizieren und nicht Wertungen übernehmen[423]. Gleichwohl bewertete sie gewisse Typen der Frau nach ihrer Fähigkeit zum Mutterdasein. Mit Ausnahme der „puerilen" Frau hielt sie prinzipiell alle Frauentypen für geeignet[424]. Weniger positiv fiel ihr Urteil über die Männerwelt aus. Trotz des Zugeständnisses der prinzipiellen Überlegenheit des Mannes gegenüber der Frau hielt sie eine Reihe von männlichen Typen für gänzlich ungeeignet, die naturgegebenen Rollen zu übernehmen[425]. Zugleich empfahl Stourzh-Anderle nur innerhalb der Typengemeinschaften zu heiraten und Kinder zu zeugen, da „intersexuelle Kinder" es besonders schwer in der Welt hätten. Intersexuelle stellten ebenso wie Infantile „gefährliche Risse im Grundpfeiler der Arterhaltung" dar[426]. Überhaupt schienen in den Augen der Autorin die Gene die entscheidende Rolle zu spielen. Dieser Glaube gipfelte in der – heute lächerlich oder allenfalls ironisch wirkenden – Aussage:

> *Die erbliche Fixierung ist bei der Rasse ungeheuer auffallend. Zwei Weiße können kein Negerkind zeugen*[427].

Zuletzt beleuchtete die Autorin das Kapitel der Genieforschung. Sogleich setzte sie sich von den Überlegungen der NS-Rassenhygiene ab:

> *Es ist klar, dass die Rassenfanatiker, die sich fälschlich Rassenforscher nannten, das Gebiet der Genieforschung an sich reißen wollten*[428].

Jedoch war dieses Kapitel argumentativ zweifellos das schwächste des ganzen Buches. In Rückgriff auf z.T. sehr veraltete Autoren (Wilhelm Fließ, Paul J. Möbius) aufgrund der selbst auferlegten Umgehung der umfangreichen Forschungen zur Zeit des „Dritten Reiches" suchte die Autorin zu beweisen, dass Genie und Psychopathie untrennbar

---

[422] Ebenda, S. 78-83.
[423] Ebenda, S. 81.
[424] Ebenda, S. 103. Die Unfähigkeit zum Mutterdasein bezog sich aber ausdrücklich auf den Charakter und nicht den Körperbau.
[425] Ebenda, S. 104-106.
Zugleich verwarf sie an dieser Stelle Kretschmers Überlegungen über den femininen Typus des Mannes und stützte sich statt dessen auf dessen abspenstigen Schüler Klaus Conrad: Der Konstitutionstypus als genetisches Problem, Berlin 1941.
[426] Helene Stourzh-Anderle: Sexuelle Konstitution, S. 108, 123.
[427] Ebenda, S. 120.
[428] Ebenda, S. 189.

gekoppelt seien[429]. Damit erzielte sie allerdings kein anderes Ergebnis als die verteufelte NS-Genieforschung[430].

Die Rezensionen ließen nicht lange auf sich warten. Seitens der Wiener Medizin besprach zunächst Erwin Stransky[431] etwas launig das Werk[432]. Es sei aufschlussreich und interessant, im ganzen aber eine Mixtur aus Genetik, Rassenhygiene, Freudscher Psychoanalyse und dem Denken Otto Weiningers[433]. Es folgte eine gehässig bis boshafte Besprechung in der Zeitung „Die Presse"[434]. Im großen und ganzen positiv äußerten sich hingegen der Rezensent der Wiener medizinischen Wochenschrift und die Autoren der kleineren medizinischen Zeitschriften in Österreich, die insbesondere den individualspezifischen Blickwinkel Stourzh-Anderles lobten[435]. Ähnlich argumentierten die Rezensenten der großen und bedeutenden medizinischen Fachzeitschriften im deutschsprachigen Raum, die zudem noch die Originalität der Arbeit hinsichtlich einer Neudefinition der Konstitutionslehre betonten[436]. Nur die Kriminalbiologen[437]

---

[429] Ebenda, S. 217.

[430] Adele Juda: Höchstbegabung. Ihre Erbverhältnisse sowie ihre Beziehungen zu psychischen Anomalien, München 1952 (postum erschienen, herausgegeben von Bruno Schulz).

[431] Erwin Stransky (1877-1962) studierte in Prag und Wien Medizin. In Prag konvertierte er vom jüdischen zum protestantischen Glauben und betätigte sich auf Seiten der Deutschnationalen. Er stand in medizinischer Hinsicht stark unter dem Einfluss seiner Lehrer Heinrich Obersteiner und Julius Wagner v. Jauregg. Infolgedessen entschied er sich für die psychiatrische Laufbahn, wobei er für die Kraepelinsche Schule Partei ergriff. Er stand rassenhygienischen Bestrebungen aufgeschlossen gegenüber und konnte seine insgesamt 43 Jahre andauernde Universitätskarriere an der Universität Wien in nahezu allen politischen Systemen fortsetzen. Die einzige Zwangspause musste er nach 1938 einlegen, was ihn sehr verbitterte, stand er doch den eugenischen Programmen der Nationalsozialisten positiv gegenüber.

[432] Erwin Stransky: Buchbesprechung Stourzh-Anderle, H.: Sexuelle Konstitution, Wien 1955. In: Wiener Klinische Wochenschrift (67) 1955, S. 401-402.

[433] Ebenda, S. 401.

[434] M.: Schiller mit dem „Ödipus-Komplex". In: Die Presse 16.04.1955.

[435] Ernst Niebauer: H. Stourzh-Anderle: Sexuelle Konstitution. In: Wiener Medizinische Wochenschrift (105) 1955, S. 246. Niebauer avancierte später zum Direktor der II. Hautklinik in Wien.
Gottfried Roth: Helene Stourzh-Anderle: Sexuelle Konstitution. In: Der praktische Arzt (10) 1956, S. 112. Roth war Neurologe und fungierte als Herausgeber der kurzzeitig erschienenen katholischen Zeitschrift „Arzt und Christ".
Hinsichtlich der übrigen medizinischen Zeitschriften in Österreich siehe z.B.
Alfred Alt: Dr. Helene Stourzh-Anderle: Sexuelle Konstitution. In: Österreichische Ärztezeitung (10) 1955, S. 119-120.
Ähnlich lautende Besprechungen erschienen in den Mitteilungsblättern der Ärztekammern Niederösterreich und Oberösterreich, den „Mitteilungen der österreichischen Sanitätsverwaltung" und in der Zeitschrift „Der sozialistische Arzt".

[436] A. Harder: Sexuelle Konstitution, Psychopathie, Kriminalität, Genie von Dr. Helene Stourzh-Anderle. In: Schweizerische Medizinische Wochenschrift (86) 1956, S. 55.
Ilchmann-Christ: Helene Stourzh-Anderle: Sexuelle Konstitution. In: Deutsche Zeitschrift für die gesamte gerichtliche Medizin (45) 1956, S. 330-331.
Friedrich Keiter: Stourzh-Anderle, Helene: Sexuelle Konstitution. In: Homo. Zeitschrift für die vergleichende Forschung am Menschen (8) 1957, S. 58. Vor 1945 war Keiter Professor für Rassenpsychologie in Würzburg gewesen, ab 1958 lehrte er erneut an seiner alten Universität Psychologie.
Langen: Helene Stourzh-Anderle: Sexuelle Konstitution. In: Münchener Medizinische Wochenschrift (98) 1956, S. 1291.

und ein Psychiater aber erkannten die Einzigartigkeit des Werkes daran, dass hier das „Gespräch über die Sexualität des Menschen“ in Gang gebracht wurde; der Name des Psychiaters war Hans Giese[438].

Seitens der Gynäkologie lobte der bis 1939 in Prag und seit 1945 in Rostock tätige Hans H. Schmid die Studie als besonders anschaulich und hilfreich für die Arbeit eines Frauenarztes[439]. Er stellte Helene Stourzh-Anderle in eine Reihe mit Helene Deutsch, da sie sich – wie diese – mit psychosexuellen Fragestellungen befasse. Allerdings sah Schmid Stourzh-Anderle auch auf einer Ebene mit August Mayer – was sicherlich nicht zutreffend war. Als „wertvoll“ beurteilte auch A. Hauser in der Zeitschrift „Gynaecologia“[440] die Studie und lob die originelle konstitutionstypologische Arbeitsweise der Autorin hervor[441]. Ähnlich argumentierte der Rezensent der „Berichte über die gesamte Gynäkologie“, der zwar die ihm etwas konfus erscheinende Argumentationslinie bemängelte, gleichwohl aber Wert und Originalität der Arbeit lobte[442]. Die ihm unbewiesen und direkt erscheinenden sexuelle Zuordnungen bei historischen Personen verstörten einen weiteren Gynäkologen, welcher der Autorin gleichwohl Bewunderung für ihre Bemühungen zollte[443]. Weitere Verbesserungsvorschläge (Erweiterung des Buches auf die Sozialpsychologie, bessere Strukturierung, weniger populärwissenschaftliche Ausführungen im Schlussteil), die gleichwohl einhergingen mit großem Lob für die geleistete Arbeit, finden sich in den Rezensionen der fachspezifischen medizinischen Zeitschriften in Deutschland[444]. Stourzh-Anderles Buch fand nicht nur

---

H. Lincke: Stourzh-Anderle, Helene: Sexuelle Konstitution. In: Psyche (10) 1957, S. 978.
W. Möllhausen: Stourzh-Anderle, H.: Sexuelle Konstitution. In: Hippokrates (27) 1956, S. 269.

[437] G. Bohne: Stourzh-Anderle, Helene: Sexuelle Konstitution. In: Zeitschrift für die gesamte Strafrechtswissenschaft (69) 1957, S. 117-121, 121.

[438] Hans Giese: Stourzh-Anderle, Helene: Sexuelle Konstitution, Psychopathie, Kriminalität, Genie. In: Der Nervenarzt (26) 1955, S. 304.

[439] Hans H. Schmid: Neue Bücher. H. Stourzh-Anderle: Die sexuelle Konstitution. In: Zentralblatt für Gynäkologie (77) 1955, S. 1229-1230.

[440] Die Zeitschrift erschien zunächst bis 1938 in Berlin, doch dann zog der herausgebende Verlag Salomon Karger-Verlag nach Basel um und mit ihm mehrere medizinische Zeitschriften (z.B. das Jahrbuch für Kinderheilkunde). Diese mutierten zunächst zu Organen der deutschsprachigen medizinischen Emigration, finanziert von der helvetischen Pharma-Industrie und wandelten sich erst nach und nach zu internationalen Zeitschriften mit zumeist lateinischen oder griechischen Titeln.

[441] A. Hauser: Buchbesprechungen Helene Stourzh: Die sexuelle Konstitution. In: Gynaecologia (139) 1955, S. 191.

[442] Gerhard Heberer: Helene Stourzh-Anderle: Sexuelle Konstitution. In: Berichte über die gesamte Gynäkologie (55) 1955, S. 369.

[443] Hermann Ober: Stourzh-Anderle, H.: Die sexuelle Konstitution. In: Geburtshilfe und Frauenheilkunde (15) 1955, S. 495.

[444] Fr.: Sexuelle Konstitution, Psychopathie, Kriminalität, Genie von Dr. H. Stourzh-Anderle. In: DMI-Nachrichten (6) 1956, S. 27-28.
Erika Geisler: Stourzh-Anderle, Helene: Sexuelle Konstitution. In: Monatsschrift für Kinderheilkunde (105) 1957, S. 80.

in Mitteleuropa Widerhall, auch in den USA und Brasilien erschienen Rezensionen. Während in Südamerika das Interesse am konstitutionsbiologischen Forschungsansatz dominierte[445], waren die Ergebnisse der amerikanischen Mediziner anderer Natur. Ashley Montagu sprach dem Buch wissenschaftlichen Charakter ab, hielt es aber gleichwohl für wichtig und lesenswert[446]. Harry Benjamin (1885-1986) hingegen lobte gerade die wissenschaftliche Arbeitsweise der Autorin und betonte den Wert der Arbeit:

> *There is convicting evaluation of both the genetic and the hormonal factors as the basis for an individual sexuality...Dr. Stourzh-Anderles book fully merits the term "outstanding"*[447].

Der schweizerkanadische Psychiater Henri Ellenberger wiederum betrachtete sämtliche sexualtypologischen Theorien der Autorin lediglich hinsichtlich ihrer Auswirkungen auf den Geniekomplex[448].

Den meisten deutschsprachigen Rezensenten gleich war die absolute Verblüffung hinsichtlich Stourzh-Anderles Versuch, die eingefahrenen konstitutionsbiologischen Denkmuster nicht nur zu verlassen, sondern neu auszurichten. Dies implizierte den Anspruch, dass die bisherigen Theoriemuster – namentlich die Kretschmersche Körperbaulehre – untaugliche Hilfsmittel darstellten, die zu ersetzen waren. Von den Vertretern der Fachwelt wurde indirekt verlangt, die bisher von ihnen vertretenen und weiter verbreiteten Ansichten zu revidieren zugunsten der Ansichten einer empirisch arbeitenden Ärztin. Nahm es angesichts dieser Ansprüche Wunder, dass sowohl die

---

Wilhelm Hallermann: Stourzh-Anderle, Helene: Sexuelle Konstitution. In: Archiv für Kinderheilkunde (154) 1956, S. 100

Karl Klinke: Helene Stourzh-Anderle: Sexuelle Konstitution. In: Kinderärztliche Praxis (24) 1956, S. 95. Klinke war seit 1951 Professor für Pädiatrie in Düsseldorf, zuvor war er in Rostock und an der Charité in Berlin tätig gewesen.

U. Köhler: Stourzh-Anderle, Helene: Die sexuelle Konstitution. In: Ärztliche Forschung (10/II) 1956, S. 49-50.

W. Kühn: Helene Stourzh-Anderle: Die sexuelle Konstitution. In: Journal für medizinische Kosmetik (4) 1955, S. 213

H.J.v.Schumann: Sexuelle Konstitution. In: Medizinische Monatsschrift (9) 1956, S. 487-488.

[445] Hans Ludwig Lippmann: A constituicao sexual em suas relacoes a psicopatia, criminalidade e genialidade. In: Brasil-Medico (70) 1956, Nr. 14-17, S. 4.

Derselbe: Stourzh-Helene: A constituicao sexual em suas relacoes a psicopatia, criminalidade e genialidade (Die sexuelle Konstitution, Pcychopathie, Kriminalität und Genie. 264 págs.) In: A folia medical (37) 1956, Nr. 11, S. 87.

[446] Ashley Montagu: Sexuelle Konstitutionen. By Helene Stourzh-Anderle. In: Human Biology (28) 1956, S. 99.

[447] Harry Benjamin: Sexuelle Konstitution (sexual constitution) by Dr. Helene Stourzh-Anderle, 262 pages. Typoskript für Sexology, September 1956, S. 130. Privatarchiv Prof. em. Gerald Stourzh (Wien): Kopien der Rezensionen über die Bücher von Helene Stourzh-Anderle

[448] Henri Ellenberger: Sexuelle Konstitution. By Helene Stourzh-Anderle. In: Bulletin of the Menninger Clinic (21) 1957, S. 83.

pauschal mit dem Nationalsozialismus identifizierten Gelehrten im „Altreich" als auch die brüskierten Kretschmer-Anhänger und Antifeministen in Österreich das Buch ignorierten? Gleichwohl wird deutlich, wie sehr Stourzh-Anderle selbst ein Kind ihrer Zeit war und den genetischen-volkshygienischen Träumen aus konstitutionstypologischer Basis ihrer Generation voll anhing. Auch für sie spielte das (verheiratete) Mutterdasein die zentrale Rolle im glücklichen Leben einer Frau. Mehrere Ansichten ihrer Wiener Kollegen („Prägung") hielt sie zumindest zeitweise für interessant[449]. Am auffälligsten aber ist die totale Absage der Gynäkologin Stourzh-Anderle an die Repräsentanten ihres eigenen Faches[450].

War das die Abrechnung, die Stourzh-Anderle ihren Kollegen präsentierte, für all die Demütigungen, die ihr widerfahren waren? Allenfalls zum Teil. Denn durch ihre Bemühungen, die durchaus noch im Denken der Zeitgenossen vorhandenen Reste der prae-nazistischen Konstitutionslehre zu reaktivieren und mit anderen Lehreinflüssen zu einem funktionierenden Konstrukt zu vermengen, suchte sie offenbar nach Möglichkeiten zu einem Kompromiss. Doch den wollte in der Forschung niemand eingehen[451]. Warum auch? Da man doch in den 1950er Jahren wunderbar in den Denkschienen weiter arbeiten konnte, worin man schon vor 1945 so erfolgreich gewesen war. Und schließlich hatte sich mit Helene Stourzh-Anderle lediglich eine Frau zu Wort gemeldet, die noch dazu nicht einmal über einen politischen Rückhalt verfügte.

Helene Stourzh-Anderle ließ sich von dem Schweigen der etablierten Wissenschaft nicht beirren. Die vielfach positiven Rezensionen dürften sie auch darüber hinweggetäuscht haben, dass langfristig ihr Forschungsansatz völlig verpuffte. Bereits wenige Wochen nach Erscheinen des Buches eröffnete sie in provokantem Ton eine neue Fragestellung. Auf der dritten österreichischen Gynäkologentagung am 21/22. Mai 1955 in Velden am Wörthersee präsentierte sie anhand eines Materials von 1000 eigenen Fällen aus der gynäkologischen Praxis – womit sie sämtliche männlichen Kollegen mit gegenteiligen Ansichten empirisch überflügelte – ihre Studien zur weiblichen Anor-

[449] Diese Annahme kam insbesondere in einem 1954 erschienenen Aufsatz zur Geltung, als sie Konrad Lorenz und Niko Tinbergens Studien für wegweisend im Bereich der (menschlichen) Psychopathologie erachtete. Helene Stourzh-Anderle: Die Bedeutung der Phylogenese für die Psychologie und Psychopathologie. In: Wiener klinische Wochenschrift (66) 1954, S. 459-462.

[450] Statt dessen favorisierte sie partiell sogar die Ausführungen von Harald Schultz-Hencke: Der gehemmte Mensch. Grundlagen einer Desmologie als Beitrag zur Tiefenpsychologie, Leipzig 1940. Schultz-Hencke war ein Kollege des von der Gynäkologie abgelehnten Werner Kemper. In diesen Zusammenhang gehört auch die Einbeziehungen der Ausführungen von Ernst Speer: Der Arzt als Persönlichkeit. Grundlagen, Arbeitsweisen, Aufgaben der ärztlichen Psychotherapie, Stuttgart 1949.

[451] Nur das letzte Kapitel über „Genie" fand späte Rezeption durch Wilhelm Lange-Eichbaum/Wolfram Kurth: Genie, Irrsin und Ruhm. Genie-Mythus und Pathographie des Genies, 6. Auflage Basel 1967, S. 236.

gasmie[452]. Hierbei widersetzte sie sich sowohl Behandlungsmethoden als auch medizinischen Termini der männlich dominierten Gynäkologie. Ihr Referat erschien wenig später vollständig in der Wiener medizinischen Wochenschrift[453]. Basierend auf konstitutionsbiologischen Überlegungen befürwortete Stourzh-Anderle anstelle von Psychotherapien seitens zumeist ungenügend vorgebildeter (männlicher) Ärzte eine Hormonkur zur Behebung der Anorgasmie der Frau[454]. Damit bewegte sich Stourzh-Anderle auf einer seit den frühen 1950er Jahren erneut ansteigenden Welle der frauenkundlichen Hormonforschung. Den bis 1945 eifrig forschenden deutschen Gynäkologen und Endokrinologen war jedoch der Anschluss an die internationale Forschungsgemeinde missglückt. Statt dessen arbeitete nun in den USA Gregory Pincus[455] unterstützt von Margret Sanger (1879-1966) und angetrieben von Überbevölkerungsängsten an der Entwicklung eines Präparates zur Herbeiführung der temporären Sterilisierung der Frau[456]. In Deutschland hingegen erlebte nur die Anfang der 1930er Jahre noch als eugenisch kontraproduktiv oder unzuverlässig abgelehnte Knaus-Ogino-Methode ein Come back. Die chemische Sexualforschung rätselte noch bis in die späten 1950er Jahre über die genauen Wirkungsweisen der weiblichen Hormone und die Notwendigkeit einer parallel verlaufenden psychischen Beratung[457], während Pincus auf Puerto Rico bereits Reihenstudien an einheimischen Frauen unternahm. Da das Präparat noch unzuverlässig arbeitete und voller Nebenwirkungen war, gedachten die US-Forscher es

---

[452] Helene Stourzh-Anderle: Sexuelle Anästhesie. Dritte österreichische Gynäkologentagung. In: Zentralblatt für Gynäkologie (77) 1955, S. 1408. Richtigerweise müsste der Titel „Sexuelle Ästhesie" lauten, doch überforderte das Thema offenbar die Redaktion des Zentralblatts für Gynäkologie.

[453] Helene Stourzh-Anderle: Zur Frage der Frigidität. In: Wiener Medizinische Wochenschrift (105) 1955, S. 838-340, 838.

[454] Ebenda, S. 839.

[455] Gregory Pincus (1903-1967) war der Sohn armer jüdischer Immigranten russischer Herkunft. Nur durch ein Stipendium bekam er die Möglichkeit an der Cornell University Biologie zu studieren. 1934 publizierte er bahnbrechende Studien über In-vitro-Befruchtung bei Kaninchen, wurde aber als neuer „Dr. Frankenstein" diffamiert. Zwei Jahre später wurde seine Assistenzprofessur in Harvard nicht verlängert und es dauerte bis 1944, als ihm die Möglichkeit eröffnet wurde an der Clark University weiter zu forschen. 1953 erhielt er von Margret Sanger den Auftrag, seine Hormonstudien zur Entwicklung eines Antikonzeptionsmedikaments weiter zu entwickeln. Ergebnis dieser Arbeit war die „Pille".

[456] Anna Bergmann: Zur Kultur der Nebenwirkung. Menschenexperimente, wissenschaftlicher Fortschritt und sexuelle Emanzipation. In: Ursula Marianne Ernst/Gabriela Riedl (Hg.): Liebe, Technik und Ökonomie, Wien 1996, S. 141-152, 144.

[457] Heinrich Gesenius: Empfängnisverhütung, 2. Auflage München 1959.
Rudolf Hannwacker: Die gonadotropen Hormone, ihre therapeutische Anwendung sowie die hormonalen Untersuchungsmethoden bei männlichen Fertilitätsstörungen, med.Diss. Würzburg 1958, S. 25-28.
Arthur Jores: Hormone und Psyche. In: Heinrich Nowakowski (Hg.): Hormone und Psyche. Die Endokrinologie des alternden Menschen, Berlin 1958, S. 1-3.
Herbert Lippert: Einführung in die Pharmakophysiologie, Bern 1959, S. 20.
J. Nevinny-Stickel: Hormonale Behandlung in Gynäkologie und Geburtshilfe. In: Felix v. Mikulicz-Radecki (Hg.): Almanach für die Frauenheilkunde, München 1961, S. 21-32.

nicht an „weißen", sondern an „farbigen" Frauen zu testen[458]. 1960 kam „Enovid" auf den US-Markt, die deutsche Version von Schering-Kahlbaum mit dem Namen „Anovlar" folgte 1961[459]. Die erste Reaktion der deutschen und österreichischen Gynäkologen bestand aus Ablehnung, die in der „Ulmer Erklärung" 1964 gipfelte, in der noch einmal alle Anhänger August Mayers sich zu den Beschützern der armen, von der „Pille" in ihrer Reinheit bedrohten Weiblichkeit aufrafften – ohne jeden Erfolg[460]. Doch hatte die „Pille" im Grunde das seit den 1920er Jahren von Psychoanalyse, Psychiatrie und Gynäkologie verfochtene Vorurteil der „Geschlechtskälte der Frau" gar nicht berührt. Es ging vordergründig nur um die Schwangerschaftsverhütung, die „Lust am Sex" bzw. deren Tabuisierung erfuhr keine Erwähnung. Die Ätiologie der „Pille" war rein eugenischer Natur und von rassistischem Denken geprägt. Mitten in die Debatte um die Einführung von Anovlar setzte Helene Stourzh-Anderle ihr drittes Buch und dieses handelte explizit von der „Anorgasmie der Frau", die es therapeutisch durch Hormonkuren zu behandeln gelte[461]. Das Werk erschien in der von Hans Giese und Hans Bürger-Prinz verantworteten Reihe „Beiträge zur Sexualforschung" kurz nach den Ausführungen von Carl Schirren. Dieser hatte eine Diagnostik und Therapie der Fertilitätsstörungen des Mannes auf hormontherapeutischer Basis entworfen[462].

War Stourzh-Anderle nun der wissenschaftliche Durchbruch vergönnt? Erstmals schien sie genau den Nerv der Zeit getroffen zu haben. Sie befand sich forschungstechnisch gleichauf mit den männlichen Vertretern ihres Faches. Wirklich?

Das Buch war in Kooperation mit der II. Universitätsfrauenklinik in Wien entstanden. 1000 Fälle brachte Stourzh-Anderle selbst bei, 500 stammten aus der Klinik. Sie betonte den Zusammenhang von psychischen und endokrinen Störungen im Leben der Frau[463]. Sie verwarf die in der Medizin verwendeten frauenfeindlichen Ausdrücke, z.B. Frigidität (Kälte). Anstatt über den weiblichen Orgasmus zu diskutieren, dessen genauer Ablauf der Forschung seit Krafft-Ebing nicht deutlicher geworden sei, sollte besser über den Zusammenhang von sozialem Leben und sexuellem Erleben geforscht

---

458 Gabriele Kunz: Medizinische Experimente mit der Anti-Babypille. Ein Rückblick auf die ersten Versuche an puertoricanischen Frauen. In: Zeitschrift für Sexualforschung (2) 1989, S. 119-131.

459 Siehe hierzu Gregory Pincus/John Rock/Celso-Ramon Garcia: Use of some Progestional 19-nor-Steroids in gynecology. In: American Journal of obstetrics and gynecology (79) 1960, S. 758-767.

Sabine Sieg: Anovlar. Die erste europäische Pille. Zur Geschichte eines Medikaments. In: Gisela Staupe/Lisa Vieth (Hg.): Die Pille. Von der Lust und von der Liebe, Berlin 1996, S. 131-148.

Klaus Thieleweit: What did we do to our song girl (boy) ... In: Ebenda S. 21-54.

460 Sabine Sieg: Anovlar, S. 145.

461 Helene Stourzh-Anderle: Die Anorgasmie der Frau, Stuttgart 1961 (Beiträge zur Sexualforschung 23).

462 Carl Schirren: Fertilitätsstörungen des Mannes. Diagnostik, Biochemie des Spermaplasmas, Hormontherapie, Stuttgart 1961 (Beiträge zur Sexualforschung 22).

463 Helene Stourzh-Anderle: Die Anorgasmie, S. 5.

werden[464]. Sie selbst sah in der Klitoris und nicht der Vagina das für den Orgasmus der Frau wichtigste Organ[465]. Die Frauen häufig unterstellte masochistische oder sadistische Rolle sah die Autorin auf den Bereich der Homosexualität beschränkt. Analogieschlüsse vom Tierreich auf den Menschen seien bisweilen brauchbar, aufgrund des Fehlens gewisser anatomischer Bestandteile des Menschen (Vagina) im Reich der Tiere hier aber nur höchst eingeschränkt nützlich[466]. Der sexuellen Konstitution und dem Körperbau billigte Stourzh-Anderle nur mehr periphere Bedeutung zu und folgte damit dem Trend ihres Faches, sich aus der Körperbaulehre zu entfernen[467]. Sehr wohl aber gebe es einen Konnex zwischen erfüllter Sexualität und Kinderwunsch bzw. günstigen sozialen Verhältnissen und Kinderwunsch[468]. Gleichwohl stand in ihrem Denken die „Liebe" in zentraler Stellung, die pure Lust am Sex allein war für Stourzh-Anderle kein Thema:

> *Kein normales Mädchen denkt daran, sich die Virginität mit dem Orgasmus „bezahlen" zu lassen und welche Verliebte denkt vordergründig an den Orgasmus? Der über jeder Liebe schwebende Wunsch nach seelischer und somatischer Unterwerfung überwindet alle Hemmungen. Die Natur hat es weise eingerichtet als sie beschloss: Im Anfang war die Liebe*[469].

Im Rückgriff auf die eigenen sexualkonstitutionellen Überlegungen stellte sie abschließend fest, ausgerechnet die nicht der überkommenen, typologisch normierten Norm angehörenden Frauen wiesen das glücklichere Sexualleben auf[470]. Der sexuellen Aufklärung und einer modernen Ansicht über die weibliche Sexualität billigte sie große Bedeutung zu und verwies lobend auf die Arbeit Hans Gieses. Denjenigen Frauen, die eine Therapie wünschten – und das waren bei weitem nicht alle – verschrieb sie von der Firma Sanabo zur Verfügung gestellte Hormontabletten. Diese sah Stourzh-Anderle als Therapeutikum an, betonte aber zugleich, dass nur eine ebenfalls erfolgende „angemessene" Sexualität Rückfällen vorbeuge und eine glückliche Sexualität ermöglichten[471]. Indirekt betonte sie dadurch die Schuld des Mannes an der Anorgasmie

---

464 Ebenda, S. 9.
465 Ebenda, S. 35.
466 Ebenda, S. 22.
467 Ebenda, S. 31.
In Teilen hielt sich der Konstitutionsgedanke bis Anfang der 1970er Jahre in der Gynäkologie. So konstruierte der Primarius der Frauenabteilung am Landeskrankenhaus Leoben Alfred Stingl noch 1970 einen Zusammenhang von Hormonwirkung und Konstitution auf Basis der Kretschmerschen Lehre.
Alfred Stingl: Frauenheilkunde und Geburtshilfe. Krankheitslehre und Pflegetechnik, München 1970, S. 16.
468 Helene Stourzh-Anderle: Die Anorgasmie, S. 64 und 67.
469 Ebenda, S. 60.
470 Ebenda, S. 72.
471 Ebenda, S. 79.

der Frau und verweigerte sich zugleich nicht der Psychotherapie, die sie als Begleitmaßnahme durchaus akzeptierte[472].

Das waren nicht die Ausführungen, welche die mit Verlust des Konstitutionsschemas und Einführung der „Pille", und somit dem Zusammenbruch des eigenen Weltbildes konfrontierten Gynäkologen zu lesen wünschten. Im Grunde atmete die Abhandlung den Hauch der 1920er Jahre, wo schon einmal die Schuld des Mannes artikuliert und die erhabene, nach Liebe strebende Rolle der Frau betont worden war. Hinzu kam ein Lob für den in der deutschen Medizin nicht unumstrittenen Kurs der von Hans Giese dominierten Sexualforschung und eine Abkehr von jeglichen erbbiologischen Überlegungen. Wie bereits bei dem 1955 erschienenen Werk erfolgten eine ganze Reihe positiver Rezensionen, ja die Anorgasmie-Studie erwies sich als Verkaufsrenner und musste alsbald nachgedruckt werden. Zustimmung äußerten jene Mediziner, die in ihren Besprechungen indirekt einräumten, dass die „biologisch-seelische Problematik" der Frau seitens der Gynäkologie bislang nicht genügend gewürdigt worden war[473]. Von nervenärztlicher Seite erfuhr Stourzh-Anderle vielfach Zustimmung[474]. Auch die Allgemeinpraktiker bekundeten höchstes Interesse an der bahnbrechenden, als psychosexuell eingestuften, Studie[475].

Aber die langfristige Reaktion der meisten ihrer (männlichen) Fachkollegen bestand aus Schweigen bzw. partiellem Anzweifeln der umwerfenden Erfolgsquote Stourzh-Anderles, die erheblich höher lag als bei allen psychotherapeutischen Gehversuchen der männlichen Ärzteschaft[476]. Nur in der Schweiz und der DDR stieß Stourzh-

---

[472] Auf diesem Gebiet war Stourzh-Anderle auch nach 1945 weiter aktiv geblieben. Siehe Helene Stourzh-Anderle: Evolution des Geistigen. In: Wiener Archiv für Psychologie, Psychiatrie und Neurologie (6) 1956, S. 90-103.
Helene Stourzh-Anderle: Wahrnehmung und Wertung in einem Mikropsie-Traum. In: Zeitschrift für Psychotherapie und medizinische Psychologie (8) 1956, S. 154-156.

[473] W. Helbing: H. Stourzh: Die Anorgasmie der Frau. In: Zentralblatt für Gynäkologie (84) 1962, S. 1023-1024. Autor nennt Stourzh-Anderle eine „bekannte Verfasserin".
H. Smolka: Stourzh, H.: Die Anorgasmie der Frau. In: Zeitschrift für Geburtshilfe und Gynäkologie (159) 1962, S. 338.

[474] Lukas: Stourzh, H.: Die Anorgasmie der Frau. In: Zeitschrift für Psychotherapie und medizinische Psychologie (13) 1963, S. 35.
B. Schäuffelen: Stourzh, Helene: Die Anorgasmie der Frau. In: Der Nervenarzt (33) 1962, S. 553.

[475] Andreas: Stourzh, Dr.H.: Die Anorgasmie der Frau. In: Zeitschrift für medizinische Neuerscheinungen (3) 1961, S. 20
Kleine: Stourzh, H.: Die Anorgasmie der Frau. In: Der Landarzt (39) 1963, S. 1108.
K.W. Schultze: Stourzh, H.: Die Anorgasmie der Frau. In: Pro Medico (30) 1961, S. 703-704.

[476] Siehe hierzu Georg Schneider: Die Psychotherapie in der Frauenheilkunde und Geburtshilfe, Stuttgart 1960 (Beilageheft zur Zeitschrift für Geburtshilfe Bd. 154). Gerade die tiefenpsychologisch interessierten Mediziner belegten Stourzh-Anderles Studie mit Verachtung und lehnten jede Therapie auf Hormonbasis ab, siehe z.B. Rezensionen Dr. Helene Stourzh: Die Anorgasmie der Frau. In: Psychologische Menschenkenntnis (1) 1964, S. 100.
Auch der von Helene Stourzh-Anderle für seine sexualemanzipatorischen Tendenzen gelobte Hans Giese widersetzte sich der Überlegung der Autorin, wonach der Orgasmus der Schlüssel für ein glückli-

Anderle zeitweise auf Zustimmung[477]. In den USA wurden ähnliche Thesen, aber unabhängig von ihr, artikuliert[478]. Nach Einführung der „Pille" begann auch in der deutsch-österreichischen Ärzteschaft ein reger Diskurs über die Wirkung der Hormone. Doch die Behebung der weiblichen Anorgasmie kam darin in keiner Form vor. Dies hätte ja das Einräumen der sexuellen und psychologischen Unfähigkeit des männlichen Geschlechts impliziert. Statt dessen betonten die Autoren die Bedeutung der Hormone an sich oder empfahlen sie zur Herbeiführung von Schwangerschaften oder Sterilisierungen[479]. Hier tat sich auch der Frauenarzt Hans-Joachim Lindemann hervor[480]. Unbekümmert arbeitete er weiter auf der Basis der Studien seines Lehrers Carl Clauberg (1898-1957), welche dieser seit 1940 an weiblichen Häftlingen des KZ Auschwitz begonnen hatte. Helene Stourzh-Anderle dürfte diese Entwicklungen mit Misstrauen verfolgt haben. 1962 ging sie in den Ruhestand und wandte sich partiell ihrem Arbeitsgebiet der 1920er Jahre wieder zu. In mehreren Rezensionen besprach sie neue Werke zur Sexualaufklärung, aber auch Bücher über die Psychopathologie der Sexualität[481]. Durch die positive Aufnahme der Werke Willhart Schlegels gab sie zu

---

ches Sexualleben der Frau sei. Hans Giese: Risiken des sexuellen Lebens. In. Hans Giese/Victor v. Gebsattel (Hg.): Psychopathologie der Sexualität, Stuttgart 1962, S. 182-309, 226.
Wie ernst Frauen selbst das Orgasmusproblem sahen, dürfte Giese erst auf der 10. Tagung der Deutschen Gesellschaft für Sexualforschung im Sommer 1969 klar geworden sein, als revoltierende Studentinnen ihn mit dem Schlachtruf „Habt ihrs nicht kapiert, wir Weiber sind frustriert" vom Rednerpult drängten und die Veranstaltung sprengten. Ob er sich wohl in diesem Moment der Ausführungen Stourzh-Anderles entsann?
Siehe Reinhardt Kleber: „Habt ihr's nicht kapiert...". In: Zeitschrift für Sexualforschung (2) 1989, S. 75-85, 75.

[477] Gian Condrau: Psychosomatik der Frauenheilkunde, Bern 1965, S. 254.
Siegfried Schnabl: Intimverhalten, Sexualstörungen, Persönlichkeit, Berlin(Ost) 1973, S. 269.

[478] David A. Hamburg/Donald T. Lunde: Sex hormones in the development of sex differences in Human Behavior. In: Eleanor E. Maccoby (Ed.): The development of sex differences, Stanford 1966, S. 1-24, 3.
Robert A. Wilson: Feminine forever, New York 1966, S. 64.
Dies könnte mit der negativen Aufnahme des Buches durch die angelsächsische Forschergemeinschaft zusammenhängen, siehe Boris Belonoschkin: Die Anorgasmie der Frau. In: International Journal of Fertility (7) 1962, S. 370. Der russischstämmige Autor war vor 1945 an der Reichsuniversität Posen tätig gewesen.

[479] Arthur Jores/Heinrich Nowakowski: Praktische Endokrinologie und Hormontherapie nichtendokriner Erkrankungen, Stuttgart 1964.
Ernst Schreiner: Ovar. In: Alexis Labhardt (Hg.): Klinik der inneren Sekretion, 2. Auflage Berlin 1971, S. 523-686.
Joachim Ufer: Hormontherapie in der Frauenheilkunde. Grundlagen und Praxis, 4. Auflage Berlin 1972, S. 116/117.

[480] Hans-Joachim Lindemann: Transuterine Tubal sterilization by CO2 hysteroscopy. In: John J. Sciarra/Julius Butler/J. Joseph Speidel (Ed.): Hysteroscopic Sterilization, NY/London 1974, S. 61-73.
Hans-Joachim Lindemann: Hysteroscopic Sterilization. In: Lith, Louis G. (Hg.): New trends in female sterilization, Chicago 1983, S. 61-82.
Siehe Heidrun Kaupen-Haas: Das Experiment, S. 94.

[481] Helene Stourzh-Anderle: Buchbesprechung Hans Giese: Über die menschliche Fortpflanzung. In: Wiener medizinische Wochenschrift (112) 1962, S. 63.
Buchbesprechung Edith Kent: Vom Mädchen zur Frau. In: Ebenda, S. 216.

erkennen, wie sehr sie selbst noch immer den Überlegungen zu einer sexuellen Körperbaulehre anhing. Hinsichtlich der Sexualaufklärung förderte sie AutorInnen, die das Bild der selbstbewussten Frau in der Ehe prägten. Hierzu gehörte auch die Betonung des Mannes als verständnisvollen, auf einer Ebene mit der Frau stehenden Partners. Damit stand sie noch immer relativ allein da, denn trotz der aus der Rückschau häufig beschworenen sexuellen Aufbruchsstimmung der 1960er Jahre dominierte noch immer ein anderes Bild von Frauen, Sexualität und Männerherrschaft in der medizinischen Aufklärungsliteratur. In Wien war unter Federführung von Stourzh-Anderles Widerpart Erwin Stransky 1960 ein weithin geschätztes Menschenführungsbuch erschienen, in welchem der Terminus „Sexualität" für die Kinder- und Jugenderziehung gänzlich ausgespart wurde. Dafür wurde analog zu Überlegungen der 1920er Jahre die Gefahr durch das Kino bemüht[482]. Erst die Bücher Oswalt Kolles leiteten im deutschsprachigen Raum einen Gegentrend im öffentlichen Bewusstsein ein[483]. Zu Beginn der 1970er Jahre waren auch in der Sexualerziehung progressivere Töne zu vernehmen[484]. Diese Entwicklung zu erleben sollte Helene Stourzh-Anderle nicht mehr vergönnt sein.

Buchbesprechung Willhart S. Schlegel: Die Sexualinstinkte des Menschen. In: Ebenda, S. 714-715.
Buchbesprechung Albert Ellis: Liebe als Kunst und Wissenschaft. In: Ebenda S. 809-810.
Buchbesprechung H. Bürger-Prinz und H. Giese: Erziehung zur Sexualität. In: Ebenda, S. 922-923.
Buchbesprechung H. Giese und V.E. v. Gebsattel: Psychopathologie der Sexualität/2.Teil. In: Wiener medizinische Wochenschrift (113) 1963, S. 480-481.
Buchbesprechung Eberhard Schaetzing: Die verstandene Frau. In: Wiener medizinische Wochenschrift (114) 1964, S. 223.
Buchbesprechung A. Langelüddeke: Die Entmannung von Sittlichkeitsverbrechern. In: Ebenda, S. 353.
Buchbesprechung Franz Klinger: Des Mannes Hörigkeit. In: Ebenda, S. 367.
Buchbesprechung Maxine Davis: Die sexuelle Liebe in der Ehe. Wiener medizinische Wochenschrift 1965; 115: 1024.

[482] Karl Dienelt: Das pädagogische Anliegen der Menschenführung. In: Ludwig Hänsel/Karl Dienelt/ Erwin Stransky (Hg.): Menschenführung im Blickfeld der Pädagogik und Psychohygiene, Wien 1960, S. 27-93, 86.

[483] Oswalt Kolle. Deine Frau – das unbekannte Wesen, München 1967.

[484] Siehe z.B. Helmut Kentler: Sexualerziehung, Reinbek b. Hamburg 1970.

Hormone für die Schönheit – Psychotherapie für den Unterleib – Reinheit für die Kinder. Die weitere Entwicklung in der Gynäkologie und Sexualpädagogik

In der Zeit nach 1966 geriet Helene Stourzh-Anderle rasch in Vergessenheit. Warum die Forschung kein Interesse an der Bewahrung der Erinnerung ihrer überaus fleißigen, fachkundigen und modernen Entwicklungen aufgeschlossenen Kollegin hatte, dürfte hinreichend aufgezeigt worden sein. Insgesamt hatte Stourzh-Anderle stets in einem antifeministischen, repressiven Klima geforscht. Wie würden ihre Erkenntnisse in den 1970er Jahren und danach aufgenommen werden? Für eine Epoche der Frauenemanzipation und sexuellen Freizügigkeit schienen ihre Studien in Teilen geradezu wegweisend zu sein. Doch die reale Entwicklung lief gänzlich anders ab. 1970/73 drangen die Erkenntnisse des gemischtgeschlechtlichen amerikanischen Forscherduos Masters/Johnson über den Atlantik[485]. Mittels psychotherapeutischer und sexualpädagogischer Mittel sollten Paare zum glücklichen Sexualleben und Orgasmus geführt werden. Schon bald sollte die Sexualtherapie nach Masters/Johnson die uneingeschränkte Unterstützung der deutschen Mediziner erhalten[486]. Die Thesen Helene Stourzh-Anderles fanden allenfalls noch am Rande Erwähnung[487]. Dass die Überlegungen von Masters/Johnson eventuell auch eine Zementierung des gynäkologischen Vorurteils von der Unterlegenheit der Frau implizierten, wurde zunächst nur teilweise rezipiert[488]. Erst die

---

[485] William H. Masters/Virginia E. Johnson: Impotenz und Anorgasmie. Zur Therapie funktioneller Sexualstörungen, Frankfurt/Main 1973 (deutsche Fassung bearbeitet von Volkmar Sigusch und Bernd Meyenburg).

[486] G. Arendtewicz/R. Bulla/K. Schoof-Tams/E. Schorsch: Verhaltenstherapie sexueller Funktionsstörungen. Erfahrungen mit 23 Paaren. In: Eberhard Schorsch/Gunter Schmidt (Hg.): Ergebnisse zur Sexualforschung. Arbeiten aus dem Hamburger Institut für Sexualforschung, Köln 1975, S. 154-223.
Walter Bräutigam: Sexualmedizin im Grundriss. Eine Einführung in Klinik, Theorie und Therapie der sexuellen Konflikte und Störungen, Stuttgart 1977, S. 204.
W. Eicher: Sexuelle Störungen. In: Gerhard Martius (Hg.): Therapie in Geburtshilfe und Gynäkologie in zwei Bänden, Bd. II Stuttgart 1988, S. 102-111, 104.
Annette Kluitmann: Vaginismus. Angst vor der eigenen Leidenschaft? In: Sexualmedizin (21) 1992, S. 84-88, 84.

[487] Götz Kockott/F.Dittmar/L.Nusselt: Ergebnisse einer Untersuchung zur systematischen Desensibilisierung von Erektionsstörungen. In: Volkmar Sigusch (Hg.): Therapie sexueller Störungen, Stuttgart 1975, S. 43-85.
Volkmar Sigusch: Organotherapien bei sexuellen Funktionsstörungen. In: Zeitschrift für Sexualforschung (8) 1995, S. 329-352.

[488] Germaine Greer: Der weibliche Eunuch, S. 42/43.

Kritik Helen Singer-Kaplans führte zu einer Modifizierung der Sexualstörungstherapie[489]. Sie bedauerte auch das Fehlen einer größeren Literatur zu Theorien über Theorie und Praxis der Therapie sexueller Störungen der Frau[490]. Stourzh-Anderle fand nicht Eingang in diese Liste. Auch in den Überlegungen Heinz Brunners zu einer Geschichte der Sexualtherapie kommt sie nicht vor[491].

Die neue deutsche Frauenbewegung äußerte sich zudem rasch kritisch über das „Diktat der Pille“ und verwarf sexualtheoretische Konzepte weiblicher Sexualität auf hormoneller Basis. Hinzu kamen seit den 1970er Jahren die Warnungen von US-Forschern über erhöhte Krebsrisiken bei Hormoneinnahmen[492]. Gleichzeitig hielt die Kritik an der männlich dominierten Gynäkologie aber an[493]. Der von Stourzh-Anderle als frauenfeindlich abgelehnte Terminus der Frigidität wurde aber lange Zeit gerade von den „kritischen“ Frauen weiter verwendet und erst im Laufe der 1980er Jahre hinterfragt[494]. Wie berechtigt eine kritische Beobachtung der männlich dominierten Gynäkologie bis heute ist, bewies im Jahre 2001 unfreiwillig der Wiener Maudrich-Verlag, wo Helene Stourzh-Anderle 1955 ihr Buch über sexuelle Konstitutionen publiziert hatte. Im neuen Gynäkologie-Lehrbuch sucht man vergebens jeden Hinweis auf die Rolle genitaler Beschwerden im Leben der Frau. Weibliche Sichtweisen auf den eigenen Körper fehlen ebenfalls[495].

Hormontherapien finden heute in der Frauenheilkunde und Sexualtherapie in eingeschränkterem Maße noch immer zur Abmilderung der Folgen des Klimakteriums[496], Amenorrhoe[497] und Unfruchtbarkeit[498] Verwendung. Die französische Forschung setzt

---

[489] Helen Singer-Kaplan: Hemmungen der Lust. Neue Konzepte der Psychosexualtherapie, Stuttgart 1981.

[490] Ebenda, S. 180/181.

[491] Heinz Brunner: Ansätze zu einer Geschichte der Sexualtherapie. In: Engelbert Fruchtmann (Hg.): Identität und Sexualität. Süchtige zwischen Selbstheilung und Selbstzerstörung, Freiburg 1988, S. 57-70, 67.

Auch nichts zu Stourzh-Anderle bei Sabine zur Nieden: Weibliche Ejakulation. Variationen zu einem uralten Streit der Geschlechter, Stuttgart 1994 (Beiträge zur Sexualforschung 70).

[492] R. Hoover/L.A. Gray/P. Cole/B. MacMahon: Menopausal estrogen and breast cancer in women. In: New England Journal of Medicine (295) 1976, S. 401-405.

Eberhard Greiser/Judith Günther/Martin Niemeyer/Norbert Schmacke: Weibliche Hormone – ein Leben lang. Mehr Schaden als Nutzen?, Bonn 2000.

[493] Johanna Riegler: Gynäkologische Aufrüstung. In: Aurelia Weikert/Johanna Riegler/Lisbeth N. Trallori (Hg.): Schöne neue Männerwelt. Beiträge zur Gen- und Fortpflanzungstechnologien, Wien 1987, S. 181-191, 186.

[494] Gerti Senger: Was heißt schon frigid! Intimtatsachen, die jeder Mann kennen sollte, Genf 1991, S. 21.

[495] Johannes C. Huber/Ernst Kubista/Sepp Leodolter: Gynäkologie, Wien 2001 (Lehrbuch der Frauenheilkunde I).

[496] William Thompson : Estrogen replacement therapy in practice. Trends and issues. In: The American Journal of obstetrics and gynecology (173) 1995, S. 990-993.

[497] Johannes Huber : Die Hormontherapie. Gesundheit, Jugendlichkeit, blühendes Aussehen, Genf/ München 1990, S. 59.

zwar auf eine Kombinationstherapie aus Hormonen und detaillierter Sexualberatung bei Anorgasmie[499]. Aber hinsichtlich der Ätiologie dieser Behandlungsrichtung finden die Ausführungen Stourzh-Anderles keine Erwähnung.
Zuletzt soll noch ein Blick auf die Entwicklung der Sexualerziehung, einst das erste Arbeitsgebiet der jungen Helene Anderle, geworfen werden. Nach der 1968er Revolte setzte in Deutschland und – mit erheblicher Verspätung – auch in Österreich eine Reform der Sexualpädagogik ein. Dabei blieben Ende der 1960er Jahre formulierte revolutionäre Ansprüche zumeist auf der Strecke[500]. Bis Anfang der 1980er Jahre stand in der Sexualaufklärung die Heranführung der Jugendlichen an überkommene Verhaltensmuster im Vordergrund, gepaart jedoch mit einer im Vergleich zu früheren Zeiten offeneren Haltung zur Sexualität[501]. Mädchen erfuhren in diesem Unterricht, dass nur Jungs sexuell genussfähig seien und sie auf den Penis des Knaben neidisch sein müssten[502]. Manche Autoren hatten noch immer Probleme, weibliche Genitalien beim Namen zu nennen[503]. Als Verfasser tauchten fast nur Männer auf. Vertreter der katholischen Kirche pochten weiter auf das Dogma von dem rein ehelichen Geschlechtsverkehr und unterstellten der Sexualpädagogik, keine Werte zu vermitteln[504]. Die Gesellschaft hatte eine Liberalisierung erfahren, maßgebliche Schranken zur Eingrenzung der Sexualität waren gefallen. Aber angesichts der pädagogischen Aufklärungsliteratur der 1970er Jahre wäre eine Neuauflage der „sexuellen Aufklärung" von Helene Anderle aus dem Jahre 1925 wohl nicht weiter aufgefallen. Es ist kaum anzunehmen, dass die Autorin davon sonderlich begeistert gewesen wäre. Ihr Büchlein unterschied sich nur deswegen von der Masse der Literatur, weil es von einer Frau verfasst worden war.
History repeats itself.

---

[498] Geoffrey L. Hammond/Thomas Rabe/Janice D. Wagner: Preclinical profiles of progestins used in formulations of oral contraceptives and hormone replacement therapy. In: The Hormone continuum. Accrual of women's health benefits. Supplement to American Journal of obstetrics and gynecology vol. 185, Nr. 2, New York 2001, S. 24-31.

[499] G. Tordjemann: Les anorgasmies neurogénes féminines. In : Cahiers de sexologie clinique. Aspects medicaux et psychosociaux (25) 1999, Nr. 144, S. 33-36.
G. Zwang : Traitement des anorgasmies féminines. In : Ebenda, Nr. 141 S. 40-46.

[500] Eine Formulierung dieser Überlegungen einschließlich Kritik „bürgerlicher" Sexualaufklärung findet sich bei Doris v. Freyberg/Thomas v. Freyberg: Zur Kritik der Sexualerziehung, Frankfurt/Main 1971.

[501] Barbara Scheffer-Hegel: Säulen des Patriarchats. Zur Kritik patriarchaler Konzepte von Wissenschaft-Weiblichkeit-Sexualität und Macht, Pfaffenweiler 1996, S. 78.

[502] Siehe z.B. Joachim Brauer/Gerhard Regel: Tanja und Fabian, Gütersloh 1976, S. 9, 20.

[503] Peter Jacobi: Sexfibel, Opladen 1974, S. 13.

[504] Johannes Pohlschneider: Sittliche Normen christlicher Sexualerziehung in Schule und Elternhaus, Donauwörth 1976, S. 11-14.

Schlusswort

Wieso ist Helene Stourzh-Anderle wohl in Vergessenheit geraten? Weil sie „nur" eine Frau war? Weil sie fast „nur" in Österreich publizierte? Oder weil ihre Ansichten – unabhängig von ihrem Geschlecht – schlichtweg provokativ waren? Hypothetisch gefragt: Wären diese Werke überhaupt geschrieben worden, wenn nicht von einer Frau? Helene Stourzh-Anderle vereinte in ihrem Wesen viele Aspekte, die es ihrer Umwelt wünschenswert erscheinen ließen, sie möglichst rasch aus der Erinnerung zu tilgen. Sie gehörte der frühen Generation von Frauen an, die sich zum Medizinstudium entschlossen und auch sogleich in die Forschung einstiegen. Im Gegensatz zu der Mehrheit ihrer Geschlechtsgenossinnen fand sie keinen Gefallen am „Roten Wien" der 1920er Jahre, aber auch nicht an rassenhygienischen Konstrukten der extremen Rechten. Dem Ständestaat stand sie kühl distanziert gegenüber, dem Nationalsozialismus und den in seinem Umkreis verkündeten wissenschaftlichen Lehren ablehnend. Kein Engagement im Dritten Reich – und dennoch wissenschaftlich aktiv. Ein Einzelfall in der „Ostmark". Schon im Ständestaat dürfte sie negativ aufgefallen sein: Sie war mit einem protestantischen, politisch aufmerksamen und kritischen Beamten verheiratet[505], später alleinerziehende Mutter und dennoch selbständig beruflich tätig. Nach 1945 schließlich agitierte Stourzh-Anderle nicht einfach nur gegen herrschende Lehrmeinungen, sondern widerlegte sie mit deren eigenen Methoden. Eine solche Frau durfte nicht in die Annalen der Wissenschaft eingehen. Für die medizintheoretisch dilettierende neue Frauenbewegung der 1970er Jahre und politische Linke der Postmoderne hätte Stourzh-Anderle selbst vermutlich nur ein müdes Lächeln übrig gehabt. Umgekehrt eignete sich die bürgerlich-liberale Reformerin wohl kaum als revolutionäres Vorbild. Ferner waren ihre biologistischen Ausführungen nicht mehr zeitgemäß. Zugleich hatte sie durch ihr Lebenswerk aber unter Beweis gestellt, um wie viel sie in Teilen sowohl der etablierten politischen Linken als auch der Frauenbewegung voraus war.

Heute sind die Diskussionen und wissenschaftlichen Leitbilder, mit denen sich Stourzh-Anderle zeit ihres Lebens auseinandersetzen musste, längst Geschichte. Die

---

[505] So hatte Herbert Stourzh bereits 1932 den auch in katholischen Kreisen verbreiteten – und in der Affäre um Einführung eines „Arierpargrapen" an der Universität Wien öffentlich gewordenen – Antisemitismus scharf angegriffen. Herbert Stourzh: Studentenrecht und Christentum. In: Menschheitskämpfer. Halbmonatsschrift der religiösen Sozialisten (6) 1932, Nr. 3, S. 4-5, 5: *Christentum und Nationalismus, Christentum und Rassenfanatismus sind unvereinbare Gegensätze. Hier gibt es nur ein Entweder-Oder, ausgenommen für Schwachköpfe oder Heuchler.*

Konstitutionslehre spielte spätestens seit der Widerlegung Kretschmers (außer in der Homöopathie) keine wirkliche Rolle mehr[506]. Die erbbiologischen Denkrichtungen der 1940er Jahre beruhten auf einer – im Vergleich zu heute – verschwindend geringen Kenntnis der menschlichen Gene. Die Sexualitäten unterliegen keiner gesamtgesellschaftlichen „Moralkontrolle" mehr. Selbst die Sexualaufklärung erfolgt heute entspannt und jenseits des biogenetischen Getümmels der 1920er Jahre. Der neuen Genetik und Biotechnologie hat Stourzh-Anderle wenig zu sagen, da all ihre Argumentationsschienen nur noch historischen Wert besitzen. Auch wäre es falsch, sie für eine entsprechende kritische Wissenschaft heranziehen zu wollen. Wissen wir denn, wie sie darüber gedacht hätte? Aber gerade deshalb, weil sich ihr Oeuvre nicht zu neuen Spiegelfechtereien eignet, wäre es im höchstem Maße wichtig oder einfach nur moralisch notwendig, sich ihrer zu erinnern und ihr Werk zu beleuchten.

Wir werden Frau Dr. Stourzh-Anderle stets ein ehrendes Andenken bewahren schrieb im Nachruf der Vorsitzende der Gesellschaft der Aerzte Wiens, Wolfgang Denk[507] – welche Taten folgten diesen hehren Worten? Helene Stourzh-Anderle vereinte viele Kompetenzen, sie war Gynäkologin, Sexualforscherin, Sexualpädagogin, Förderin und Kritikerin ihrer eigenen Disziplin. Sie ließ und lässt sich nicht einordnen in festgefrorene, häufig politisch festgelegte Schemata, wie sie gerade in der deutschsprachigen Zeitgeschichte bei der Erforschung historischer Persönlichkeiten üblich geworden sind. Aber sie war kein Einzelfall. Wie viele Stourzh-Anderles warten noch im Dunkel der Geschichte auf Entdeckung? Wozu warten?

---

[506] Siehe hierzu Detlev v. Zerssen: Biometrische Studien über Körperbau und Charakter. In: Fortschritte der Neurologie, Psychiatrie und ihrer Grenzgebiete (33) 1965, S. 455-471.

[507] Wolfgang Denk: Nachruf für Frau Dr. Helene Stourzh-Anderle, S. 202. Denk war Chef der II. Chirurgischen Klinik in Wien, Leiter des Krebsforschungsinstituts und 1957 gemeinsamer Präsidentschaftskandidat von ÖVP und FPÖ gewesen.

„SANABO"

Fabrik chemischer und pharmazeutischer Produkte

Dr. Karl und Maria Stosius

Wien, XII., Anton-Scharff-Gasse 7

Erzeugung und Vertrieb von

organotherapeutischen

und

chemotherapeutischen

Spezialpräparaten

für die

Human-

und

Veterinärpraxis

Literatur auf Verlangen!

Werbeanzeige der Firma „Sanabo-Chinoin"

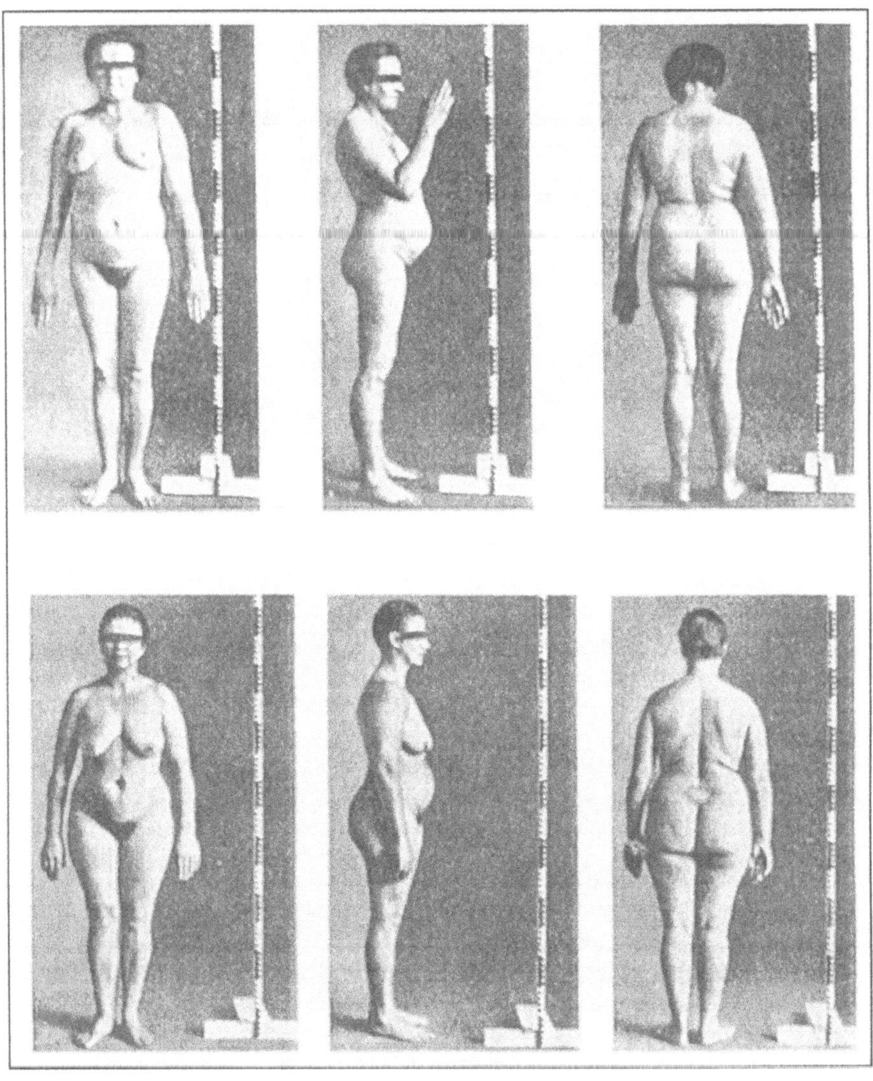

Körperbautypen der Frau.
Aus: Egon v. Eickstedt: Die Forschung am Menschen, Bd. II, Stuttgart 1944, S. 787

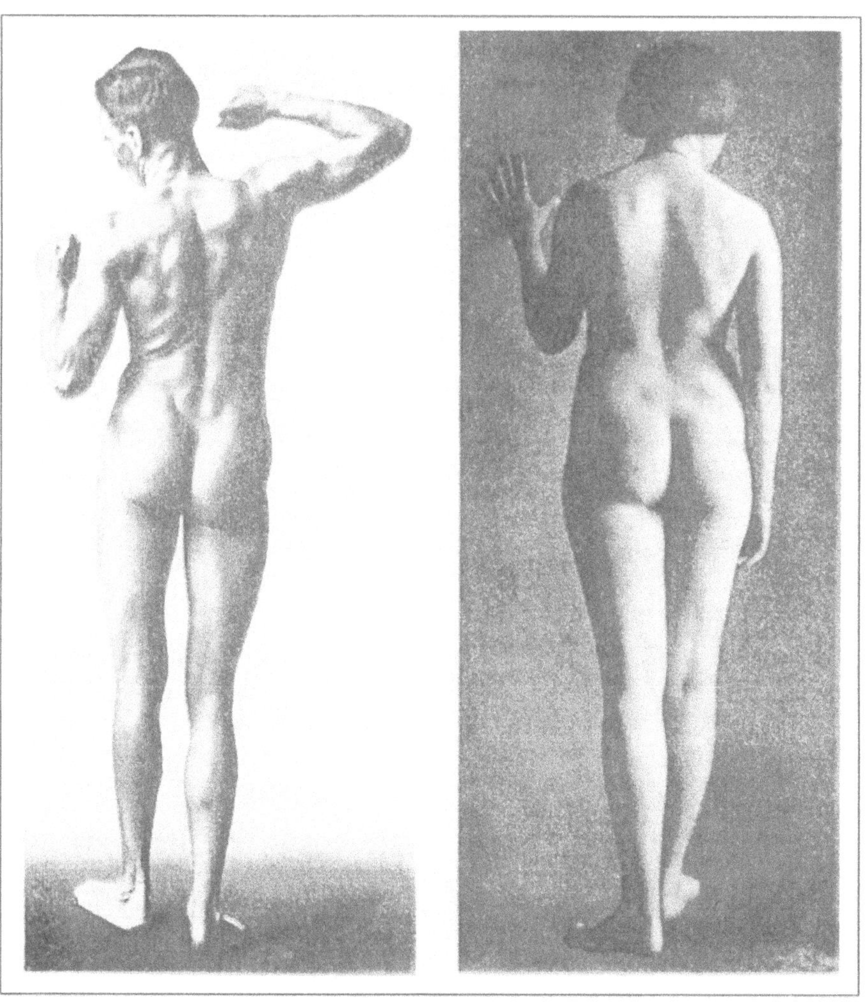

Idealtypen des menschlichen Körperbaus im Sinne der NS-Rassenanthropologie.
Aus: Egon v. Eickstedt: Die Forschung am Menschen, Bd. II,
Stuttgart 1944, S. 1503

Literaturverzeichnis

1. Quellen

Archiv der Ärztekammer Wien: Akt Stourzh-Anderle, Helene

Archiv der Familie Knoll (Marburg): Nachlass Ernst Kretschmer

Archiv der Universität Wien: Personalakten Chwalla, Rudolf / Moszkowicz, Ludwig

Bundesarchiv Berlin: Reichsärztekammer, Akt Stourzh-Anderle

Privatarchiv Prof. em. Gerald Stourzh (Wien): Kopien der Rezensionen über die Bücher von Helene Stourzh-Anderle

2. Bibliographie der Werke Helene Stourzh-Anderles

Zur Lehre von der Querschnittstopographie der Nerven an der oberen Extremität. In: Zeitschrift für angewandte Anatomie und Konstitutionslehre (1) 1914, S. 397-425

Zur Lehre von der Querschnittstopographie der Nerven der unteren Extremität. In: Zeitschrift für angewandte Anatomie und Konstituitonslehre (3) 1918, S. 298-313

Die sexuelle Aufklärung. Wien 1925 (Bücherei der Quelle, Heft 26)

Das Geschlechtsleben des Weibes. Mit Beiträgen von Dr. Rudolf Allers. In: Rudolf Allers (Hg.): Hausbuch der Heilkunde, Teil II: Der Ablauf des normalen Lebens, Wien 1925, S. 125-206

Der IV. Internationale Kongress der Weltliga für Sexualforschung und Sexualreform. In: Die Bereitschaft (10) 1930, S. 28-29

Erziehung zur Elternschaft. In: Ebenda, S. 139-140

Kindesrecht und Elternpflicht. In: Das Wort der Frau (1) 1931, Nr. 20, S. 15-16

Zum internationalen Aerztinnenkongress. In: Ebenda Nr. 28, S. 1

Eheberatung und Beratung in der Ehe. In: Die Bereitschaft (11) 1931, S. 33

Was soll der Laie vom Gebärmutterkrebs wissen? In: Mein Arzt. Volkstümliche Zeitschrift zur Gesundheitspflege, Lebensführung und Kosmetik 1931, Nr. 9, S. 134

Die sexuelle Aufklärung. In: Herbert Steiner (Hg.): Sexualnot und Sexualreform. Verhandlungen der Weltliga für Sexualreform. IV. Kongress abgehalten zu Wien vom 16 bis 23. September 1930, Wien 1931, S. 630

Entpolitisierung der Jugend. In: Die Bereitschaft (15) 1932, S. 33-35

Diskussion zum Thema: Moralische Aufrüstung. In: Le Mouvement pacifiste Nr. VII-VIII 1932, S. 91

Diskussionsbeitrag zum Thema « Erziehung und Gesundheit ». In: Volksgesundheit. Zeitschrift für soziale Hygiene (6) 1932, S. 134-135

Genie und Weiblichkeit. In: Stimmen der Zeit. Monatsschrift für das Geistesleben der Gegenwart (64) 1933, S. 129-131

Beitrag zur Mechanik des Traumes. In: Wiener Medizinische Wochenschrift (87) 1937, S. 1280-1282

Diskussionsbeitrag. 26. Tagung der Deutschen Gesellschaft für Gynäkologie in Wien. Sitzung vom 28. bis 30. Oktober 1941. In: Zentralblatt für Gynäkologie (66) 1942, S. 277-279

Zur Frage der sexuellen Konstitutionen. In: Zentralblatt für Gynäkologie (66) 1942, S. 1005-1006

Zur Therapie der Sterilität und des Vaginismus. In: Zentralblatt für Gynäkologie (67) 1943, S. 354-355

Konstitution und Sexualität. In: Wiener Klinische Wochenschrift (56) 1943, S. 556-564

Hormonale Therapie des Vaginismus. In: Wiener Klinische Wochenschrift (61) 1949, S. 502-505

Erwiderung auf K. Nordmeyers Arbeit: „Frigidität" (Zbl. Gynäk. 73, S. 1061, 1951). In: Zentralblatt für Gynäkologie (74) 1952, S. 914-915

Ovulation, Menstruation, Konzeption. In: Soziale Berufe (4) 1952, S. 52-56

Die Psychologie des Klimakteriums. In: Ebenda, S. 65-67

Die sexuelle Konstitution. In: Ebenda, S. 129-131, 146-148

Die Pubertät. In: Soziale Berufe (5) 1953, S. 117-119, 139-141

Behandlung des Vaginismus mit Retalon retard. In: Der praktische Arzt (8) 1954, S. 470-473

Die Bedeutung der Phylogenese für die Psychologie und Psychopathologie. Sitzung der Gesellschaft der Aerzte in Wien vom 11. Dezember 1953. In: Wiener Klinische Wochenschrift (66) 1954, S. 19

Die Bedeutung der Phylogenese für die Psychologie und Psychopathologie. In: Ebenda, S. 459-462

Die gesunde Frau in der Ehe. In: Heinrich Wallnöfer/Heinz Scheibenpflug (Hg.): Ehe-Familie-Heim. Ein Hausbuch für Alle, Wien 1954, S. 43-70

Die häufigsten Krankheiten und ihre Verhütung, Frauenleiden. In: Ebenda, S. 71-88

Das Kind kommt. In: Ebenda, S. 251-265

Sexuelle Konstitution, Psychopathie, Kriminalität, Genie, Wien 1955 (Wiener Beiträge zur Sexualforschung, Band 1)

Sexuelle Anästhesie. Dritte Österreichische Gynäkologentagung vom 21. bis 22. Mai 1955 in Velden am Wörthersee. In: Zentralblatt für Gynäkologie (77) 1955, S. 1408

Zur Frage der Frigidität. In: Wiener Medizinische Wochenschrift (105) 1955, S. 838-840

Evolution des Geistigen. In: Wiener Archiv für Psychologie, Psychiatrie und Neurologie (6) 1956, S. 90-103

Wahrnehmung und Wertung in einem Mikropsie-Traum. In: Zeitschrift für Psychotherapie und medizinische Psychologie (8) 1956, S. 154-156

Buchbesprechung F.S. Caprio: Die Homosexualität der Frau. In: Wiener medizinische Wochenschrift (108) 1958, S. 716

Buchbesprechung Der homosexuelle Mann in der Welt von Dr.med. Dr.phil. Hans Giese. In: Wiener medizinische Wochenschrift (109) 1959, S. 29-30

Buchbesprechung Eustace Chesser: Die Kunst zu leben und zu lieben. In: Ebenda, S. 929

Die Anorgasmie der Frau, Stuttgart 1961 (Beiträge zur Sexualforschung, Heft 23), 2. Auflage Stuttgart 1962

Buchbesprechung C. Colmeiro-Laforet: Die Sexualität der Frau. In: Wiener medizinische Wochenschrift (111) 1961, S. 299

Buchbesprechung Hans Giese: Über die menschliche Fortpflanzung. In: Wiener medizinische Wochenschrift (112) 1962, S. 63

Buchbesprechung Edith Kent: Vom Mädchen zur Frau. In: Ebenda, S. 216

Buchbesprechung Willhart S. Schlegel: Die Sexualinstinkte des Menschen. In: Ebenda, S. 714-715

Buchbesprechung Albert Ellis: Liebe als Kunst und Wissenschaft. In: Ebenda, S. 809-810

Buchbesprechung H. Bürger-Prinz und H. Giese: Erziehung zur Sexualität. In: Ebenda, S. 922-923

Buchbesprechung H. Giese und V.E. v. Gebsattel: Psychopathologie der Sexualität/2.Teil. In: Wiener medizinische Wochenschrift (113) 1963, S. 480-481

Buchbesprechung Eberhard Schaetzing: Die verstandene Frau. In: Wiener medizinische Wochenschrift (114) 1964, S. 223

Buchbesprechung A. Langelüddeke: Die Entmannung von Sittlichkeitsverbrechern. In: Ebenda, S. 353

Buchbesprechung Franz Klinger: Des Mannes Hörigkeit. In: Ebenda, S. 367

Buchbesprechung Maxine Davis: Die sexuelle Liebe in der Ehe. In: Wiener medizinische Wochenschrift (115) 1965, S. 1024

3. Literatur

Abderhalden, Emil: Unser Ziel. In: Sexualethik. Organ des deutschen Aerzte- und Volksbundes für Sexualethik (1) 1925, Nr. 1, S. 2-7

- Der Kampf zur Bewahrung der Jugend vor Schund und Schmutz. In: Sexualethik (3) 1927, S. 27-28
- Aufruf an die deutschen Ärzte zum Anschluss an den deutschen Ärztebund für Sexual- und Gesellschaftsethik des deutschen Sprachgebietes. In: Ebenda, S. 33-35
- Abwehrfermente (Die Abderhaldensche Reaktion), 6. Auflage Dresden/Leipzig 1941

Abraham, Karl: Psychoanalytische Studien, 2 Bände Frankfurt/Main 1971

Adler, Alexandra: Technik der Erziehungsberatung. In: Internationale Zeitschrift für Individualpsychologie (7) 1929, S. 196-202

Adler, Alfred: Die Frau als Erzieherin. In: Archiv für Frauenkunde und Eugenetik (2) 1915, S. 341-349

- Die Ehe als Aufgabe. In: Internationale Zeitschrift für Individualpsychologie (4) 1926, S. 22-24
- Liebesbeziehungen und deren Störungen, Wien 1926
- Psychische Einstellung der Frau zum Sexualleben. In: Albrecht Bethe (Hg.): Handbuch der normalen und pathologischen Physiologie mit Berücksichtigung der experimentellen Pharmakologie, Bd. 14/I Berlin 1926, S. 802-807
- Sexualneurasthenie. In: Ebenda, S. 895-899

- Erörterungen zum Paragraph 144. In: Margret Hilferding: Geburtenregelung, Wien 1926, S. 21-24
- Vorrede. In: Heinrich F. Wolf: Strategie der männlichen Annäherung, Wien/Leipzig 1926, S. 9-14
- Die Technik der Individualpsychologie, Teil 2: Die Seele des schwer erziehbaren Schulkindes, Wien/Leipzig 1930
- Studie über die Minderwertigkeit von Organen, Darmstadt 1965
- Über den nervösen Charakter. Grundzüge einer vergleichenden Individual-Psychologie und Psychotherapie, Darmstadt 1969

Adler, Alfred/Furtmüller, Carl (Hg.): Heilen und Bilden. Grundlagen einer Erziehungskunst für Ärzte und Pädagogen, 2. Auflage München 1922

Ahlers, Reinhold: Über Diagnostik und Behandlung der Sterilität. In: Zeitschrift für ärztliche Fortbildung (41) 1944, S. 128-132

Aichhorn, August: Verwahrloste Jugend. Die Psychoanalyse in der Fürsorgeerziehung. Zehn Vorträge zur ersten Einführung, 2. Auflage Wien 1931

Albrecht, Othmar: Psychopathia Sexualis des Weibes. In: Josef Halban/Ludwig Seitz (Hg.): Biologie und Pathologie des Weibes. Ein Handbuch der Frauenheilkunde und Geburtshilfe, Bd. V/3, Berlin/Wien 1927, S. 163-204

Allers, Rudolf: Das Werden der sittlichen Person. Wesen und Erziehung des Charakters, Freiburg i. Breisgau 1929
- Sexualpädagogik. Grundlagen und Grundlinien, Salzburg 1934

Alt, Alfred: Dr. Helene Stourzh-Anderle: Sexuelle Konstitution. In: Österreichische Ärztezeitung (10) 1955, S. 119-120

Andreas: Stourzh, Dr. H.: Die Anorgasmie der Frau. In: Zeitschrift für medizinische Neuerscheinungen (39) 1961, S. 20

Andreas-Salomé, Lou: Lebensrückblick. Grundriss einiger Lebenserinnerungen, Zürich 1951
- Die Erotik. Vier Aufsätze, München 1979

Ansbacher, Heinz L.: Alfred Adlers Sexualtheorien, Frankfurt/Main 1989

Apple, Rima D.: Mothers and Medicine. A social history of infant feeding 1890-1950, Wisconsin 1987

Arendtewicz, G./Bulla, R./Schoof-Tams, K./Schorsch, E.: Verhaltenstherapie sexueller Funktionsstörungen. Erfahrungen mit 23 Paaren. In: Eberhard Schorsch/Gunter Schmidt (Hg.): Ergebnisse zur Sexualforschung. Arbeiten aus dem Hamburger Institut für Sexualforschung, Köln 1975, S. 154-223

Arias, Ingrid: Die ersten Ärztinnen in Wien. Ärztliche Karrieren von Frauen zwischen 1900 und 1938. In: Birgit Bolognese-Leuchtenmüller/Sonia Horn (Hg.): Töchter des Hippokrates. 100 Jahre akademische Ärztinnen in Österreich, Wien 2000, S. 55-78

Arney, William Ray: Power and the profession of obstetrics, Chicago 1982

Arnold, A.: Körperuntersuchungen an 1556 Leipziger Studenten. In: Zeitschrift für Konstitutionslehre (15) 1931, S. 41-113
- Ein Beitrag zur Anthropologie der deutschen Frau und zur Frage der Einwirkung planmäßiger Leibesübungen auf den weiblichen Körper. In: Ebenda, S. 651-663

Arnold, Friedrich: Katholische Theologie und Kirche. In: Hans Giese/Victor v. Gebsattel (Hg.): Psychopathologie der Sexualität, Stuttgart 1962, S. 116-149

Aschner, Bernhard: Die Konstitution der Frau und ihre Beziehungen zur Geburtshilfe und Gynäkologie, Wien 1924

- Technik der Konstitutionstherapie. Mit hundertfünfzig Beispielen aus der Praxis, 2. Auflage Wien 1937

Ash, Mitchell G.: Medizin im Nationalsozialismus – wissenschaftliche Arbeit als Weg der Aufarbeitung. In: Sonia Horn/Peter Malina (Hg.): Medizin im Nationalsozialismus. Wege der Aufbereitung, Wien 2001, S. 87-98

Asperger, Hans: Heilpädagogik. Eine Einführung in die Psychopathologie des Kindes für Ärzte, Lehrer, Psychologen, Richter und Fürsorgerinnen, 2. Auflage Wien 1956

Bachler, Sigrid Ingeborg: Rosa Mayreder. Eine exemplarische Antizipation, phil.Diss. Frankfurt/Main 1994

Bartel, Julius/Herrmann, Eduard: Über die weibliche Keimdrüse bei Anomalie der Konstitution. In: Monatsschrift für Geburtshilfe und Gynäkologie (33) 1911, S. 125-135

Bauer, Bernhard A. : Wie bist Du, Weib? Betrachtungen über Körper, Seele, Sexualleben und Erotik des Weibes, Wien/Leipzig 1923

Bauer, Julius: Die konstitutionelle Disposition zu inneren Krankheiten, Berlin 1917

- Die individuelle Konstitution als Grundlage nervöser Störungen. In: Oswald Schwarz (Hg.): Psychogenese und Psychotherapie körperlicher Symptome, Wien 1925, S. 70-85
- Innere Sekretion. Ihre Physiologie, Pathologie und Klinik, Berlin 1927
- Medizinische Kulturgeschichte des 20. Jahrhunderts im Rahmen eine Autobiographie, Wien 1964

Bebel, August: Die Frau und der Sozialismus (Die Frau in Vergangenheit, Gegenwart und Zukunft), 16. Auflage Stuttgart 1892

Becker, Sophinette: Zur Funktion der Sexualität im Nationalsozialismus. In: Zeitschrift für Sexualforschung (14) 2001, S. 130-145

Behn, Juliane: Körperbauuntersuchungen an 18-20jährigen Frauen, med.Diss. Leipzig 1938

Behn-Eschenburg, H.: Über kindliche Sexualforschung und unsere Einstellung dazu. In: Zeitschrift für psychoanalytische Pädagogik (1) 1926/27, S. 360-369

Beimborn, Willi: Über die Isolierung und kristallisierte Darstellung von spezifischen Abwehrproteinasen aus Harn von Basedowkranken. In: Allgemeine Zeitschrift für Psychiatrie und ihre Grenzgebiete (119) 1942, S. 87-109

Bell, Susan E.: Changing ideas. The medicalization of menopause. In: Social Science and medicine (24) 1987, S. 535-542

Belonoschkin, Boris: Die Anorgasmie der Frau. Dr. Helene Stourzh. In: International Journal of Fertility (7) 1962, S. 370

Benetka, Gerhard: Psychologie in Wien. Sozial- und Theoriegeschichte des Wiener psychologischen Instituts 1922-1938, Wien 1995

Bennholdt-Thomsen, Carl: Die somatische Wandlung des Großstadtkindes. In: Zeitschrift für Rassenkunde (12) 1941, S. 248-255

Bergmann, Anna: Von der „unbefleckten Empfängnis" zur „Rationalisierung des Geschlechtslebens". Gedanken zur Debatte um den Geburtenrückgang vor dem ersten Weltkrieg. In: Christine Kulke (Hg.): Rationalität und sittliche Vernunft. Frauen in der patriarchalen Realität, Pfaffenweiler 1988, S. 164-186

- Zur Kultur der Nebenwirkung. Menschenexperimente, wissenschaftlicher Fortschritt und sexuelle Emanzipation. In: Ursula Marianne Ernst/Gabriela Riedl (Hg.): Liebe, Technik und Ökonomie, Wien 1996, S. 141-152

Bergmann, Anneliese: Frauen, Männer, Sexualität und Geburtenkontrolle. Die Gebärstreikdebatte der SPD im Jahre 1913. In: Karin Hausen (Hg.): Frauen suchen ihre Geschichte, München 1983, S. 81-108

Berna-Simons, Lilian: Weibliche Sexualität und Identität. Das 19. Jahrhundert in Sigmund Freud. Eine Untersuchung zu den Anfängen der Psychoanalyse, phil.Diss. Hannover 1978

Bernfeld, Siegfried: Vom Gemeinschaftsleben der Jugend. Beiträge zur Jugendforschung, Leipzig 1922

- Die heutige Psychologie der Pubertät. Kritik ihrer Wissenschaftlichkeit, Leipzig 1927

Bibby, Cyril: Erziehung zum richtigen familiären Verhalten. In: Die gesunde Familie in ethischer, sexualwissenschaftlicher und psychologischer Sicht. Vorträge gehalten auf dem Internationalen Kongress der IPPF in Berlin 1957 unter Mitwirkung der Deutschen Gesellschaft für Ehe und Familie, Stuttgart 1958 (Beiträge zur Sexualforschung 13), S. 35-38

Bickenbach, W./Paulikovics, E.: Hemmung der Follikelreifung durch Progesteron bei der Frau. In: Zentralblatt für Gynäkologie (68) 1944, S. 153-157

Bilz, Rudolf: Lebensgesetze der Liebe. Eine anthropologische Studie über Gefühlselemente, Bewegungen und Metaphern menschlicher Liebe, Leipzig 1943

Bischoff, Theodor L.W .v.: Das Studium und die Ausübung der Medicin durch Frauen, München 1872

Bleibtreu-Ehrenberg, Gisela: Angst und Vorurteil. AIDS-Ängste als Gegenstand der Vorurteilsforschung, Reinbek 1989

Bleker, Johanna (Hg.): Der Eintritt der Frauen in die Gelehrtenrepublik. Zur Geschlechterfrage im akademischen Selbstverständnis und in der wissenschaftlichen Praxis am Anfang des 20. Jahrhunderts Husum 1998

Bleker, Johanna/Jachertz, Norbert (Hg.): Medizin im „Dritten Reich", 2. Auflage Köln 1993

Bleker, Johanna/Schleiermacher, Sabine (Hg.): Ärztinnen aus dem Kaiserreich. Lebensläufe einer Generation, Weinheim 2000

Bleuler, Manfred: Endokrinologische Psychiatrie, Stuttgart 1954

Bleuler, Manfred/Züblin, W.: Zur Kenntnis der psychischen Wirkung von Sexualhormonen in hohen Dosen. In: Wiener medizinische Wochenschrift (100) 1950, S. 229-233

Bluhm, Agnes: Aus der neueren Literatur über sexuelle Aufklärung und Ethik. In: Zeitschrift für Jugendwohlfahrt, Jugendbildung und Jugendkunde. Der Säemann (2) 1911, S. 208-214

Bock, Gisela: Historisches Fragen nach Frauen. In: Karin Hausen (Hg.): Frauen suchen ihre Geschichte, München 1983, S. 22-61
- Zwangssterilisation im Nationalsozialismus. Studien zur Rassenpolitik und Frauenpolitik, Opladen 1986 (Schriften des Zentralinstituts für sozialwissenschaftliche Forschung der FU Berlin 48)
- Gleichheit und Differenz in der nationalsozialistischen Rassenpolitik. In: Geschichte und Gesellschaft (19) 1993, S. 277-310

Bohne, G.: Stourzh-Anderle, Helene, Sexuelle Konstitution, Psychopathie, Kriminalität, Genie. In: Zeitschrift für die gesamte Strafrechtswissenschaft (69) 1957, S. 117-121

Bondi, Josef/Neurath, Rudolf: Ueber experimentellen Hyperfeminismus. In: Wiener Klinische Wochenschrift (35) 1922, S. 520-522

Borak, Jonas: Therapeutische Erfolge durch Röntgenbestrahlung der Hypophyse. In: Jahreskurse für ärztliche Fortbildung (15) 1924, Nr. 1, S. 28-49

Borchard, Leo: Klinische Konstitutionslehre. Ein Lehrbuch für Studierende und Ärzte, Berlin 1924

Börngen, Horst: Beckenneuralgie, ein gynäkologisches Krankheitsbild bei neuzeitlicher Ganzheitsbetrachtung. In: Zeitschrift für ärztliche Fortbildung (41) 1944, S. 84-87

Borries, Bodo v./Kuhn, Annette: Ansätze zu einem frauengeschichtlichen Curriculum. In: Dieselben/ Jörn Rusen (Hg.): Sammelband Geschichtsdidaktik. Frau in der Geschichte I/II/III, Düsseldorf 1984, S. 13-40

Bosmanns, Louis: Hildegard Burjan. Leben und Werk, Wien 1971

Boss, Medard: Einführung in die psychosomatische Medizin, Bern/Stuttgart 1950

Bossi, Luigi Maria: Die gynäkologische Prophylaxe bei Wahnsinn, Berlin 1912
- Meine Ansichten über die reflektorischen Psychopathien und die Notwendigkeit der Verbesserung des Irrenwesens. In: Wiener Klinische Wochenschrift (25) 1912, S. 1868-1875

Brandt, G.H.: Kalte Frauen. Ärztliche Ratschläge für Frauen, die nichts empfinden und Gatten, die unter der Kälte leiden, 3. Auflage Leipzig 1907

Brandt, Walter: Die biologischen Grundlagen der Konstitution des Menschen. In: Zeitschrift für Konstitutionslehre (13) 1928, S. 664-674
- Die Entwicklung des Typus und der Konstitution des Menschen. Ein biologisches Problem. In: Erich Kallius (Hg.): Ergebnisse der Anatomie und Entwicklungsgeschichte, Bd. 28 Berlin 1929, S. 430-581

Brauer, Joachim/Regel, Gerhard: Tanja und Fabian, Gütersloh 1976

Braun, Christina v.: Nicht ich: Logik, Lüge, Libido, Frankfurt/Main 1985

Braun, Fritz: Der politische Lebensweg des Bürgermeisters Richard Schmitz. Beiträge zur Innenpolitik der ersten Republik und zur Geschichte der christlichsozialen Partei, phil.Diss. Wien 1968

Bräutigam, Walter: Sexualmedizin im Grundriss. Eine Einführung in Klinik, Theorie und Therapie der sexuellen Konflikte und Störungen, Stuttgart 1977

Bredow, Amalie: Die Frau und der politische Radikalismus. In: Der christliche Ständestaat (4) 1937, Nr. 25, S. 599-600

Breuer, Gisela: Frauenbewegung im Katholizismus. Der Katholische Frauenbund 1903-1918, Frankfurt/ Main 1998

Brodthage, Heike/Hoffmann, Sven Olaf: Die Rezeption der Psychoanalyse in der Psychologie. In: Johannes Cremerius (Hg.): Die Rezeption der Psychoanalyse in der Soziologie, Psychologie und Theologie im deutschsprachigen Raum bis 1940, Frankfurt/Main 1981, S. 135-254

Brückner, Margit: Zwischen Kühnheit und Selbstbeschränkung. Von der Schwierigkeit weiblichen Begehrens. In: Zeitschrift für Sexualforschung (3) 1990, S. 195-217

Brückner-Teleky, Dora: Über den Unterricht in Somatologie und Hygiene an höheren Mädchenschulen. In: Zeitschrift für Kinderschutz (24) 1932, S. 71-74

Brunner, Heinz: Ansätze zu einer Geschichte der Sexualtherapie. In: Engelbert Fruchtmann (Hg.): Identität und Sexualität. Süchtige zwischen Selbstheilung und Selbstzerstörung, Freiburg 1988, S. 57-70

Buccura, Constantin: Die akuten und chronischen Infektionen der Genitalorgane mit Ausnahme der Tuberkulose und Gonorrhöe, München 1933 (Handbuch der Gynäkologie VIII/2)

Buchholz, Kai: Lebensreformerisches Zeitschriftenwesen. In: Kai Buchholz/Rita Latocha/Hilke Peckmann/Klaus Wolbert (Hg.): Die Lebensreform. Entwürfe zur Neugestaltung von Leben und Kunst um 1900, Bd. I Darmstadt 2001, S. 45-51

Bühler, Charlotte: Das Seelenleben des Jugendlichen. Versuch einer Analyse und Theorie der psychischen Pubertät, 2. Auflage Jena 1923

- Kindheit und Jugend. Genese des Bewusstseins, 3. Auflage Leipzig 1931

Bühler, Fritz: Über den Einfluss der Sexualhormone auf den Kreatinstoffwechsel. In: Zeitschrift für die gesamte experimentelle Medizin (86) 1933, S. 638-649

Bühler, Karl: Abriss der geistigen Entwicklung des Kindes, 2. Auflage Leipzig 1925

- Die geistige Entwicklung des Kindes, 6. Auflage Jena 1930

Bullough, Vern/Vogt, Martha: Women, menstruation, and nineteenth-century medicine. In: Bulletin of the history of medicine (67) 1973, S. 66-82

Burchardt, Anja: Blaustrumpf – Modestudentin – Anarchistin? Deutsche und russische Medizinstudentinnen in Berlin 1896-1918, Stuttgart 1997

Burghardt, Christina: Die deutsche Frau. Küchenmagd-Zuchtsau-Leibeigene im III. Reich. Geschichte oder Gegenwart? Analysiert anhand der Seite für „Die Deutsche Frau“ aus dem „Völkischen Beobachter“ Jahrgang 1938, o.O. 1981

Busemann, Adolf: Das Geschlechtsleben der Jugend und seine Erziehung, Berlin o.J. (1912?)

Butenandt, Adolf: Ergebnisse und Probleme in der biochemischen Erforschung der Keimdrüsenhormone. In: Die Naturwissenschaften (24) 1936, S. 529-536 und 545-552

Byer, Doris: „Um die Leiber legte neuer Friede sich.“. Über die Aufklärung des Körpers. In: Die ersten hundert Jahre. Österreichs Sozialdemokratie 1888-1988. Ausstellungskatalog, Wien 1988, S. 168-173

- Rassenhygiene und Wohlfahrtspflege. Zur Entstehung eines sozialdemokratischen Machtdispositivs in Österreich bis 1934, Frankfurt/Main 1988

Caffier, P.: Kritisches zur Frage der Sterilitätsbehandlung, speziell mit Hormonen. In: Zentralblatt für Gynäkologie (66) 1942, S. 24-32

Cauer, Minna: „Frauenrechte haben kein Geschlecht". Zum Politikverständnis der bürgerlichen Frauenbewegung, Pfaffenweiler 1988

Ceni, Carlo: Über die Verwandlung des Geschlechtstriebes in den Muttertrieb bei Weibchen und Männchen. In: Zeitschrift für Sexualwissenschaft und Sexualpolitik (16) 1929/30, S. 1-6

Chaff, Sandra L./Haimbach, Ruth/Fenichel, Carol/Woodside, Nina B.: Women in medicine. A bibliography of the literature on Women Physicians, London 1977

Chodorow, Nancy: Das Erbe der Mütter. Psychoanalyse und Soziologie der Geschlechter, München 1985

Chotzen, Martin: Die sexualpädagogische Tätigkeit der Deutschen Gesellschaft zur Bekämpfung der Geschlechtskrankheiten. In: Zeitschrift für Bekämpfung der Geschlechtskrankheiten (14) 1913, S. 353-369

Chvostek, Rudolf/Rosthorn, Alfons: Die Erkrankungen der weiblichen Geschlechtsorgane, 2 Bände Wien 1900

Chwalla, Rudolf: Die neuesten Fortschritte der Keimdrüsenhormonforschung und ihre Bedeutung für Klinik und Pathologie, Wien 1948

- Urologische Endokrinologie. Endokrinologie der Harn- und Geschlechtsorgane des Mannes und der Sexualität, Wien 1951
- Die Überfunktion der Nebennieren, Wien 1955

Clauberg, Carl: Ovarium, Hypophyse, Placenta und Schwangerschaft in ihrer innersekretorischen Beziehung zur Frauenheilkunde. In: Walter Berblinger/Carl Clauberg/Ernst J. Kraus (Hg): Die Bedeutung der inneren Sekretion für die Frauenheilkunde, München 1936, S. 109-579 (Handbuch der Gynäkolgie IX)

Clemens, Bärbel: Der Kampf um das Frauenstimmrecht in Deutschland. In: Christl Wickert (Hg.): „Heraus zum Frauenwahlrecht". Die Kämpfe der Frauen in Deutschland und England um politische Gleichberechtigung, Pfaffenweiler 1990, S. 51-123

Condrau, Gian: Psychosomatik in der Frauenheilkunde, Bern 1965

Conrad, Klaus: Der Konstitutionstypus als genetisches Problem. Versuch einer genetischen Konstitutionslehre, Berlin 1941

Czarnowski, Gabriele: Frauen – Staat – Medizin. Aspekte der Körperpolitik im Nationalsozialismus. In: Beiträge zur feministischen Theorie und Praxis (8) 1985, Nr. 14, S. 79-99

- Das kontrollierte Paar. Ehe- und Sexualpolitik im Nationalsozialismus, Weinheim 1991

Czech, Barbara: Konstitution und Typologie in der Homöopathie des 19. und 20. Jahrhunderts, Heidelberg 1996

Dally, Ann G.: Women under the knife. A history of surgery, New York 1991

Daly, Mary: Gyn/Ökologie. Eine Metaethik des radikalen Feminismus, 5. Auflage München 1991

Denk, Wolfgang: Nachruf für Frau Dr. Helene Stourzh-Anderle. In: Wiener Klinische Wochenschrift (78) 1966, S. 202

Deutsch, Helene: Der feminine Masochismus und seine Beziehungen zur Frigidität. In: Internationale Zeitschrift für Psychoanalyse (16) 1930, S. 172-184

Dienelt, Karl: Das pädagogische Anliegen der Menschenführung. In: Ludwig Hänsel/Karl Dienelt/Erwin Stransky (Hg.): Menschenführung im Blickfeld der Pädagogik und Psychohygiene, Wien 1960, S. 27-93

Dolto, Francoise: Weibliche Sexualität. Die Libido und ihr weibliches Schicksal, Stuttgart 1996

Dose, Ralf: Die Implantation der Antibabypille in den 60er und frühen 70er Jahren. In: Zeitschrift für Sexualforschung (3) 1990, S. 25-39

Dressel, Gert: „Volksgesundheit"verständnis des politischen Katholizismus in der Österreichischen Ersten Republik. Die Konstruktion und Medizinisierung sozialer Krisen, Univ.Dipl.Arb., Wien 1991

Dürerbund (Hg.): Am Lebensquell. Ein Hausbuch zur geschlechtlichen Erziehung. Betrachtungen, Ratschläge und Beispiele als Ergebnisse des Dürerbund-Preisausschreibens, Dresden 1909

Dürßen, Alfred: Gynäkologisches Vademekum für Studierende und Ärzte, Berlin 1918

Eberhard, Erich F.W.: Feminismus und Kulturuntergang. Die erotischen Grundlagen der Frauenemanzipation, 2. Auflage Wien 1927

Ebneth, Rudolf: Die österreichische Wochenschrift „Der christliche Ständestaat". Deutsche Emigration in Österreich 1934-1938, Mainz 1976

Eckelmann, Christine/Hoesch, Kristin: Ärztinnen – Emanzipation durch den Krieg? In: Johanna Bleker/ Heinz-Peter Schmiedebach (Hg.): Medizin und Krieg. Vom Dilemma der Heilberufe, Frankfurt/ Main 1987, S. 153-172

Ehrenfels, Christian v.: Zuchtwahl und Monogamie. In: Anthropologische Revue (1) 1902/3, S. 611-619/689-703

- Sexualethik, Wiesbaden 1907

Eicher, W.: Sexuelle Störungen. In: Gerhard Martius (Hg.): Therapie in Geburtshilfe und Gynäkologie in zwei Bänden, Bd. II Stuttgart 1988, S. 102-111

Eickstedt, Egon v.: Die Forschung am Menschen, Teil 2: Physiologische und morphologische Anthropologie, Stuttgart 1944

- Teil 3: Psychologie und philosophische Anthropologie, Stuttgart 1963

Elkan, R.: Über die Orgasmus-Unfähigkeit der Frau. In: Archiv für Frauenkunde und Konstitutionsforschung (19) 1933, S. 27-51

Ellenberger, Henri: Sexuelle Konstitution. By Helene Stourzh-Anderle. In: Bulletin of the Menninger Clinic (21) 1957, S. 83

Emmel, Erich: Das Wasserheilverfahren. Handbuch über die hydropathische Behandlung der verschiedenen Krankheiten des menschlichen Organismus, 2.Auflage Leipzig 1897

Engelmann, Fritz: Sterilität und Sterilisierung. In: August Mayer/Fritz Engelmann (Hg.): Sterilität und Sterilisation. Bedeutung der Konstitution für die Frauenheilkunde, München 1927, S. 1-278

Erich, Therese: „Siegfried Bernfeld – Berliner Jahre 1925-1932". Leben und Wirken des Psychoanalytikers, Psychologen und Pädagogen unter besonderer Berücksichtigung der Protokolle der psychoanalytisch-pädagogischen Arbeitsgemeinschaft von 1931 und 1932, Dipl.phil. Wien 1992

Ewald, Gottfried: Temperament und Charakter, Berlin 1924 (Monographien aus dem Gesamtgebiete der Neurologie und Psychiatrie 41)

Eymer, Hans: Ueber Ehesterilität und ihre Behandlung durch den Frauenarzt. In: Münchener Medizinische Wochenschrift (82) 1935, S. 1267-1273

Fallend, Karl: Wilhelm Reich in Wien. Psychoanalyse und Politik, Wien 1988

Fallend, Karl/Reichmayr, Josef: Das „psychologische Wien". In: Die ersten Hundert Jahre. Österreichs Sozialdemokratie 1888-1988. Ausstellungskatalog, Wien 1988, S. 138-142

Faro, Marlene: „An heymlichen Orten". Männer und der weibliche Unterleib. Eine andere Geschichte der Gynäkologie, Leipzig 2002

Fauvet, E.: Kritische Bemerkungen zur Frage der Hormontherapie von Laktationsvorgängen. In: Deutsche Medizinische Wochenschrift (67) 1941, S. 1176-1178

Fendrich, Anton: Mehr Sonne. Das Buch von der Liebe und Ehe, 24. Auflage Stuttgart 1924

Ferdinand, Ursula. Das Malthusianische Erbe. Entwicklungsstränge der Bevölkerungstheorie im 19. Jahrhundert und deren Einfluss auf die radikale Frauenbewegung in Deutschland, Münster 1999

Fischer-Dückelmann, Anna: Die Frau als Hausärztin. Ein ärztliches Nachschlagbuch der Gesundheitspflege und Heilkunde mit besonderer Berücksichtigung der Frauen- und Kinderkrankheiten, Geburtshilfe und Kinderpflege mit 489 Original-Illustrationen, 38 Tafeln und Kunstbeilagen in feinstem Farbdruck etc., München 1923 (140.000er Auflage)

Fischer-Homberger, Esther: Medizin vor Gericht. Gerichtsmedizin von der Renaissance bis zur Aufklärung, Bern 1983

- Krankheit Frau. Zur Geschichte der Einbildungen, Köln 1986

Fleischer, Eva: Die Frau ohne Schatten. Gynäkologische Inszenierungen zur Unfruchtbarkeit, Pfaffenweiler 1993

- Die Erfindung der Unfruchtbarkeit der Frau – Historische Voraussetzungen der heutigen „Sterilitätstherapien". In: Eva Fleischer/Ute Winkler (Hg.): Die kontrollierte Fruchtbarkeit. Neue Beiträge gegen die Reproduktionsmedizin, Wien 1993, S. 23-48

Foerster, Friedrich W.: Sexualethik und Sexualpädagogik, Kempten 1913

Forel, August: Die sexuelle Frage. Eine naturwissenschaftliche, psychologische, hygienische und soziologische Studie für Gebildete, München 1905

Fr.: Sexuelle Konstitution, Psychopathie, Kriminalität, Genie. In: BMI-Nachrichten (6) 1956, S. 27-28

Fraenkel, Ludwig: Soziale Geburtshilfe und Gynäkologie. Ein Leitfaden für Kreis- Kommunal- Schul- Fürsorge- Krankenhaus- Gewerbe- Kassen- Gerichts- Polizei- Sport- Kinder- Haus- und Frauenärzte, Berlin 1928

Fraenkel, Manfred: Die Bedeutung der zellfunktionssteigernden Strahlenwirkung in Bezug auf Zeitsterilisation und zur Frage der Schädigung von Nachkommenschaft durch Röntgenstrahlen. In: Strahlentherapie (16) 1924, S. 690-711

- Die Verjüngung der Frau. Zugleich ein Beitrag zum Problem der Krebsheilung, Bern 1924

Francè, Raoul Heinrich: Das Liebesleben der Pflanzen, Stuttgart 1906 (30. Auflage 1926)

Frankl, Oscar: Die physikalischen Heilmethoden in der Gynäkologie, Wien 1906

Frankl, Victor E.: Die Psychotherapie in der Praxis. Eine kasuistische Einführung für Ärzte, Wien 1947

Freisen, Johann: Geschichte des kanonischen Eherechts, Paderborn 1893

Freud, Anna: Einführung in die Psychoanalyse für Pädagogen, Stuttgart 1930

Freud, Sigmund: Drei Abhandlungen zur Sexualtheorie, Wien 1905, 2. Auflage 1910

- Über die weibliche Sexualität. In: Sigmund Freud (Hg.): Drei Abhandlungen zur Sexualtheorie und verwandte Schriften, Frankfurt/Main 1983, S. 169-186

Freudenberg, Sophie: Individualpsychologie und Jugendfürsorge. In: Internationale Zeitschrift für Individualpsychologie (4) 1926, S. 282-291

Freund, W.A./von den Velden, R.: Anatomisch begründete Konstitutionsanomalien. Konstitution und Infantilismus. In: L. Mohr/R. Staehelin (Hg.): Handbuch der inneren Medizin, Bd. IV Berlin 1912, S. 533-572

Frewer, Andreas: Medizin und Moral in Weimarer Republik und Nationalsozialismus. Die Zeitschrift „Ethik" unter Emil Abderhalden, Frankfurt/Main 2000

Freyberg, Doris v./Freyberg, Thomas v.: Zur Kritik der Sexualerziehung, Frankfurt/Main 1971

Fried, Eugen: Der Vaginismus und die Ehen perverser Männer, Wien 1919

Friedjung, Joseph Karl: Erziehung der Eltern, Wien/Leipzig 1916

Fürth, Henriette: Erotik und Elternpflicht. In: Dürerbund (Hg.): Am Lebensquell. Ein Hausbuch zur geschlechtlichen Erziehung. Betrachtungen, Ratschläge und Beispiele als Ergebnisse des Dürerbund-Preisausschreibens, Dresden 1909, S. 3-21

- Die Mutterschaftsversicherung, Jena 1911

- Das Bevölkerungsproblem in Deutschland, Jena 1925

Galant, Johann Susmann: Ein neues Konstitutionstypensystem (=KTS) der Frau. In: Schweizerische Medizinische Wochenschrift (57) 1927, S. 951-953

Gamper, Martina: „...so kann ich nicht umhin mich zu wundern, dass nicht mehr Ärztinnen da sind." Die Stellung weiblicher Ärzte im „Roten Wien" (1922-1934). In: Birgit Bolognese-Leuchtenmüller/ Sonia Horn (Hg.): Töchter des Hippokrates. 100 Jahre akademische Ärztinnen in Österreich, Wien 2000, S. 79-96

- „Die Aerztin gehört für die Frau". Niedergelassene Ärztinnen und Ärztinnen im Sozialwesen in Wien 1900-1938, Dipl.phil. Wien 2001

Gauß, Carl J. (Hg.) : Die Strahlentherapie in der Gynäkologie, 2 Bände Berlin 1929

Gay, Peter: Sexuelle Aufklärung einer höheren Tochter. In: Herrard Schenk (Hg.): Frauen und Sexualität. Ein historisches Lesebuch, München 1995, S. 88-89

Gehmacher, Johanna: „Völkische Frauenbewegung". Deutschnationale und nationalsozialistische Geschlechterpolitik in Österreich, Wien 1998

Geisler, Erika: Stourzh-Anderle, Helene: Sexuelle Konstitution, Psychopathie, Kriminalität, Genie. In: Monatsschrift für Kinderheilkunde (105) 1957, S. 80

Gesenius, Heinrich: Empfängnisverhütung, 2. Auflage München 1959

Geyer-Kordesch, Johanna: Die erste Ärztinnengeneration und ihre Medizinkritik. In: Karin Hausen/ Helga Nowotny (Hg.): Wie männlich ist die Wissenschaft?, Frankfurt/Main 1986, S. 213-234

Giese, Hans: Stourzh-Anderle, Helene: Sexuelle Konstitution, Psychopathie, Kriminalität, Genie. In: Der Nervenarzt (26) 1955, S. 304

- Risiken des sexuellen Lebens. In: Hans Giese/Victor v. Gebsattel (Hg.): Psychopathologie der Sexualität, Stuttgart 1962, S. 182-309

Giese, Hans/Schmidt, Gunter: Studenten-Sexualität. Verhalten und Einstellung. Eine Umfrage an 12 westdeutschen Universitäten, Reinbek b. Hamburg 1968

Goldschmidt, Richard: Einführung in die Vererbungswissenschaft. Ein Lehrbuch mit einundzwanzig Vorlesungen, 5. Auflage Berlin 1928

Grafl, Franz: „Hinein in die Kinos"!. In: Franz Kadrnoska (Hg.): Aufbruch und Untergang. Österreichische Kultur zwischen 1918 und 1938, Wien 1981, S. 69-86

Greene, Graham (Hg.): Eine unmögliche Frau. Die Erinnerungen der Dottoressa Moor von Capri, Wien 1975

Greer, Germaine: Der weibliche Eunuch. Aufruf zur Befreiung der Frau, München 2000 (Nachdruck der Ausgabe von 1971)

Greiser, Eberhard/Günther, Judith/Niemeyer, Martin/Schmacke, Norbert: Weibliche Hormone – ein Leben lang. Mehr Schaden als Nutzen?, Berlin 2000

Griffith, Edward F.: Die Bejahung der Sexualität in der Ehe. In: Die gesunde Familie in ethischer, sexualwissenschaftlicher und psychologischer Sicht. Vorträge gehalten auf dem Internationalen Kongress der IPPF in Berlin 1957 unter Mitwirkung der Deutschen Gesellschaft für Ehe und Familie, Stuttgart 1958 (Beiträge zur Sexualforschung 13), S. 14-20

Grimm, Hans: Grundriss der Konstitutionsbiologie und Anthropometrie, Berlin(Ost) 1958

Gröger, Helmut: Die Folgen des Nationalsozialismus für das Wiener Gesundheitswesen. In: Sonia Horn/Peter Malina (Hg.): Medizin im Nationalsozialismus. Wege der Aufbereitung, Wien 2001, S. 160-167

Gross, Dominik: Neue Einflüsse auf den Zahnarztberuf: Die Zulassung der Frauen zum Studium der Zahnheilkunde. In: Johanna Bleker (Hg.): Der Eintritt der Frauen in die Gelehrtenrepublik. Zur Geschlechterfrage im akademischen Selbstverständnis und in der wissenschaftlichen Praxis am Anfang des 20. Jahrhunderts, Husum 1998, S. 123-144.

Grotjahn, Alfred: Die hygienische Forderung, Königstein 1917

- Das Gesundheitsbuch der Frau mit besonderer Berücksichtigung des geschlechtlichen Lebens, Stuttgart 1922

Gruber, Max v.: Hygiene des Geschlechtslebens, Stuttgart 1885

Guenther, Konrad: Der Kampf um das Weib in Tier- und Menschenentwicklung, Stuttgart 1909

Haberlandt, Ludwig: Ueber hormonale Sterilisierung des weiblichen Tierkörpers. In: Münchener Medizinische Wochenschrift (68) 1921, S. 1577-1578.

- Ueber hormonale Sterilisierung weiblicher Tiere. In: Klinische Wochenschrift (2) 1923, S. 1938-1939.
- Über hormonale Sterilisierung weiblicher Tiere. II. Injectionsversuche mit Corpus luteum-, Ovarial- und Placenta-Opton. In: Pflügers Archiv für die gesamte Physiologie des Menschen und der Thiere (202) 1924, S. 1-13.
- Über hormonale Sterilisierung des weiblichen Tierkörpers. Ein Beitrag zur Lehre von der inneren Sekretion des Eierstocks und der Placenta, Berlin 1924
- Die hormonale Sterilisierung des weiblichen Organismus, Jena 1931

Halban, Josef: Gynäkologische Operationslehre, Wien 1932 (2. Auflage 1946)

Hall, Murray G.: Österreichische Verlagsgeschichte 1918-1938, 2 Bände Wien 1985

Haller, Jürgen: Ovulationshemmung durch Hormone, Stuttgart 1968

Hallermann, Wilhelm: Stourzh-Anderle, Helene: Sexuelle Konstitution. In: Archiv für Kinderheilkunde (154) 1956, S. 100

Hamann, Brigitte: Hitlers Wien. Lehrjahre eines Diktators, München 1998

Hammond, Geoffrey L./Rabe, Thomas/Wagner, Janice D.: Preclinical profiles of Progestines used in formulations of oral contraceptives and hormone replacement Therapy. In: The Hormone continuum. Accrual of women's health benefits. Supplement to American Journal of obstetrics and gynecology vol.185, Nr. 2, New York 2001, S. 24-31

Hansen, Sören: Über die Minderwertigkeit der erstgeborenen Kinder. In: Archiv für Rassen- und Gesellschaftsbiologie (10) 1913, S. 701-722

Hannwacker, Rudolf: Die gonadotropen Hormone, ihre therapeutische Anwendung sowie die hormonalen Untersuchungsmethoden bei männlichen Fertilitätsstörungen, med.Diss. Würzburg 1958

Harder, A.: Sexuelle Konstitution, Kriminalität, Genie. Dr. Helene Stourzh-Anderle. In: Schweizerische Medizinische Wochenschrift (86) 1956, S. 55

Haritz: Helene Stourzh: Die Anorgasmie der Frau. In: Berichte über die gesamte Gynäkologie (78) 1962, S. 233

Harsin, Jill: Syphilis, wives and physicians. Medical ethics and the family in late nineteenth century French medicine. In: French Historical Studies (16) 1989, S. 72-95

Hartmann, Max: Biologie, 3.Auflage Berlin 1948

Hartmann, Nicolai: Neue Wege der Ontologie, 3.Auflage Stuttgart 1949

Hausen, Karin: Arbeitsort Fabrik: „...in unmittelbarer Vereinigung mit den Männern.". in: Dieselbe/ Heide Wunder (Hg.): Frauengeschichte – Geschlechtergeschichte, Frankfurt/Main 1992, S. 74-80

Hauser, A.: Helene Stourzh: Die sexuelle Konstitution. In: Gynaecologia (156) 1963, S. 192

Hauser, Ernst Heinrich: Zur Kenntnis der psychischen Wirkung von Sexualhormonen in hohen Dosen, med. Diss. Zürich 1951

Heberer, Gerhard: Helene Stourzh-Anderle: Sexuelle Konstitution. In: Berichte über die gesamte Gynäkologie (55) 1955, S. 369

Hecke, Wilhelm: Die „Österreichische Gesellschaft für Bevölkerungspolitik". In: Archiv für Bevölkerungspolitik, Sexualethik und Familienkunde (2) 1932, S. 35-39

Hedinger, Ernst: Die Konstitutionslehre in der modernen Medizin. In: Naturwissenschaftliche Wochenschrift (15) 1916, S. 665-672

Hegar, Alfred: Der Geschlechtstrieb. Eine social-medicinische Studie, Stuttgart 1894

Heidenhain, Alfred: Sexuelle Belehrung der aus der Volksschule entlassenen Mädchen, Leipzig 1909

Heindl, Waltraud: Die Studentinnen der Universität Wien. Zur Entwicklung des Frauenstudiums (ab 1897). In: Heide Dienst/Edith Saurer (Hg.): „Das Weib existiert nicht für sich". Geschlechterbeziehungen in der bürgerlichen Gesellschaft, Wien 1990, S. 174-188

Heinen, Wilhelm: Fehlformen des Liebeslebens in moralpsychologischer Deutung und moraltheoretischer Würdigung, Freiburg 1954

Helbing, W.: H. Stourzh: Die Anorgasmie der Frau. In: Zentralblatt für Gynäkologie (84) 1962, S. 1023-1024

Hess, Walter Rudolf: Das Zwischenhirn. Syndrome, Lokalisationen, Funktionen, Basel 1949

Hettlage-Varjas, Andrea: Frauen zwischen Wunsch, Angst und Tröstungen. Neuere psychoanalytische Aspekte zur weiblichen Emanzipation und Sexualität. In: Monika Simmel (Hg.): Weibliche Sexualität. Von den Grenzen der Aufklärung und der Suche nach weiblicher Identität, Braunschweig 1987, S. 18-30

Heubach, Helga: Das Heim des Jüdischen Frauenbundes in Neu-Isenburg 1907 bis 1942, Neu-Isenburg 1986

Heusler-Edenhuizen, Hermine: Die erste deutsche Frauenärztin. Lebenserinnerungen. Im Kampf um den ärztlichen Beruf der Frau. Eingeleitet von Rosemarie Nave-Herz, herausgegeben von Heyo Prahm, Opladen 1997

Hirsch-Hoffmann, Hans Ulrich: Über die hormonale Therapie der Amenorrhöe. In: Zentralblatt für Gynäkologie (55) 1931, S. 2146-2149

Die Höchstzahl der unehelichen Kinder besitzt Österreich. In: Die neue Generation (26) 1930, S. 273

Hodann, Max: Bub und Mädel. Gespräche unter Kameraden über die Geschlechterfrage, 7. Auflage Rudolstadt 1929

- Geschlecht und Liebe in biologischer und gesellschaftlicher Beziehung, 2. Auflage Berlin 1932

Hoesch, Kristin: Ärztinnen für Frauen. Kliniken in Berlin 1877-1914, Stuttgart 1995

Hoffmann, Hermann: Das Problem des Charakteraufbaus. Seine Gestaltung durch die erbbiologische Persönlichkeitsanalyse, Berlin 1926

- Charakter und Umwelt, Berlin 1928

Hoffmeier, M.: Handbuch der Frauenkrankheiten, Leipzig 1908

Hohlweg, Walter: Veränderungen des Hypophysenvorderlappens und des Ovariums nach Behandlung mit grossen Dosen von Follikelhormon. In: Klinische Wochenschrift (13) 1934, S. 92-95

Hohlweg, Walter/Junkmann, Karl: Die hormonal-nenrvöse Regulierung der Funktion des Hypophysenvorderlappens. In: Klinische Wochenschrift (11) 1932, S. 321-323

Hoover, R./Gray, L.A./Cole, P./MacMahon, B.: Menopausal estrogen and breast cancer in women. In: New England Journal of medicine (295) 1976, S. 401-405

Hoyndorf, Stephan: Behandlung sexueller Störungen. Ätiologie, Diagnostik Therapie. Sexuelle Dysfunktionen, Missbrauch, Delinquenz, Weinheim 1995

Hubenstorf, Michael: Sozialmedizin, Menschenökonomie, Volksgesundheit. In: Franz Kadrnoska (Hg.): Aufbruch und Untergang. Österreichische Kultur zwischen 1918 und 1938, Wien 1981, S. 247-266

Huber, Johannes: Die Hormontherapie. Gesundheit, Jugendlichkeit, blühendes Aussehen, Genf/München 1990.

Huber, J.C./Kubista, E./Leodolter, S.: Gynäkologie, Wien 2001 (Lehrbuch der Frauenheilkunde I)

Huerkamp, Claudia: Jüdische Akademikerinnen in Deutschland 1900-1938. In: Geschichte und Gesellschaft (19) 1993, S. 311-321

- Bildungsbürgerinnen. Frauen im Studium und in akademischen Berufen 1900-1945, Göttingen 1996

Ilchmann-Christ: Helene Stourzh-Anderle: Sexuelle Konstitution, Psychopathie, Kriminalität, Genie. In: Deutsche Zeitschrift für die gesamte gerichtliche Medizin (45) 1956, S. 330-331

Jacobi, Peter: Sexfibel, Opladen 1974

Jaensch, Erich Rudolf: Über den Aufbau der Wahrnehmungswelt und ihre Struktur im Jugendalter, Leipzig 1924

- Die Eidetik und die typologische Forschungsmethode in ihrer Bedeutung für die Jugendpsychologie und Pädagogik, für die allgemeine Psychologie und die Psychophysiologie der menschlichen Persönlichkeit. Mit besonderer Berücksichtigung der grundlegenden Fragen und der Untersuchungsmethodik, Leipzig 1925, 3. Auflage 1933
- Der Gegentypus. Psychologsich-anthropologische Grundlagen deutscher Kulturphilosophie, ausgehend von dem was wir überwinden wollen, Leipzig 1938

Jaensch, Walter: Körperform, Wesensart und Rasse. Skizzen zu einer medizinisch-biologischen Konstitutionslehre, Leipzig 1934

Jain, Elenor: Schwachsinniges Geschlecht oder Symbolon? Reflexionen zum Verhältnis von Philosophie und Feminismus, St. Augustin 1989

Jankowksi, W.: Konstitution, Körperbau und Rasse in ihrer gegenseitigen Beziehung und Abgrenzung. In: Anatomischer Anzeiger (70) 1930, S. 470-515

Jores, Arthur: Klinische Endokrinologie. Ein Lehrbuch für Ärzte und Studierende, 1.Auflage Berlin 1939, 3. Auflage 1949

- Hormon und Psyche. In: Heinrich Nowakowski (Hg.): Hormone und Psyche. Die Endokrinogie des alternden Menschen, Berlin 1958, S. 1-3

Jores, Arthur/Nowakowski, Heinrich: Praktische Endokrinologie und Hormontherapie nichtendokriner Erkrankungen, Stuttgart 1964

Juda, Adele: Höchstbegabung. Ihre Erbverhältnisse sowie ihre Beziehungen zu psychischen Anomalien, München 1952 (postum herausgegeben von Bruno Schulz)

Jugend in Not. Ein Jahrbuch der Fürsorge das Allgemeinen Verbandes für freiwillige Jugendfürsorge in Wien 1924, Wien 1924

Jung, C.G.: Psychologische Typen, 3. Auflage Zürich 1920

- Analytische Psychologie und Erziehung. 3 Vorlesungen gehalten in London im Mai 1924, Leipzig 1924
- Wandlungen und Symbole der Libido. Beiträge zur Entwicklungsgeschichte des Denkens, 2. Auflage Leipzig 1925

Just, Günther: Zur gegenwärtigen Lage der menschlichen Vererbungs- und Konstitutionslehre. In: Zeitschrift für menschliche Vererbungs- und Konstitutionslehre (19) 1936, S. 1-7

Kahn, Eugen: Die psychopathischen Persönlichkeiten. In: Oswald Bumke (Hg.): Handbuch der Geisteskrankheiten, Band V/1 Berlin 1928, S. 227-486

Kaplan, Marion: Die jüdische Frauenbewegung in Deutschland. Organisation und Ziele des Jüdischen Frauenbundes 1904-1938, Hamburg 1981

Kauders, Otto: Vegetatives Nervensystem und Seele, Wien 1946

Kaufmann, Carl: Kritische Bewertung der Hormontherapie. Häufige Fehler in der Anwendung weiblicher Keimdrüsenhormone. In: Deutsche Medizinische Wochenschrift (67) 1941, S. 1171-1176

Kaufmann, Doris: Frauen zwischen Aufbruch und Reaktion. Protestantische Frauenbewegung in der ersten Hälfte des 20. Jahrhunderts, München 1988

Kaupen-Haas, Heidrun: Das Experiment Gen- und Reproduktionstechnologie. Nationalsozialistische Fundamente in der internationalen Konzeption der modernen Geburtshilfe. In: Rainer Osnowski (Hg.): Menschenversuche. Wahnsinn und Wirklichkeit, Köln 1988, S. 88-97

Kehrer, Erwin: Ursachen und Behandlung der Unfruchtbarkeit nach modernen Gesichtspunkten. Zugleich ein Beitrag zu den Störungen des sexuellen Lebens, besonders der Dyspareunie, Dresden/ Leipzig 1922

- Endokrinologie für den Frauenarzt in ihrer Beziehung zur Ovarialfunktion und insbesondere zur Amenorrhöe, Stuttgart 1937

Keiter, Friedrich: Stourzh-Anderle, Helene: Sexuelle Konstitution. In: Homo. Zeitschrift für die vergleichende Forschung am Menschen (8) 1957, S. 58

Keller, Evelyn Fox: Von den Geheimnissen des Lebens zu den Geheimnissen des Todes. In: Marianne Krüll (Hg.): Wege aus der männlichen Wissenschaft. Perspektiven feministischer Erkenntnistheorie, Pfaffenweiler 1990, S. 1-20

Keller, Heinrich: Vernünftige und unvernünftige Mütter, Wien 1917

Kemnitz, Mathilde v. (d.i. Mathilde Ludendorff): Der asthenische Infantilismus des Weibes in seinen Beziehungen zur Fortpflanzungstätigkeit und geistigen Betätigung. In: Archiv für Rassen- und Gesellschaftsbiologie (10) 1913, S. 41-66

- Erotische Wiedergeburt, München 1919
- Das Weib und seine Bestimmung. Ein Beitrag zur Psychologie der Frau und zur Neuorientierung ihrer Pflichten, 3. Auflage Leipzig 1927

Kemper, Werner: Zum Frigiditätsproblem. In: Geburtshilfe und Frauenheilkunde (2) 1940, S. 180-206

Kentler, Helmut: Sexualerziehung, Reinbek b. Hamburg 1970

Kinsey, Alfred C./Pomeroy, Wardell B./Martin, Clyde E./Gebhard, Paul H.: Das sexuelle Verhalten der Frau, Berlin 1953

Kisch, Enoch Heinrich: Die Sterilität des Weibes, ihre Ursachen und ihre Behandlung, Wien 1886

Klaatsch, Hermann: Das Problem des menschlichen Hymens. In: Monatsschrift für Geburtshülfe und Gynäkologie (60) 1914, S. 332-350

Klatt, Georg: Eine grundsätzliche Betrachtung zum Kapitel „Sexualpädagogik". In: Sexualethik (1) 1925, Nr. 6, S. 12-15

Klausmann, Christina: Politik und Kultur der Frauenbewegung im Kaiserreich. Das Beispiel Frankfurt am Main, Frankfurt/Main 1997

Kleber, Reinhardt: „Habt ihr's nicht kapiert...". Zur 16. Wissenschaftlichen Tagung der Deutschen Gesellschaft für Sexualforschung vom 6. bis 8. Oktober 1988 in Berlin (West). In: Zeitschrift für Sexualforschung (2) 1989, S. 75-85

Kleine: Stourzh, H.: Die Anorgasmie der Frau. In: Der Landarzt (39) 1963, S. 1108

Klinke, Karl: Helene Stourzh-Anderle, Sexuelle Konstitution, Psychopathie, Kriminalität, Genie. In: Kinderärztliche Praxis (24) 1956, S. 95

Klöpf, A.: Wie kann sich der praktische Arzt an de Sterilitätsbehandlung beteiligen? In: Zeitschrift für ärztliche Fortbildung (41) 1944, S. 320-323

Klumbies, G./Kleinsorge, H.: Das Herz im Orgasmus. In: Medizinische Klinik (45) 1950, S. 952-958

Koch, Gerhard: Die Gesellschaft für Konstitutionsforschung. Anfang und Ende 1942-1965, Erlangen 1985

Kockott, Götz: Die Sexualität des Menschen, München 1995

Kockott, G./Dittmar, F./Nusselt, L.: Ergebnisse einer Untersuchung zur systematischen Desensibilisierung von Erektionsstörungen. In: Volkmar Sigusch (Hg.): Therapie sexueller Störungen, Stuttgart 1975, S. 43-85

Köhler, U.: Stourzh-Anderle, Helene: Die sexuelle Konstitution. In: Ärztliche Forschung (10/II) 1956, S. 49-50

Kolle, Oswalt: Deine Frau – das unbekannte Wesen, München 1967

Kopp, Carl: Das Geschlechtliche in der Jugenderziehung. Vortrag, gehalten in der öffentlichen Versammlung der Ortsgruppe München der Deutschen Gesellschaft zur Bekämpfung der Geschlechtskrankheiten im Rathause zu München am 2. Februar 1904 Leipzig 1904

Köstering, Susanne: "Etwas besseres als das Kondom". Ludwig Haberlandt und die Idee der Pille. In: Gisela Staupe/Lisa Vieth (Hg.): Die Pille. Von der Lust und von der Liebe, Berlin 1996, S. 113-130

Kühn, W.: Helene Stourzh-Anderle: Die sexuelle Konstitution. Psychopathie, Kriminalität, Genie. In: Journal für medizinische Kosmetik (4) 1955, S. 213

Kraatz, Helmut: Zwischen Klinik und Hörsaal. Autobiographie, Berlin(Ost) 1981

Krafft-Ebing, Richard v.: Nervosität und neurasthenische Zustände, 2. Auflage Wien 1900

Krampflitschek, Hilde: Elternliebe. Ein Brief an alle Eltern, Wien 1927

Kratzsch, Gerhard: Ferdinand Avenarius und die Bewegung für ethische Kultur. In: Kai Buchholz/Rita Latocha/Hilke Peckmann/ Klaus Wolbert (Hg.): Die Lebensreform. Entwürfe zur Neugestaltung von Leben und Kunst um 1900, Bd. I Darmstadt 2001, S. 97-102

Kreis, Michael: Die Deutsche Gesellschaft zur Bekämpfung der Geschlechtskrankheiten (DGBG/ GBGK) 1902 bis 1987, med.Diss. München 1987

Kretschmer, Ernst: Körperbau und Charakter. Untersuchungen zum Konstitutionsproblem und zur Lehre von den Temperamenten, Berlin 1921

- Über biologische Beziehungen zwischen Schizophrenie, Eunuchoid, Homosexualität und moralischem Schwachsinn. In: Allgemeine Zeitschrift für Psychiatrie und ihre Grenzgebiete (77) 1921, S. 332-334
- Keimdrüsenfunktion und Seelenstörung. In: Deutsche Medizinische Wochenschrift (47) 1921, S. 649-650
- Chemische Wege der Konstitutionsforschung und ihre klinischen Auswirkungen. In: Allgemeine Zeitschrift für Psychiatrie und ihre Grenzgebiete (119) 1942, S. 1-8

Krohn, Helga: „Du sollst dich niemals beugen". Henriette Fürth, Frau, Jüdin, Sozialistin. In: Peter Freimark (Hg.): Juden in Deutschland. Emanzipation, Integration, Verfolgung und Vernichtung, Hamburg 1991, S. 327-343

Krügel, Rainer: Friedrich Martius und der konstitutionelle Gedanke, Frankfurt/Main 1984 (Marburger Schriften zur Medizingeschichte 11)

Künkel, Fritz: Die geheime Distanz zwischen Mann und Frau. Beitrag zur Kritik des Sexualtriebes. In: Internationale Zeitschrift für Individualpsychologie (3) 1925, S. 269-286

Lamott, Franziska: Weibliche Emanzipation als Symptom und Delikt. Die Frauenfrage im kriminologischen Diskurs der Jahrhundertwende. In: Zeitschrift für Sexualforschung (5) 1992, S. 25-40

Lange, Silvia: Protestantische Frauen auf dem Weg in den Nationalsozialismus. Guida Diehls Neulandbewegung 1916-1935, Stuttgart/Weimar 1998

Lange-Eichbaum, Wilhelm/Kurth, Wolfram: Genie, Irrsinn und Ruhm. Genie-Mythus und Pathographie des Genies, 6. Auflage Basel 1967

Langen: Helene Stourzh-Anderle: Sexuelle Konstitution. In: Münchener Medizinische Wochenschrift (98) 1956, S. 1291

Langer, Ingrid: Familienpolitik – ein Kind der 1950er Jahre. In: Angela Delille (Hg.): Perlonzeit. Wie die Frauen ihr Wirtschaftswunder erlebten, Berlin 1985, S. 109-119

Laquer, Fritz: Hormone und innere Sekretion, Dresden/Leipzig 1928

Laqueur, August: Physikalische Heilmethoden. In: August Laqueur/Walter Rump/Hermann Wintz (Hg.): Die physikalische Therapie in der Gynäkologie, München 1930, S. 1-195 (Handbuch der Gynäkologie IV/1)

Lazarsfeld, Sophie: Die Ehe von heute und morgen, München 1927

- Sexuelle Erziehung, Wien 1931
- Wie die Frau den Mann erlebt. Fremde Bekenntnisse und eigene Betrachtungen, Leipzig 1931

Lehner, Karin: Verpönte Eingriffe. Sozialdemokratische Reformbestrebungen zu den Abtreibungsbestimmungen der Zwischenkriegszeit, Wien 1989

Le Mang-Pfaff, Ina: Die Ethik der Mutterschaft. In: Ethik (4) 1928, S. 156-160

Leopold, Karl/Ehrenfreund, Friedrich: Ueber 151 vaginale Totalexstirpationen wegen Uterusmyomen und über den Einfluss der Erhaltung der Eierstöcke auf das spätere Befinden der Operirten. In: Beiträge zur Geburtshilfe und Gynäkologie. Rudolf Chrobak aus Anlass seines sechzigsten Geburtstages gewidmet von seinen Schülern und Freunden, Bd. II Wien 1903, S. 134-165

Leute, Josef: Das Sexualproblem und die katholische Kirche, Frankfurt/Main 1908

Lewandowsky, Max: Die Hysterie. In: Derselbe (Hg.): Handbuch der Neurologie, Spezielle Neurologie V/4, Berlin 1914, S. 644-831

Lhotsky, Jaromir: Gespräche mit dem Unbewussten (Versuch einer Deutung im Sinne der vergleichend-analytischen Psychologie). In: Münchener Medizinische Wochenschrift (94) 1952, S. 1857-1864

- Der Begriff „Prägung" in der vergleichend-analytischen Psychologie. In: Sexualität und Sinnlichkeit. Beiträge zum Problem der Prägung. Vorträge gehalten auf dem 3. Kongress der Deutschen Gesellschaft für Sexualforschung in Königstein/I, Stuttgart 1955 (Beiträge zur Sexualforschung 6), S. 57-67

Lhotzky, Heinrich: Das Buch der Ehe, Königstein 1921

Liepmann, Wilhelm: Psychologie der Frau. Versuch einer synthetischen, sexualpsychologischen Entwicklungslehre, Berlin/Wien 1920

- Gynäkologische Psychotherapie. Ein Führer für Ärzte und Studierende, Berlin 1924

Lincke, H.: Stourzh-Anderle, Helene: Sexuelle Konstitution. Psychopathie/Kriminalität/Genie. In: Psyche (10) 1957, S. 977-978

Lindemann, Hans-Joachim: Transuterine tubal sterilization by CO2 hysteroscopy. In: John J. Sciarra/Julius Butler/J. Joseph Speidel (Ed.): Hysteroscopic Sterilization, New York 1974, S. 61-73

- Hysteroscopic Sterilization. In: Louis Lith (Ed.): New trends in female sterilization, Chicago 1983, S. 61-82

Linse, Ulrich: Über den Prozess der Syphilisation – Körper und Sexualität um 1900 aus ärztlicher Sicht. In: Alexander Schuller/Nikolaus Heim (Hg.): Vermessene Sexualität, Berlin 1987, S. 163-185

Lippert, Herbert: Einführung in die Pharmakopsychologie, Bern 1959

Lippmann, Hanns Ludwig: A constituicao sexual em suas relacoes a psicopatia, criminalidade e genialidade. In: Brasil-Medico (70) 1956, Nr.14, S. 4

- Stourzh, Helene: A constituicao sexual em suas relacoes a psicopatia, criminalidade e genialidade. In: A Folia Medica (37) 1956, Nr. 11, S. 87

Longo, Lawrence D.: The rise and fall of Battey's operation. A fashion in surgery. In: Bulletin of the history of medicine (53) 1979, S. 244-267

- Electrotherapy in gynecology. The American experience. In: Bulletin of the history of medicine (60) 1986, S. 343-366

Löscher, Monika: Zur Rezeption eugenisch/rassenhygienischen Gedankengutes in Österreich bis 1934 unter besonderer Berücksichtigung Wiens, Univ. Dipl. .Arb. Wien 1999

- Zur Umsetzung und Verbreitung von eugenischem/rassenhygienischem Gedankengut in Österreich bis 1934 unter besonderer Berücksichtigung Wiens. In: Sonia Horn/Peter Malina (Hg.): Medizin im Nationalsozialismus. Wege der Aufbereitung, Wien 2001, S. 99-127

- Katholizismus und Eugenik/Rassenhygiene in Österreich vor 1938, unpubliziertes Dissertationsexpose Universität Wien 2003

Löwy, Ida: Individualpsychologische Erziehung. In: Internationale Zeitschrift für Individualpsychologie (3) 1924, S. 129-132

Lukas: Stourzh, H.: Die Anorgasmie der Frau. In: Zeitschrift für Psychotherapie und medizinische Psychologie (13) 1963, S. 35

Lützen, Karin/Rosenbeck, Bente: Weibliche Sexualität zwischen Medizin und Frauenbewegung. Die Entwicklung in Dänemark von 1880-1920. In: Zeitschrift für Sexualforschung (2) 1989, S. 101-118

Lußnigg, Willi: Rezension A.Mayer: Sexualprobleme und Jugenderziehung. In: Arzt und Christ (1) 1955/56, S. 57

M.: Schiller mit dem „Ödipus-Komplex“. In: Die Presse 16.04.1955

Mack, Cécile: Henriette Hirschfeld-Tiburtius (1834-1911). Das Leben der ersten selbständigen Zahnärztin Deutschlands, Frankfurt/Main 1999

Mall, Gerhard: Methoden zur Isolierung kristallisierter spezifischer Proteinasen. In: Allgemeine Zeitschrift für Psychiatrie und ihre Grenzgebiete (119) 1942, S. 9-86

Marcuse, Julian: Die deutschen Gynäkologen und die Geburtenregelung. In: Die neue Generation (27) 1931, S. 168-170

Maresch, Maria: Die Aufgabe der Frau im neuen Österreich. In: Der christliche Ständestaat (1) 1934, Nr. 55, S. 14-15

Masters, William H./Johnson, Virginia E.: The physiology of the vaginal reproductive function. In: Western Journal of Surgery (69) 1961, S. 105-120

- Impotenz und Anorgasmie. Zur Therapie funktioneller Sexualstörungen, Frankfurt/Main 1973 (bearbeitet von Volkmar Sigusch und Bernd Meyenburg)

Mathes, Paul: Der Infantilismus, die Asthenie und deren Beziehungen zum Nervensystem, Berlin 1912

- Psychiatrie in der Gynäkologie. In: Münchener Medizinische Wochenschrift (59) 1912, S. 2735

- Die Konstitutionstypen des Weibes, insbesondere der intersexuelle Typus. In: Josef Halban/Ludwig Seitz (Hg.): Biologie und Pathologie des Weibes. Ein Handbuch der Frauenheilkunde und Geburtshilfe, Bd. III Berlin/Wien 1924, S. 1-112

Matz, Bernhard: Die Konstitutionstypen von Ernst Kretschmer. Ein Beitrag zur Geschichte von Psychiatrie und Psychologie des Zwanzigsten Jahrhunderts, rer.med.Diss. Berlin 2000

Mauerer, Gerlinde: Medeas Erben. Kindsmord und Mutterideal, Wien 2002

Mauritzen, Knud: Sexualpädagogik in dänischen Schulen. In: Die gesunde Familie in ethischer, sexualwissenschaftlicher und psychologischer Sicht. Vorträge gehalten auf dem Internationalen Kongress der IPPF in Berlin 1957 unter Mitwirkung der Deutschen Gesellschaft für Ehe und Familie, Stuttgart 1958 (Beiträge zur Sexualforschung 13), S. 43-49

Mayer, August: Die Lehre Bossis und die Gynäkologie. In.: Wiener Klinische Wochenschrift (26) 1913, S. 499-501.

- Über die „chirurgische Ära“ in der Gynäkologie und die gynäkologischen Grenzgebiete. In: Zentralblatt für Gynäkologie (46) 1922, Nr. 12, S. 1-9

- Psychogene Störungen der weiblichen Sexualfunktion. In: Oswald Schwarz (Hg.):
- Psychogenese und Psychotherapie körperlicher Symptome, Wien 1925, S. 295-344
- Die Bedeutung der Konstitution für die Frauenheilkunde. In: August Mayer/Fritz Engelmann (Hg.): Sterilität und Sterilisation. Bedeutung der Konstitution für die Frauenheilkunde, München 1927 (Handbuch der Gynäkologie III), S. 279-640
- Deutsche Mutter und deutscher Aufstieg, München 1938
- Weibliche Sterilität bei klinisch normalem Genitalbefund. In: Geburtshilfe und Frauenheilkunde (6) 1944, S. 178-201
- Sexualprobleme und Jugenderziehung, München 1952
- Seelische Krisen im Leben der Frau, 2.Auflage München 1954
- Die negativen Seiten der künstlichen Samenübertragung. In: Einzelfragen der Sexualwissenschaft. Vorträge gehalten auf dem 3. Kongress der Deutschen Gesellschaft für Sexualforschung in Königstein 1954/II, Stuttgart 1955 (Beiträge zur Sexualforschung 7), S. 31-45
- 50 Jahre selbst erlebte Gynäkologie, München 1961
- Alfred Hegar und der Gestaltwandel in der Gynäkologie seit Hegar, Freiburg i. Breisgau 1961
- Emanzipation, Frauentum, Muttertum, Familie und Gesellschaft, Stuttgart 1962

Mayreder, Rosa: Zur Kritik der Weiblichkeit. Essays, 2. Auflage Jena 1907
- Geschlecht und Kultur. Essays, Jena 1923

Meisel-Hess, Grete: Das Wesen der Geschlechtlichkeit, Band I: Die sexuelle Krise in ihren Beziehungen zur sozialen Frage, zum Krieg, zu Moral, Rasse und Religion und insbesondere zur Monogamie, Jena 1917

Melinz, Gerhard/Ungar, Gerhard: Wohlfahrt und Krise. Wiener Kommunalpolitik zwischen 1929 und 1938, Wien 1996

Meng, Heinrich: Die Hygiene des Kindes. In: Paul Federn/Heinrich Meng (Hg.): Das psychoanalytische Volksbuch, Stuttgart 1926, S. 176-192

Mildenberger, Florian: Verjüngung und „Heilung" der Homosexualität. Eugen Steinach in seiner Zeit. In: Zeitschrift für Sexualforschung (15) 2002, S. 302-322
- Mitten in der Wildnis! Der Sexualbotaniker Raoul Francé im Portrait. In: Gigi. Zeitschrift für sexuelle Emanzipation 2003, Nr. 25, S. 26-28
- *Ein im weitesten Seelenreiche beschränkter Forscher*. Richard v. Krafft-Ebing und „sein" Masochismus. In: Michael Farin (Hg.): Phantom Schmerz. Quellentexte zur Geschichte des Masochismus, München/Graz 2003, S. 58-69
- Brünstige Frauen – mimosenhafte Pflänzchen. In: Gigi. Zeitschrift für sexuelle Emanzipation 2003, Nr. 27, S. 30-32

Miller, Alice: Das verbannte Wissen, 2. Auflage Frankfurt/Main 1988
- Abbruch der Schweigemauer, Hamburg 1990

Miller, Josef: Moderne Eheprobleme in christlicher Sicht, Innsbruck 1955

Mitchinson, Wendy: Gynecological operations on the insane. In: Archivaria (10) 1980, S. 125-144

Mitscherlich, Alexander/Mielke, Fred (Hg.): Medizin ohne Menschlichkeit. Dokumente des Nürnberger Ärzteprozesses (1948), Frankfurt/Main 1978

Möbius, Paul Julius: Geschlecht und Krankheit, Halle 1903

- Ueber den physiologischen Schwachsinn des Weibes, 10. Auflage Halle 1912

Möllhausen, W.: Stourzh-Anderle, H.: Sexuelle Konstitution. In: Hippokrates (27) 1956, S. 269

Montagu, Ashley: Sexuelle Konstitution. By Helene Stourzh-Anderle. In: Human Biology (28) 1956, S. 99

Moritz, Hans: Rasse, Konstitution und Seelenleben, Wien 1947

Moscucci, Ornella: The science of women. Gynecology and gender in England 1800-1929, Cambridge 1990

Müller, Armin: Körperbau und Krankheit. Wesen, Erkennung und Behandlung der Veranlagung zu innerer Erkrankung, Stuttgart 1938

Müller, Rudolf: Wir Sexualpädagogen. In: Sexualtheorie und Sexualpolitik, Stuttgart 1984 (Beiträge zur Sexualforschung 59), S. 101-107

Müller-Hill, Benno/Deichmann, Ute: The fraud of Abderhalden's enzymes. In: Nature (393) 1998, S. 109- 111.

Naegeli, Otto: Allgemeine Konstitutionslehre in naturwissenschaftlicher und medizinischer Betrachtung, Berlin 1927

Neubauer, Georg: Jugendphase und Sexualität. Eine empirische Überprüfung eines sozialisationstheoretischen Modells, Stuttgart 1990 (Beiträge zur Sexualforschung 66)

Neuburger, Max: Zur Geschichte der Konstitutionslehre. In: Zeitschrift für angewandte Anatomie und Konstitutionslehre (1) 1913, S. 4-10

Nevinny-Stickel, J.: Hormonale Behandlung in Gynäkologie und Geburtshilfe. In: Felix v. Mikulicz-Radecki (Hg.): Almanach für die Frauenheilkunde 1961, München 1961, S. 21-32

Niebauer, E.: H. Stourzh-Anderle: Sexuelle Konstitution. In: Wiener Medizinische Wochenschrift (105) 1955, S. 246

Nieden, Susanne zur: Weibliche Ejakulation. Variationen zu einem uralten Streit der Geschlechter, Stuttgart 1994 (Beiträge zur Sexualforschung 70)

Niedermeyer, Albert: Sozialhygienische Probleme in der Gynäkologie und Geburtshilfe, Leipzig 1927 (Monographien zur Frauenkunde und Konstitutionsforschung 11)

- Aufgaben des Frauenarztes in der Eheberatung, Berlin 1929
- Der legalisierte Abortus im Spiegel der russischen Gynäkologie. Die authentische Kritik der „Sowjetmedizin". In: Caritas (34) 1929, Nr. 8, S. 1-8
- Wahn, Wissenschaft und Wahrheit. Lebenserinnerungen eines Arztes, Salzburg 1934
- Zur sozialen Hygiene von Schwangerschaft, Geburt und Wochenbett. Ein Beitrag zur Frage des Arbeitsschutzes der Frau, Wien 1949
- Das menschliche Sexualleben, 2. Auflage Wien 1951 (Handbuch der speziellen Pastoralmedizin I)

- Zur Therapie hypersexueller Triebstörungen. In: Methoden der Behandlung sexueller Störungen. Vorträge gehalten auf dem 2. Kongress der Deutschen Gesellschaft für Sexualforschung in Königstein 1952/II, Stuttgart 1952 (Beiträge zur Sexualforschung 2), S. 82-84
- Compendium der Pastoralmedizin, Wien 1953
- Ärztliche Ethik (Deontologie). Grundlagen und System der ärztlichen Berufsethik, Wien 1954 (Allgemeine Pastoralmedizin II)
- Die psychische Hygiene in ihren Beziehungen zur Sozialhygiene, Pastoralmedizin, Eugenetik (Eubiotik), Sexualhygiene und zur Eheberatung. In: Ernst Brezina/Erwin Stransky (Hg.): Psychische Hygiene, Wien 1955, S. 165-201
- Philosophische Propädeutik der Medizin. Einführung in die allgemeinen geistigen Grundlagen (Geschichte, Philosophie, Biologie, Psychologie), Wien 1955

Nowacky, Bernd: Der Bund für Mutterschutz (1905-1933), Husum 1983

Nowotny, Otto: Die pharmazeutische Industrie in Österreich, Teil III. In: Österreichische Apothekerzeitung (56) 2002, S. 630-633

Ober, Hermann: Stourzh-Anderle, H: Die sexuelle Konstitution. In: Geburtshilfe und Frauenheilkunde (15) 1955, S. 495

Offergeld, Heinrich: Hormonale Beeinflussung der weiblichen Libido. In: Zeitschrift für Sexualwissenschaft (14) 1927/28, S. 323-332

Olberg, Oda: Das Weib und der Intellectualismus, Berlin 1902

Omran, Susanne: Frauenbewegung und „Judenfrage". Diskurse um Rasse und Geschlecht nach 1900, Frankfurt/Main 2000

Die Organisation der Ärztinnen Österreichs: In memoriam Helene Stourzh-Anderle. In: Österreichische Ärztezeitung (21) 1966, S. 723

Ottensen-Jensen, Elise: Sexuelle Erziehung in der Schule. In: Die gesunde Familie in ethischer, sexualwissenschaftlicher und psychologischer Sicht. Vorträge gehalten auf dem Internationalen Kongress der IPPF in Berlin 1957 unter Mitwirkung der Deutschen Gesellschaft für Ehe und Familie, Stuttgart 1958 (Beiträge zur Sexualforschung 13), S. 38-43

Paull, Hermann: Halte deine Jugend rein! Ein Mahnruf an die ins Leben tretenden jungen Männer, Stuttgart o.J. (vermutlich um 1910)

Peller, Sigismund: Not in my time. The story of a doctor, New York 1979

Pfahler, Gerhard: System der Typenlehren. Grundlegung einer pädagogischen Typenlehre, Leipzig 1929
- Warum Erziehung trotz Vererbung, 3. Auflage Leipzig 1938

Philipp, Ernst: Die Bedeutung der Konstitution in Geburtshilfe und Gynäkologie. In: Walter Jaensch (Hg.): Konstitutions- und Erbbiologie in der Praxis der Medizin. Vorträge eines internationalen Fortbildungskurses in der Berliner Akademie für ärztliche Fortbildung im Frühjahr 1934, Leipzig 1934, S. 338-348

Pils, G.: Die Verwendung von synthetischem Follikelhormon in Salbenform zur Teilbehandlung rheumatischer und Gelenkerkrankungen. In: Der praktische Arzt (7) 1953, S. 542-548

Pincus, Gregory/Rock, John/Carcia, Celso-Ramon: Use of some Progestional 19-nor- Steroids in gynecology. In: American Journal of obstetrics and gynecology (79) 1960, S. 758-767

Pint, Jutta: Die Österreichische Frauenpartei 1929-1934. Ein Versuch bürgerlich-liberaler Frauen, gesellschaftspolitisch Einfluss zu nehmen, Dipl.phil. Wien 1988

Placzek, Siegfried: Das Geschlechtsleben der Hysterischen. Eine medizinische, soziologische und forensische Studie, Bonn 1919

Pohlschneider, Johannes: Sittlicher Normen christlicher Sexualerziehung in Schule und Elternhaus, Donauwörth 1976

Polm, Rita: „...neben dem Mann die andere Hälfte eines Ganzen sein...?!" Frauen in der Nachkriegszeit. Zur Situation und Rolle jüngerer Frauen in den Städten der Bundesrepublik (1945-1949), Münster 1990

Porter, Roy: Die Kunst des Heilens. Eine medizinische Geschichte der Menschheit von der Antike bis heute, Heidelberg 2000

Rafaeli, M.: Die geheimen Liebesmächte. Ein Lehrbuch der Geheimnisse des Glückes in der Liebe, Dresden o.J. (1928)

Raimann, Emil: Zur Frage der causalen Beziehungen zwischen Frauenleiden und Geisteskrankheiten. In: Beiträge zur Geburtshilfe und Gynäkologie. Rudolf Chrobak aus Anlass seines sechzigsten Geburtstages gewidmet von seinen Schülern und Freunden, Bd. I Wien 1903, S. 1-29

Rainer, Mauretta: Das Gesundheitswesen der Stadt Wien unter besonderer Berücksichtigung der Gesundheitsfürsorge 1918-1934, phil.Diss. Wien 1981

Ratschow, Max: Die Sexualhormone als Heilmittel innerer Krankheiten, 2. Auflage Stuttgart 1944

Referat: Die gynäkologische Prophylaxe bei Wahnsinn von L.M. Bossi, Genau 137 Seiten, Berlin 1912. In: Wiener Klinische Wochenschrift (25) 1912, S. 1576-1577

Reich, Wilhelm: Sexualerregung und Sexualbefriedigung, Wien 1929 (Schriften der sozialistischen Gesellschaft für Sexualberatung und Sexualforschung 1)

- Charakteranalyse. Technik und Grundlagen für Studierende und praktizierende Analytiker, Wien 1933
- Die sexuelle Revolution. Zur charakterlichen Selbststeuerung des Menschen, Köln 1966 (Nachdruck der Ausgabe von 1936)
- Der Einbruch der sexuellen Zwangsmoral. Zur Geschichte der sexuellen Ökonomie, Frankfurt/ Main 1971 (Nachdruck der Ausgabe von 1935)
- Frühe Schriften 2: Genialität in der Theorie und Therapie der Neurose, Köln 1980

Reifferscheid, Wolfram: Über biologische Ursachen der weiblichen Unfruchtbarkeit. In: Zeitschrift für ärztliche Fortbildung (41) 1944, S. 174-176

Reinert, Kirsten: Frauen und Sexualreform 1897-1933, Herbolzheim 2000

Reissing, Elke D./Flory, Nicole/Blinik, Yitzchak M./Khalifé, Samir: Überlegungen zur Diagnose "Vaginismus". In: Zeitschrift für Sexualforschung (13) 2000, S. 194-202

Rezensionen Dr. Helene Stourzh: Die Anorgasmie der Frau. In: Psychologische Menschenkenntnis (1) 1964, S. 100

Rhiel, Amalie: Untersuchungen zur Anthropologie und Konstitution der deutschen Frau. In: Zeitschrift für Morphologie und Anthropologie (26) 1927, S. 333-358

Riepl-Schmidt, Maja: Wider das verkochte und verbügelte Leben. Frauen-Emanzipation in Stuttgart seit 1800, Stuttgart 1990

Riess, Rudolf: Alfred Adler und die Auswirkungen der Individualpsychologie auf das „Rote Wien", Dipl.phil. Wien 1997

Ritter, Hans: Betrachtungen zum Problem der sterilen Ehe. In: Die medizinische Welt (17) 1943, S. 247-249

Rodecurt, M.: Experimentelle Untersuchungen über chemische Antikonzipientien. In: Zentralblatt für Gynäkologie (55) 1931, S. 1458-1460

Röder, Martha: Einer Mutter Antwort. In: Dürerbund (Hg.): Am Lebensquell. Ein Hausbuch zur geschlechtlichen Erziehung. Betrachtungen, Ratschläge und Beispiele als Ergebnisse des Dürerbund-Preisausschreibens, Dresden 1909, S. 341

Rohleder, Hermann: Grundzüge der Sexualpädagogik für Ärzte, Pädagogen und Eltern, Berlin 1912

\- Sexualpsychologie, Hamburg 1921

Rosen, Raymond C./Beck, J.Gayle: Patterns of sexual arousal. Psychophysiological processes and clinical applications, New York 1988

Roth, Gottfried: Helene Stourzh-Anderle: Sexuelle Konstitution. Psychopathie, Kriminalität, Genie. In: Der praktische Arzt (10) 1956, S. 112

Rott, A.: Körperbaustudien an deutschen Frauen. In: Anthropologischer Anzeiger (3) 1926, S. 39-45

Rouette, Susanne: Sozialpolitik als Geschlechterpolitik. Die Regulierung der Frauenarbeit nach dem ersten Weltkrieg, Frankfurt/Main 1993

Runge, E.: Funck-Brentano. Über die Anwendung des Ballons von Champetier de Ribes bei der Behandlung von Vaginismus (Gynecologie 1911, Oktober Nr.10). In: Zentralblatt für Gynäkologie (36) 1912, S. 157

Runge, Max: Das Weib in seiner geschlechtlichen Eigenart, 4. Auflage Berlin 1900

Rühle-Gerstel, Alice: Das Frauenproblem der Gegenwart. Eine psychologische Bilanz, Leipzig 1932

Sablik, Karl: Julius Tandler: Mediziner und Sozialreformer. Eine Biographie, Wien 1983

Saller, Karl: Allgemeine Konstitutionslehre. Eine Vorlesungsreihe, Stuttgart 1950

Salomon, Alice: Ausgewählte Schriften, Bd. I: 1896-1908 herausgegeben von Adriane Feustel, Neuwied 1997

Schaeffer, Oskar: Atlas und Grundriss der Gynäkologie, München 1896

Schaeffer-Hegel, Barbara: Säulen des Patriarchats. Zur Kritik patriarchaler Konzepte von Wissenschaft-Weiblichkeit-Sexualität und Macht, Pfaffenweiler 1996.

Schäuffelen, B.: Stourzh, Helene: Die Anorgasmie der Frau. In: Der Nervenarzt (33) 1962, S. 553

Scheich, Elvira: Naturbeherrschung und Weiblichkeit. Denkformen und Phantasmen der modernen Naturwissenschaften, Pfaffenweiler 1997

Schenk, Herrard: Die feministische Herausforderung. 150 Jahre Frauenbewegung in Deutschland, 4. Auflage München 1998

Schick, Bela: Das Menstruationsgift. In: Wiener Klinische Wochenschrift (33) 1920, S. 395-397

Schirren, Carl: Fertilitätsstörungen des Mannes. Diagnostik, Biochemie des Spermaplasmas, Hormontherapie, Stuttgart 1961 (Beiträge zur Sexualforschung 22)

Schlegel, Willhart: Ein klinisch-erbbiologischer Beitrag zur Frage der Asthenie. In: Zeitschrift für Morphologie und Anthropologie, Erb- und Rassenbiologie (38) 1940, S. 175-209

- Konstitution und Sexualität. Über das Wesen der Sexualität, Stuttgart 1952 (Beiträge zur Sexualforschung 1), S. 34-44
- Konstitution und Umwelt in ihren Wirkungen auf die psychosexuelle Triebrichtung des Menschen. Sexualität und Sinnlichkeit. Stuttgart 1955 (Beiträge zur Sexualforschung 6), S. 95-109
- Körper und Seele. Eine Konstitutionslehre für Ärzte, Juristen, Pädagogen und Theologen. Stuttgart 1957
- Die Sexualinstinkte des Menschen. Eine naturwissenschaftliche Anthropologie. Hamburg 1962

Schmid, Hans H.: H. Stourzh-Anderle: Die sexuelle Konstitution. In: Zentralblatt für Gynäkologie (77) 1955, S. 1408

- Stourzh-Anderle, Helene: Die sexuelle Konstitution. In: Zeitschrift für Geburtshilfe und Gynäkologie (144) 1955, S. 317-318

Schmittner, Monika: Frauenemanzipation in der „Provinz". Entstehungsbedingungen und Entwicklungsgeschichte der bürgerlichen Frauenbewegung in Aschaffenburg vor dem ersten Weltkrieg, Aschaffenburg 1995

Schmölzer, Hilde: Die verlorene Geschichte der Frau. 100.000 Jahre unterschlagene Vergangenheit, Wien 1991

Schnabl, Siegfried: Intimverhalten, Sexualstörungen, Persönlichkeit, Berlin(Ost) 1973

Schneck, Peter: Frauenheilkunde und Geburtshilfe in der Zeit des deutschen Faschismus 1933 bis 1945 – Zum Schicksal der sozialen Gynäkologie im „Dritten Reich". In: Zeitschrift für die gesamte Hygiene und ihre Grenzgebiete (29) 1983, S. 645-647

Schneider, Georg: Die Psychotherapie in der Frauenheilkunde und Geburtshilfe, Stuttgart 1960

Schneider, Johann A.: Hypophyse und Konstitution. Ein Beitrag zur Kenntnis konstitutioneller Störungen hypophysärer Herkunft und ihrer Beziehungen zur menschlichen Konstitutionslehre, Stuttgart 1944

Schreiner, E.: Ovar. In: Alexis Labhardt (Hg.): Klinik der inneren Sekretion, 2. Auflage Berlin 1971, S. 523-686

Schröder, Robert: Funktionelle Gynäkologie. In: Geburtshilfe und Frauenheilkunde (1) 1939, S. 3-10

- Therapie mit weiblichen Sexualhormonen. Kritische Besprechung der Sexualhormontherapie. In: Deutsche Medizinische Wochenschrift (67) 1941, S. 1167-1171

Schüßler, Marina/Bode, Kathrin: Geprüfte Mädchen – ganze Frauen. Zur Normierung der Mädchen in der Kindergynäkologie, Zürich 1992

Schulhof, Fritz: Liebestaubheit. Ein Kapitel der Sexualpathologie des Alltags, Wien 1926

Schultz, Johannes Heinrich: Die konstitutionelle Nervosität. In: Oswald Bumke (Hg.): Handbuch der Geisteskrankheiten, Bd. V/1 Berlin 1928, S. 28-111

- Über das Einzelkind. In: Münchener Medizinische Wochenschrift (94) 1952, S. 1202-1204

Schultze, Günter F.K.: Der gegenwärtige Stand der Bekämpfung der weiblichen Unfruchtbarkeit. In: Deutsche Medizinische Wochenschrift (68) 1942, S. 997-1002 und 1027-1032

Schultze, K.W./Stourzh, H.: Die Anorgasmie der Frau. In: Pro Medico (30) 1961, S. 703-704

Schultz-Hencke, Harald: Der gehemmte Mensch. Grundlagen einer Desmologie als Beitrag zur Tiefenpsychologie, Leipzig 1940

Schumann, H.J.v.: Sexuelle Konstitution. Psychopathie, Kriminalität, Genie. In: Medizinische Monatsschrift (9) 1955, S. 487-488

Schuppenhauer, Hermann: Alfred Adlers Sexualtheorie und die individualpsychologische Theorie und Praxis der Sexualneurosentherapie, phil.Diss. Klagenfurt 2001

Schwarz, Hans Erich: Rassenmerkmal und Persönlichkeitsstruktur. In: Zeitschrift für Rassenkunde (12) 1941, S. 55-60

Schwarz, Gerhard Peter: Ständestaat und evangelische Kirche 1933 bis 1938. Evangelische Geistlichkeit und der Nationalsozialismus aus der Sicht der Behörden von 1933 bis 1938, phil.Diss. Graz 1987

Schwartz, Michael: Konfessionelle Milieus und Eugenik. In: Historische Zeitschrift (261) 1995, S. 403-448

Senator, H./Kaminer, S.: Krankheiten und Ehe. Darstellung der Beziehungen zwischen Gesundheits-Störungen und Ehegemeinschaft. Volksausgabe, 2. Auflage Berlin o.J. (1924?)

Senger, Gerti: Was heißt schon frigid! Intimtatsachen, die auch jeder Mann kennen sollte, Genf 1991

Sellheim, Hugo: Die Reize der Frau und ihre Bedeutung für den Kulturfortschritt, Stuttgart 1909

- Das Geheimnis vom Ewig-Weiblichen. Ein Versuch der Naturgeschichte der Frau, Stuttgart 1911

Semke, Iris: Künstliche Befruchtung in wissenschafts- und sozialgeschichtlicher Sicht, Frankfurt/Main 1996

Shorter, Edward: Der weibliche Körper als Schicksal. Zur Sozialgeschichte de Frau, München 1984

Sichtermann, Barbara: Die Frauenbewegung und die Pille. In: Gisela Staupe/Lisa Vieth (Hg.): Die Pille. Von der Lust und von der Liebe, Berlin 1996, S. 56-66

Siebertz, Karin: Agnes Bluhm (1862-1944). Ärztin und Rassenhygienikerin. In: Anne Schlüter (Hg.): Pionierinnen, Feministinnen, Karrierefrauen? Zur Geschichte des Frauenstudiums in Deutschland, Pfaffenweiler 1992, S. 97-104

Sieg, Sabine: „Anovlar" – die erste europäische Pille. Zur Geschichte eines Medikaments. In: Gisela Staupe/Lisa Vieth (Hg.): Die Pille. Von der Lust und von der Liebe, Berlin 1996, S. 131-148

Siemerling, Ernst: Gynäkologie und Psychiatrie. In: Monatsschrift für Geburtshülfe und Gynäkologie (39) 1914, S. 269-279

Sigusch, Volkmar: Sexualmedizin. Auswurf oder Avantgarde. In: Volkmar Sigusch (Hg.): Sexualität und Medizin. Arbeiten aus der Abteilung für Sexualwissenschaft des Klinikums der Universität Frankfurt a. Main, Köln 1979, S. 13-16.

- Organotherapien bei sexuellen Funktionsstörungen. In: Zeitschrift für Sexualforschung (8) 1995, S. 329-352

Simmer, Hans H.: On the history of hormonal contraception. I. Ludwig Haberlandt (1885-1932) and his concept of "hormonal sterilization". In: Contraception (1) 1970, S. 3-27

- Zur Geschichte der hormonalen Empfängnisverhütung. In: Geburtshilfe und Frauenheilkunde (35) 1975, S. 688-696

Sims, James Marion: Klinik der Gebärmutterchirurgie mit besonderer Berücksichtigung der Behandlung der Sterilität, 3.Auflage Erlangen 1872

Singer-Kaplan, Helen: Hemmungen der Lust. Neue Konzepte der Psychosexualtherapie, Stuttgart 1981

Smolka, H.: Stourzh, H.: Die Anorgasmie der Frau. In: Zeitschrift für Geburtshilfe und Gynäkologie (159) 1962, S. 338

Soden, Kristine v.: Auf dem Weg zur „neuen Sexualmoral" – die Sexualberatungsstellen der Weimarer Republik. In: Johanna Geyer-Kordesch/Annette Kuhn (Hg.): Frauenkörper – Medizin – Sexualität. Auf dem Wege zu einer neuen Sexualmoral, Düsseldorf 1986, S. 237-262

Soyka, Richard: Das Volksbegehren in Österreich. In: Ethik (4) 1928, S. 105-106

Späth, Joseph: Das Studium der Medizin und die Frauen. In: Wiener medizinische Presse (12) 1872, S. 1109-1118

Speer, Ernst: Der Arzt der Pesönlichkeit. Grundlagen, Arbeitsweisen, Aufgaben der ärztlichen Psychotherapie, Stuttgart 1949

Speier-Holstein, Victor: Schwangerschafts-, Scheidungswahn und verwandte Wahnideen beim weiblichen Geschlecht. In: Archiv für Frauenkunde und Eugenetik (2) 1915, S. 1-25

Spranger, Eduard: Psychologie des Jugendalters, Leipzig 1924

Stadler, Friedrich: Spätaufklärung und Sozialdemokratie in Wien 1918-1938. In: Franz Kadrnoska (Hg.): Aufbruch und Untergang. Österreichische Kultur zwischen 1918 und 1938, Wien 1981, S. 441-474

Staemmler, Martin: Keimdrüsen und Umwelt. In: Zeitschrift für menschliche Vererbungs- und Konstitutionslehre (26) 1943, S. 451-678

Stein, Wiebke/Sproll, Elke: Vom unwiderstehlichen Drang Mutter zu werden. Mutterglück aus der Retorte?, Pfaffenweiler 1995

Stekel, Wilhelm:. Die Geschlechtskälte der Frau. Eine Psychopathologie des weiblichen Liebeslebens, 3.Auflage Berlin/Wien 1927

Stigler, Robert: Die volksgesundheitliche Bedeutung einer staatlichen Ehevermittlung. In: Wiener Klinische Wochenschrift (68) 1918, S. 1683-1687

Stingl, Alfred: Frauenheilkunde und Geburtshilfe. Krankheitslehre und Pflegetechnik, München 1970

Stipsits, Sonja: „...und so gibt es nichts Widerwärtigeres als ein die gesteckten Grenzen überschreitendes Mannweib.". In: Birigt Bolognese-Leuchtenmüller/Sonia Horn (Hg.): Töchter des Hippokrates. 100 Jahre akademische Ärztinnen in Österreich, Wien 2000, S. 27-44

Stockert, F.G.v.: Einführung in die Psychopathologie des Kindesalters, Berlin 1939

Stoeckel, Walther: Die Konzeptionsverhütung als Gegenstand des klinischen Unterrichts. In: Zentralblatt für Gynäkologie (55) 1931, S. 1450-1458

- Erinnerungen eines Frauenarztes, München 1966

Stopczyk, Annegret (Hg.): Was Philosophen über Frauen denken, München 1980

Stourzh, Herbert: Die wahre sexuelle Frage. In: Sexual-Probleme. Zeitschrift für Sexualwissenschaft und Sexualpolitik (8) 1912, S. 30-44.

- Franz Brentano und das Problem von Gut und Böse, Recht und Unrecht, phil. Diss. Wien 1914
- Vom Sein und vom Soll, Dresden/Leipzig 1922
- Volksgenosse oder Mitmensch? In: Die Bereitschaft (5) 1924, Nr. 10, S. 7-8
- (Hg.): Max Stirners Der Einzige und sein Eigentum, Leipzig 1926
- Studentenrecht und Christentum. In: Menschheitskämpfer. Halbmonatsschrift der religiösen Sozialisten (6) 1932, Nr. 3, S. 4-5
- Humanität und Staatsidee. Eine Philosophie der Politik, Luzern 1938 (unter dem Pseudonym Karl Sturzenegger)

Strakosch, Werner: Vaginismus und Penis captivus. In: Der Landarzt (35) 1959, S. 1057-1059

Stransky, Erwin: Medizinische Psychologie, Grenzzustände und Neurosen beim Weibe. In: Josef Halban/Ludwig Seitz (Hg.): Biologie und Pathologie des Weibes. Ein Handbuch der Frauenheilkunde und Geburtshilfe, Bd. V/3 Berlin 1927, S. 1-102

- Buchbesprechung Stourzh-Anderle, H.: Sexuelle Konstitution, Wien 1955. In: Wiener Klinische Wochenschrift (67) 1955, S. 401-402

Stumpfl, Friedrich: Erbpsychologie des Charakters. In: Handbuch der Erbbiologie des Menschen, Band V/1 Berlin 1939, S. 368-444

- Kriminalität und Vererbung. In: Ebenda V/2, S. 1222-1274

Suppan, Arnold: Die österreichischen Volksgruppen. Tendenzen ihrer gesellschaftlichen Entwicklung im 20. Jahrhundert, München 1983

Svetlin, Wilhelm: Die Frauenfrage und der ärztliche Beruf, Leipzig/Wien 1895

Tandler, Julius: Zur Einführung. In: Zeitschrift für angewandte Anatomie und Konstitutionslehre (1) 1914, S. 1-3

- Die Not des praktischen Arztes. In: Wiener Medizinische Wochenschrift (72) 1922, S. 454-459
- Über Wachstumsstörungen. In: Ebenda, S. 1277-1284
- Ehe und Bevölkerungspolitik, Wien 1924

Taylor, Allen: Feminism, veneral deseases, and the state in Germany 1890-1918. In: Journal of the history of sexuality (4) 1993, S. 27-50

Theleweit, Klaus: What did we do to our song, girl (boy)... In: Gisela Staupe/Lisa Vieth (Hg.): Die Pille. Von der Lust und von der Liebe, Berlin 1996, S. 21-54

Thompson, William: Estrogen replacement therapy in practice. Trends and issues. In: The American Journal of obstetrics and gynecology (173) 1995, S. 990-993

Thums, Karl: Franz Chvostek und seine Konstitutionslehre. In: Wiener Klinische Wochenschrift (57) 1944, S. 237-240

Thumser, Viktor: Die Stellung der Frau bei den alten Griechen. In: Derselbe (Hg.): Eltern-Abende. Populäre Vorträge gehalten an den Eltern-Abenden des k.k. Mariahilfer Gymnasiums in Wien, Wien/Leipzig 1903, S. 1-20

Tordjemann, G.: Les anorgasmies neurogénes féminines. In : Cahiers de sexologie clinique. Aspects medicaux et psychosociaux (25) 1999, Nr. 144, S. 33-36

Ude, Johann : Die Verwahrlosung der Jugend, Graz 1916

- Modernes Großstadtelend, Graz 1917
- Moralische Massenverseuchung durch Theater und Kino, Graz 1918
- Niedergang oder Aufstieg? Das rassenhygienische Problem, Graz 1920

Ufer, Joachim : Hormontherapie in der Frauenheilkunde. Grundlagen und Praxis, 4. Auflage Berlin 1972

Urbanitsch, Rudolf: Die innere Sekretion und deren bestimmender Einfluss auf unser körperliches und seelisches Leben, Wien 1922

Usborne, Cornelia: Abtreibung. Mord, Therapie oder weibliches Selbstbestimmungsrecht? Der §218 im medizinischen Diskurs der Weimarer Republik. In: Johanna Geyer-Kordesch/Annette Kuhn (Hg.): Frauenkörper – Medizin – Sexualität. Auf dem Wege zu einer neuen Sexualmoral, Düsseldorf 1986, S. 192-236

- Ärztinnen und Geschlechtsidentität in der Weimarer Republik. In: Ulrike Lindner/Merith Niehuss (Hg.): Ärztinnen-Patientinnen. Frauen im deutschen und britischen Gesundheitswesen des 20. Jahrhunderts, Köln 2002, S. 73-94

Vaerting, Mathilde: Physiologische Ursachen geistiger Höchstleistungen bei Mann und Weib, Bonn 1922 (Abhandlungen aus dem Gebiete der Sexualforschung IV/3)

Venzmer, Gerhard: Sieh dir die Menschen an! Ein Überblick über die biologische Verwandtschaft zwischen Körperform und Wesenskern des Menschen, 5. Auflage Stuttgart 1931

- Rasse und Hormone. In: Deutsches Ärzteblatt (64) 1934, S. 372-374

Vogt, Annette: Wissenschaftlerinnen in Kaiser-Wilhelm-Instituten, Berlin 1991

Vorträge in der Urania im Jahre 1916/17. In: Die Urania. Wochenschrift für Volksbildung (10) 1917, S. 355

Wagner-Jauregg, Julius v.: Bemerkungen zu dem voranstehenden Aufsatze des Herrn Professor Bossi. In: Wiener Klinische Wochenschrift (25) 1912, S. 1875-1876

Walthard, Max: Die Beziehungen des Nervensystems zu den normalen Betriebsabläufen und zu den funktionellen Störungen im weiblichen Genitale, München 1937 (Handbuch der Gynäkologie XI)

Walzel, Karin: Ärztinnen in Wien 1934-1948. In: Birgit Bolognese-Leuchtenmüller/Sonia Horn (Hg.): Töchter des Hippokrates. 100 Jahre akademische Ärztinnen in Österreich, Wien 2000, S. 113-116

Was kann der praktische Arzt zur Konstitutionsforschung beitragen? In: Die Medizinische Welt (17) 1943, S. 246

Weber, Clemens: Karl Hermann Wolf. Phil.Diss. Wien 1975

Weber, Ernst: Betrachtungen eines Lehrers über geschlechtliche Erziehung. In: Dürerbund (Hg.): Am Lebensquell. Ein Hausbuch zur geschlechtlichen Erziehung. Betrachtungen, Ratschläge und Beispiele als Ergebnisse des Dürerbund-Preisausschreibens, Dresden 1909, S. 282-300

Wegener, Hans: Wir jungen Männer. Das sexuelle Problem des gebildeten jungen Mannes vor der Ehe: Reinheit, Kraft und Frauenliebe, Düsseldorf 1912

Weibel, Wilhelm: Die gynäkologische Operationstechnik der Schule Ernst Wertheims, Berlin 1923

- Einführung in die gynäkologische Diagnostik, 7. Auflage Wien 1943

Weichselbaum, Anton: Über die Beziehungen zwischen Körperkonstitution und Krankheit. Inaugurationsrede des Rektors im Studienjahr 1912/13, Wien 1912

Weindling, Paul: Health, race and German politics between national unification and nazism 1870-1945, New York 1989

Weininger, Otto: Geschlecht und Charakter. Eine prinzipielle Untersuchung, Wien 1904

Weiss, Sabine: Die Österreicherin. Die Rolle der Frau in 1000 Jahren Geschichte, Graz 1996

Wexberg, Erwin: Einführung in die Psychologie des Geschlechtslebens, Leipzig 1930

Wilson, Robert A.: Feminine forever, New York 1966

Winter, Georg: Lehrbuch der gynäkologischen Diagnostik, 3. Auflage Leipzig 1907

- Abtreibung oder künstlicher Abort? In: Die Medizinische Welt (1) 1927, S. 52-54/92-94
- Mein wissenschaftliches Lebenswerk historisch und kritisch betrachtet, Stuttgart 1944

Wittels, Fritz: Die Befreiung des Kindes, Stuttgart 1927

Witzmann, Reingart: Frauenbewegung und Gesellschaft in Wien um die Jahrhundertwende. In: Aufbruch in das Jahrhundert der Frau? Rosa Mayreder und der Feminismus in Wien um 1900. Ausstellungskatalog, Wien 1989, S. 10-18

Das Wohlfahrtswesen der Stadt Wien. Geschichte, Entwicklung, Aufbau und Einrichtungen mit besonderer Berücksichtigung der Neuschöpfungen unter Bürgermeister Richard Schmitz in den Jahren 1934- 1936, Wien 1937

Wolf, Heinrich: Strategie der männlichen Annäherung, Wien/Leipzig 1926

Wollmann, H.: Unsere Erfahrungen mit dem Stilbenpräparat „Cyren". In: Deutsche Medizinische Wochenschrift (67) 1941, S. 1181-1184

Wulffen, Erich: Das Kind. Sein Wesen und seine Entartung, Berlin 1913

v. Zerssen, Detlev: Biometrische Studien über Körperbau und Charakter. In: Fortschritte der Neurologie, Psychiatrie und ihrer Grenzgebiete (33) 1965, S. 455-471

- Körperbau, Psychose und Persönlichkeit. In: Der Nervenarzt (37) 1966, S. 52-59

Zettl, Stefan/Hartlapp, Joachim: Sexualstörungen durch Krankheit und Therapie. Ein Kompendium für die ärztliche Praxis, Berlin 1997

Ziege, Eva-Maria: Sophie Rogge-Börner. Wegbereiterin der Nazidiktatur und völkische Sektiererin im Abseits. In: Kirsten Heimsohn/Barbara Vogel/Ulrike Weckel (Hg.): Zwischen Karriere und Verfolgung. Handlungsräume von Frauen im nationalsozialistischen Deutschland, Frankfurt/Main 1997, S. 44-77

Ziegeler, Beate: Weibliche Ärzte und Krankenkassen. Anfänge ärztlicher Berufstätigkeit von Frauen in Berlin 1893-1935, Stuttgart 1993

- „Zum Heile der Moral und der Gesundheit ihres Geschlechts...". Argumente für das

Frauenstudium und Ärztinnen – Praxis um 1900. In: Eva Brinkschulte (Hg.): Weibliche Ärzte. Die Durchsetzung des Berufsbildes in Deutschland, Berlin 1995, S. 33-44

Zöllner, Erich: Geschichte Österreichs. Von den Anfängen bis zur Gegenwart, 7. Auflage München 1984

Zondek, Bernhard: Hypophysenvorderlappen, HVH, und Placenta. Vergleichende quantitative Untersuchungen bei Mensch und Tier. In: Zentralblatt für Gynäkologie (55) 1931, S. 1-12

- Die Hormone des Ovariums und des Hypophysenvorderlappens. Untersuchungen zur Biologie und Klinik der weiblichen Genitalfunktion, mit einem Anhang „Die hormonale Schwangerschaftsreaktion aus dem Harn bei Mensch und Tier“, Berlin 1931

Zwang, G. : Traitement des anorgasmies féminines. In : Cahiers de sexologie clinique. Aspects medicaux et psychosociaux (25) 1999, Nr. 141, S. 40-46

Zweifel, E. : Über die Reizbestrahlung in der Gynäkologie. In: Strahlentherapie (16) 1924, S. 712-721.

BUCHTIPPS

Wilmanns, Karl
Lues, Lamas, Leninisten.
Tagebuch einer Reise durch Rußland in die Burjatische Republik im Sommer 1926. *Mit einer medizin-historischen Einführung von Susan Gross Solomon und einem Dokumentenanhang, herausgegeben und annotiert von Jochen Richter*
Neuere Medizin- und Wissenschaftsgeschichte. Quellen und Studien, Band 1, 1995, 320 S., Abb., ISBN 978-3-8255-0024-5, € 25,46

Eckart, Wolfgang U. / Volkert, Klaus (Hg.)
Hermann von Helmholtz.
Vorträge eines Heidelberger Symposiums anläßlich des einhundertsten Todestages
Neuere Medizin- und Wissenschaftsgeschichte. Quellen und Studien, Band 2, 1996, 348 S., ISBN 978-3-8255-0023-8, € 25,46

Eckart, Wolfgang U. / Gradmann, Christoph (Hg.)
Medizin im Ersten Weltkrieg.
Neuere Medizin- und Wissenschaftsgeschichte. Quellen und Studien, Band 3, 2. Auflage 2003, 348 S., ISBN 978-3-8255-0023-8, € 25,46

Gradmann, Christoph / Schlich, Thomas (Hg.)
Strategien der Kausalität.
Neuere Medizin- und Wissenschaftsgeschichte. Quellen und Studien, Band 5, 2. Auflage 2003, 282 S., ISBN 978-3-8255-0173-0, € 25,46

Prüll, Cay-Rüdiger (Hg.)
Traditions of Pathology in Western Europe.
Theories, Institutions an their Cultural Setting
Neuere Medizin- und Wissenschaftsgeschichte. Quellen und Studien, Band 6, 2003, 172 S., ISBN 978-3-8255-0194-5, ca. € 25,50

Gross Solomon, Susan / Richter, Jochen (Hg.)
Ludwig Aschoff. Vergleichende Pathologie oder Rassenpathologie.
Tagebuch einer Reise durch Rußland und Transkaukasien
Neuere Medizin- und Wissenschaftsgeschichte. Quellen und Studien, Band 7, 1998, 216 S., ISBN 978-3-8255-0209-6, € 30,17

BUCHTIPPS

Gross Solomon, Susan / Richter, Jochen (Hg.)
Ludwig Aschoff.
Vergleichende Pathologie oder Rassenpathologie.
Tagebuch einer Reise durch Rußland und Transkaukasien
Neuere Medizin- und Wissenschaftsgeschichte. Quellen und Studien, Band 7, 1998, 216 S., ISBN 978-3-8255-0209-6, € 30,17

Richter, Jochen
Rasse, Elite, Pathos.
Eine Chronik zur medizinischen Biographie Lenins und zur Geschichte der Elitegehirnforschung in Dokumenten
Neuere Medizin- und Wissenschaftsgeschichte. Quellen und Studien, Band 8, 2000, 344 S., 30 Abb., ISBN 978-3-8255-0242-3, € 30,58

Bröer, Ralf (Hg.)
Eine Wissenschaft emanzipiert sich.
Die Medizinhistoriographie von der Aufklärung bis zur Postmoderne
Neuere Medizin- und Wissenschaftsgeschichte. Quellen und Studien, Band 9, 1999, 304 S., ISBN 978-3-8255-0248-5, € 29,65

Nava, Patrizia
Hebammen, Accoucheure und Man-midwives.
Ein deutsch-amerikanischer Vergleich (1750-1850)
Neuere Medizin- und Wissenschaftsgeschichte. Quellen und Studien, Band 13, 2003, 146 Seiten, ISBN 978-3-8255-0410-6, € 19,50

Prückner, Kerstin
„Aus dem Gebiet der gesammten Heilkunst ..."
Die Heidelberger Klinischen Annalen und die Medizinischen Annalen.
Eine medizinische Fachzeitschrift zwischen Naturphilosophie und Naturwissenschaft
Neuere Medizin- und Wissenschaftsgeschichte. Quellen und Studien, Band 15, 2004, ca. 280 Seiten, ISBN 978-3-8255-0481-6, ca. € 26,–

Zeitfracht Medien GmbH
Ferdinand-Jühlke-Straße 7
99095 Erfurt, Deutschland
produktsicherheit@kolibri360.de